RICHARD ZÜRCHER

Piemont
und das
Aosta-Tal

Ein Führer

Prestel-Verlag München

Meinen Enkelkindern
Lorenz, Michael
und Andrea

ISBN 3 7913 0099 7
Passavia Druckerei AG Passau

INHALT

Städte

Bergheiligtümer

Settecento um Ivrea

Das Montferrat

In den westlichen Tälern

Von Turin nach Cúneo

Von Turin nach Mondovì

Das Aosta-Tal und seine Seitentäler

Burgen und Schlösser im Aosta-Tal

Aosta

Vorwort

Piemont liegt seitab, zumindest für den, der von Deutschland, Österreich und auch aus der deutschen Schweiz nach Italien reist. Es liegt sozusagen ›um die Ecke herum‹, wenn man durch den Gotthard oder den Bernhardin ins Tessin und weiter über Mailand in den Süden fährt. Es liegt noch ferner, wenn man, über den Brenner oder von Villach über Udine kommend, Venetien, die Emilia, die Toskana und Rom zum Ziel hat.

Aber schon das Tessin hat fast so viel piemontesischen wie lombardischen Charakter. Locarno und Ascona liegen auf der piemontesischen Seite des Lago Maggiore, und von Mailand wie von Genua aus ist es nach Turin sowohl mit der Eisenbahn wie auf der Autobahn ein Katzensprung. Ebenso ist Turin von der Autostrada del Sole oder der gleichlaufenden großen Bahnlinie her von Piacenza über Alessándria und Asti zu erreichen. Wer von Deutschland aus an die Riviera und weiter nach Südfrankreich und Spanien will, für den ist Piemont das ideale Durchgangsland beim Hin- oder Rückweg, und gleiches gilt für den, der mit dem Zug oder mit dem Auto vom Rheinland herkommt, von Basel bis Lausanne die Schweiz durchquert und über den von einem Straßentunnel unterfahrenen Großen St. Bernhard ins Aostatal gelangt.

Dieses Aostatal, durch das zum großen Teil eine bequeme Autobahn führt, gehört zu den bedeutendsten Tälern der Alpen überhaupt. An Größe und an kulturellem Reichtum ist es vergleichbar mit dem Etschtal; es ist die südlichere Schwester des schweizerischen Wallis, mit dem es nicht nur durch den uralten Übergang des Großen St. Bernhard, sondern auch durch die mannigfachsten kulturellen Beziehungen verbunden ist.

Im Aostatal ist immer noch die französische Sprache vorherrschend, wobei der Dialekt dem Provenzalischen eng verwandt ist. In den oberen Teilen einzelner Seitentäler spricht man eine uralte deutsche Mundart. Das sind, zusammen mit Bauart und Brauchtum, Besonderheiten, auf welche die italienische Republik in einem Autonomie-Statut Rücksicht genommen hat. Nicht von sprachlich-politischer, jedoch von einer gewissen kulturellen Autonomie kann im angrenzenden Piemont gesprochen werden. Turin wirkt, zumindest in den im 18. und 19. Jahrhundert entstandenen Teilen, beinahe wie eine französische Stadt. Reich an römischen Monumenten wie wenige andere Städte sind Susa und Aosta. Das Mittelalter hat sich zwar nicht in spektakulären Domen, jedoch in kleinodartig der Natur verbundenen Abteien, vor allem aber in einer Vielzahl von Burgen und Schlössern Denkmäler geschaffen, die das Gesicht der Städte wie der freien Landschaft prägen wie selten anderswo. Indes im Aostatal mit seinen vielen Burgen der feudale Charakter bis heute vorherrscht, ist für weite Strecken des Piemont das Wesen der Sakrallandschaft so ausschlaggebend wie sonst höchstens noch in Österreich und Oberbayern sowie in einzelnen Teilen der Schweiz.

Wohl ist die Kunst des Mittelalters und der Renaissance in Piemont wie im Aostatal weniger reich vertreten als in der benachbarten Lombardei. Doch wird diese Zurückhaltung mehr als wett gemacht durch den Barock, in welchem die italienische Baukunst hier ihre kühnsten Lösungen und ihre reichste Entfaltung findet.

So machen Landschaft und Geschichte und zumindest die Kunst einzelner Epochen Piemont und das Aostatal überaus anziehend, wobei für den Großteil seiner Besucher noch der Reiz des ›Neulandes‹ hinzukommt. Dies alles wirklich zu erleben, inmitten einer durch Alpen, Ebene und Hügelzonen auf das reichste geprägten Landschaft, und zwar nicht nur in der gerade hier sehr tätigen Gegenwart, sondern, wie dieses Buch es zeigen möchte, immer wieder auf den Spuren der Vergangenheit, braucht Zeit. Das Buch ist für den geruhsamen Reisenden geschrieben, sei er im Wagen oder mit der Bahn unterwegs. Er sollte nicht den Ehrgeiz haben, dieses Land in einem Atemzug ausschöpfen zu wollen. Die Besuche lassen sich verteilen, und, dem Charakter eines Zwischenlandes entsprechend, als Hinweg oder Rückweg mit anderen Zielen verbinden.

In diesem Sinne wollen die Vorschläge unverbindlich bleiben. Was im Vorbeigehen besucht werden kann, ist in einzelnen Kapiteln zu Fahrten zusammengefaßt, wie jene durch die vor allem durch die Größe der Natur so fesselnden Alpentäler. Ebenfalls zu Fahrten aufgereiht sind die Beschreibungen des Hügellandes des Montferrat oder der Ebene südlich von Turin. Eine eigene Fahrt gilt den Barockkirchen in der Moränenlandschaft nördlich von Turin und um Ivrea. Den Städten sind besondere Kapitel gewidmet, desgleichen den für Piemont so wichtigen Wallfahrtsbergen, den Sacri monti. Aus allem mag sich der Leser seinen individuellen Plan zusammenstellen, wobei das Buch nur eine Auswahl des Vorhandenen geben kann. Es möchte gelesen werden vor allem als Vorbereitung und Erinnerung sowie in besinnlichen Augenblicken auf der Reise selbst.

Wer praktische Reisehinweise sucht oder vollständig informiert sein möchte, sei auf die ausgezeichnet redigierten Bände ›Guida d'Italia‹ des Touring Club Italiano verwiesen, die den Touristen in italienischer Sprache bis in alle Einzelheiten unterrichten und zudem ein reichhaltiges Literaturverzeichnis enthalten. Die einschlägigen Bände heißen: ›Piemonte‹ und ›Torino e Valle d'Aosta‹. Als Ergänzung dienen die ebenfalls vom Touring Club herausgegebenen Photobände ›Piemonte Occidentale‹, in den auch das Aostatal einbezogen ist, und ›Piemonte Orientale‹.

Für den an speziellen Themen Interessierten seien noch folgende Bücher genannt: Eine umfassende Landeskunde bietet der 1966 in der Reihe ›Le regioni d'Italia‹ erschienene Band von Dino Gribaudi: ›Piemonte e Val d'Aosta‹. Über die Walser, die im Mittelalter ihre deutsche Mundart und Kultur über die höchsten Pässe in einzelne Täler südlich des Monte Rosa gebracht haben, gibt es eine umfangreiche Literatur, die L. Carlen in der Bibliographie ›Walserforschung 1800-1970‹ zusammengestellt hat; als Ergänzung sei die seit 1963 halbjährlich in Visp im Kanton Wallis erscheinende Zeitschrift ›Wir Walser‹ genannt, ferner als umfassendste Darstellung das große Buch von Paul Zinsli: ›Walser Volkstum in der Schweiz, in Vorarlberg, Liechtenstein und Piemont‹, herausgekommen in Frauenfeld 1970. Ein aus persönlichen Begegnungen sympathisch geschriebenes Buch von Emil Balmer erschien 1949 in Bern unter dem Titel ›Die Walser in Piemont‹. Das nicht minder fesselnde Phänomen, das die lange Zeit von Staat und Kirche verfolgte religiöse Minderheit der Waldenser in Piemont bilden, ist in neuester Zeit von Fritz Junker in ›Die Waldenser‹, Zürich 1969, und von Wolfgang Erk in ›Waldenser, Geschichte und Gegenwart‹, Frankfurt am Main 1971, dargestellt worden.

Auf die Erwähnung von Geschichtswerken über Piemont wie über einzelne Städte und Regionen, die es nur in italienischer Sprache gibt, sei hier verzichtet, jedoch sollen, der Akzentsetzung dieses Buches entsprechend, aus der nicht allzu zahlreichen kunstgeschichtlichen Literatur die neuesten Arbeiten genannt werden, auch wenn sie in italienischer Sprache geschrieben sind; denn das einzige deutsche Werk, das in seiner Art grundlegende ›Theatrum novum Pedemontii‹ von A.E. Brinckmann, ist schon 1931 erschienen. Den breitesten Überblick gibt Marciano Bernardi in ›Tesori d'arte antica in Piemonte‹, Mailand 1968. Über Skulptur und Malerei informiert Luigi Mallè in ›L'arti figurative in Piemonte dalle origini al periodo romantico‹, Turin 1961. Einzelnen Epochen widmen sich Carlo Carducci in ›Arte romana in Piemonte‹, Turin 1968; Andreina Grisori in ›Jaquerio e il realismo gotico in Piemonte‹, Turin nach 1960; Vittorio Viale in ›Gotico e Rinascimento in Piemonte‹, Turin 1939.

Verhältnismäßig zahlreich sind in den beiden letzten Jahrzehnten italienische Arbeiten über den für Piemont so wichtigen Barock erschienen, dessen erste Erforschung das Verdienst des bereits erwähnten Albert Erich Brinckmann ist. Vielleicht den besten Überblick vermittelt der sehr reich dokumentierte Katalog der 1963 in Turin veranstalteten Barock-Ausstellung, der ›Mostra del Barocco‹. Als kurze Gesamtdarstellung sei genannt ›L'Architettura barocca‹ von Giuseppe Luigi Marini, Turin 1963, ferner in englischer Sprache Richard Pommers ›Eighteenth-century Architecture in Piedmont‹, New York 1967. Über die Villen gibt es das reich ausgestattete Werk von Agostino Pedrino: ›Ville dei secoli 17 e 18 in Piemonte‹, Turin 1965. Den im wesentlichen während des Barock ausgebauten Bergheiligtümern ist das Buch von Santino Longé gewidmet: ›Sacri monti piemontesi e lombardi‹, Mailand 1970. Den Sacro Monte von Varallo beschreibt ein gut bebilderter handlicher Führer von P. Angelo Rovati, erschienen in Novara 1963. Die Sagra di San Michele, jenes schon im Mittelalter ausgebaute Heiligtum auf steilstem Felsengipfel, wird dargestellt in einem der in Text und Abbildungen ausgezeichneten Hefte der Sammlung ›Tesori d'arte cristiana‹, herausgegeben von Stefano Bottari in Bologna. Als vorbildliche Stadtmonographie, in französischer Sprache, sei der handliche Band von André Zanotto über Aosta genannt, in Aosta 1967 erschienen. Turin wird in wesentlichen Ausschnitten dargestellt von Luigi Tamburini in ›Le chiese di Torino dal rinascimento al barocco‹, Turin 1967, und von Valentino Brosio in ›Torino nell'ottocento‹, Rom 1974.

Die großen Baumeister des piemontesischen Barock haben in jüngster Vergangenheit auch ihre monographische Bearbeitung gefunden, so Vittozzi durch Nino Carbonieri (›Ascanio Vittozzi, un architetto fra Manierismo e Barocco‹, Rom 1966), Guarini durch Mario Passanti (›Nel mondo magico di Guarino Guarini‹, Turin 1963) sowie in den 1970 veröffentlichten Beiträgen des 1968 von der Turiner Akademie der Wissenschaften veranstalteten Kongresses. Über Juvarra verfaßte Salvatore Boscarino ein großangelegtes Werk, das 1973 in Rom erschien, und über Vittone gibt es seit 1966 ein durch Text und Rundsicht-Aufnahmen originelles Buch von Paolo Portoghesi.

Landschaft und Volkstum

Das Alpengebiet

Schon im Namen liegt das Wesen dieser Landschaft beschlossen: Piedimonti: Pedes Montium, das heißt: am Fuß der Berge. Seien es die Alpen mit ihrem deutlich von der Ebene sich abhebenden Saum oder das sanfte Ansteigen des Apennins – immer stehen Berge am Horizont dieser Landschaft. Sie leuchten mit ihren Gletschern und Eisspitzen an klaren Tagen weit über die Ebene. Sie krönen die Hügelzone südlich des Po, und sie beherrschen das Panorama, das man von erhöhten Punkten über Turin gewinnt, ja ihre Gegenwart ist hier so stark, daß man selbst in der Stadt immer wieder am Ende einer Straße einen Gipfel erblicken kann.

Es sind die Alpen, die vom Monte Rosa bis zum eisgepanzerten Massiv des Mont Blanc und dann weiter über den Gran Paradiso und den Mont Cenis bis zur einsam hohen Spitze des Monviso reichen und sich, bis der Kreis sich rundet, in den Seealpen und dem Apennin fortsetzen, zunächst die Grenze gegen die Schweiz, dann gegen Frankreich bildend. Fließend ist der Übergang zum Apennin, der zwar ganz zu Italien gehört, jedoch das Binnenland Piemont vom Küstengebiet Liguriens trennt.

Der Kranz der Berge, der Piemont umgibt, reicht also von den Zentralalpen über die Westalpen bis zum Apennin, doch bildet er geographisch verschiedene Gruppen. Vom weithin sichtbaren Monte Rosa reichen als Teil der Zentralalpen die Penninischen Alpen bis zum Col Ferret. Die Wasserscheide, die über die Viertausender der Walliser Alpen läuft, ist zugleich die Staatsgrenze zwischen Italien und der Schweiz, wobei diese Grenze im Lauf der Geschichte auf mannigfache Weise überschritten wurde. Westlich des Col Ferret, der als deutlicher Einschnitt die Walliser Alpen vom Mont Blanc-Massiv trennt, teilt sich der Alpenzug in die französischen Westalpen, die von Savoyen bis zur südlich anstoßenden Dauphiné gleichfalls stark vergletscherte Hochgipfel besitzen, sonst aber durch ihre niedrigeren und sanfteren Ausläufer zusammen mit langgezogenen, vielfach gewundenen Tälern gegen das untere Rhônetal hin ihren eigenen Charakter zeigen. Die französischen Westalpen sind durch stark ausgeprägte innere Talzüge, den Oberlauf der Isère und Durance, vom piemontesischen Teil der Westalpen getrennt. Dieser Teil bildet zwischen dem Kleinen St. Bernhard und dem Mont Cenis-Paß die Grajischen Alpen, mit dem Gran Paradiso als höchster Erhebung. Weiter südlich zwischen Mont Cenis und Maddalena-Paß folgen westlich von Cúneo die Cottischen Alpen, überragt vom 3841 Meter hohen Monviso. Nun bereits gegen Osten abbiegend schließen sich die Seealpen an, die bis zum Colle di Tenda reichen; von dort aus bis zum Colle d'Altare oberhalb des Mittelmeerhafens Savona leiten die Ligurischen Alpen bereits zum Apennin über und beschließen damit den Piemont umgebenden Sichelbogen des Gebirges.

Geologisch finden sich in den kristallinen Schiefern, den Gneisen und dem Granit die älteren und festeren Gesteine der Alpen auf der piemontesischen Seite, was dort die geringere Verwitterung und Erosion zur Folge hatte. Demgemäß fallen die Alpen gegen die Poebene ungleich steiler und schroffer ab als gegen Frankreich hin, wo weichere Kalksteine eine äußere Zone von voralpinen Übergängen bilden. Dieser Übergang fehlt in Piemont. Hinter den freilich großartigen Moränengürteln, wie sie besonders eindrucksvoll zwischen Ivrea und Biella zu finden sind, doch oft auch hinter nur kurzen Schuttkegeln, steigt der Gebirgswall jäh bis zu den höchsten Gipfeln empor, besonders eindrucksvoll im Monviso, der zwischen Turin und Cúneo die Ebene beherrscht und über diese hinaus bis tief in das Hügelland der Langhe und der ›Collina‹ sichtbar bleibt.

So bestimmen die Alpen bis weit in die Ebene hinein das Landschaftsbild Piemonts; man kann über die Ebene hinweg vom Montferrat, von der ›Collina di Torino‹, und von den Langhe aus die Gipfelflur des Hochgebirges sehen. Wer an einem sehr klaren Tag auf einem der Aussichtsgipfel oberhalb von Biella steht, dem Monte Marca, dem Monte Rosso oder der Colma di Mombarone, der sieht, wie sich die Berge zu einem Kranz zusammenschließen, der nicht nur die Gebirgsfront im Westen vom breitgelagerten Gletschermassiv des Gran Paradiso bis zur einsamen Majestät des Monviso umfaßt, sondern über die Seealpen oder Alpes maritimes bis zum Apennin reicht, so daß das Gebirgspanorama sich nur noch im Osten in der Richtung des Po öffnet.

So imposant die Präsenz der Alpen für die Ebene und auch noch für die Hügelzone des Piemont ist, so vielfältig sind die Tallandschaften, die diese großartige Bergwelt durchziehen. Zwar fehlen die breiten seitlichen Talterrassen, die großen Hochflächen, aus denen in Südtirol, zerfallenen Burgen gleich, die Dolomiten emporsteigen. Ähnlich wie im größeren Teil der Alpensüdseite, im Tessin oder den Bergamasker Alpen, sind die Täler tief eingeschnitten, steil und eng, besonders das Sésiatal, das in vielen Windungen vom Fuß des Monte Rosa über Varallo und seinen Sacro Monte sich zur Ebene von Novara hinabzieht. Es hat seine Eigenart in Sprache und Sitte ganz anders bewahrt als das benachbarte Tal der Óssola zwischen Simplon und Lago Maggiore, das durch Bahn und Straße am internationalen Verkehr teilhat.

Eine Welt für sich bildet das Aostatal samt seinen Seitentälern. Hier fügen sich ausgeprägte landschaftliche Besonderheiten zu einer höheren Einheit: die höchsten Erhebungen der Alpen, die dicht sich aneinanderreihenden Firnfelder und Gletscherströme, dazu ein zumindest in seinem mittleren Verlauf breites und weit überschaubares Haupttal, in das viele, oft erstaunlich lange Seitentäler münden. Die eindrucksvollsten Gipfel überragen in der Monte Rosa-Gruppe, im Matterhorn (italienisch Il Cervino) und dem Grand Combin die Region im Norden und bilden zugleich die Grenze zum schweizerischen Wallis, das mit dem Aostatal so manches gemein hat. Die Fortsetzung des Alpenkammes nach Westen und zugleich seine höchste Steigerung nach dem Einschnitt des Großen St. Bernhard-Passes bildet der Mont Blanc samt seinen so pittoresk geformten An- und Abläufen. Es folgt der verhältnismäßig tiefe und breite Einschnitt des Kleinen St. Bernhard-Passes, dann setzt sich das Hochgebirge auf der Südseite des Aostatales im Gran Paradiso fort, der trotz seiner breiteren Formen noch immer über viertausend Meter emporsteigt, kontrastierend begleitet von der unerhört kühnen Felsspitze der Grívola und dem die Stadt Aosta fast unmittelbar überragenden Gipfel des Mont Emílius.

Wie in so vielen Alpentälern, vorab in Tirol und in der Schweiz, vereinigt das Aostatal Talenge und Weltweite in mehr als einer Weise. Die Pässe sind schon seit dem Altertum berühmt. So wählte nach einer Überlieferung Hannibal nicht den ins Tal von Susa mündenden Mont Cenis, sondern den Kleinen St. Bernhard für seinen Alpenübergang, und seitdem wurde das Tal immer wieder vom Strom der Geschichte berührt. Die Römer bauten hier Straßen und Brücken, Befestigungsanlagen, Triumphtore und Theater, die noch heute in Aosta den großartigen, doch gleichförmigen Stil eines Weltreichs bekunden. Später waren es die Franken und unter ihnen Karl der Große, dem nochmals einige Jahrhunderte später die deutschen Kaiser folgten. Besonders wichtig wurden die Dynasten aus dem Haus Savoyen, die im Mittelalter als Grafen, in der Renaissance als Herzöge und im Spätbarock als Könige dem von ihnen beherrschten Tal französische Sprache und Kultur brachten, die sich noch heute den Vereinheitlichungstendenzen des modernen Italien zum Trotz weitgehend behauptet haben. Es gibt nur noch in Südtirol so viele Burgen und Schlösser wie im Aostatal, das gleich anderen Teilen von Piemont, wie beispielsweise dem Hügelgebiet des Montferrat, das Gepräge einer ausgesprochenen Feudallandschaft zeigt.

Wie die Verbindung von Abgeschlossenheit und Durchgangswegen auch in Sprache und Volkskultur zu besonders reichen Bildungen führt, ist im Aostatal und seinen Seitentälern offensichtlich. Bis hinab zur Festung Bard, die auf einem schwer einnehmbaren Felssporn die eigentliche Pforte des Tales gegen Süden darstellt, spricht man französisch, und zwar in einem altprovenzalischen Dialekt, der in seinem ›zurückgebliebenen‹ Zustand ein ähnliches Phänomen darstellt wie die dem Altdeutschen verwandte Mundart der Oberwalliser. Von diesen stammen die Walser ab, die sich als Minderheit innerhalb der Minderheit im Val di Gressoney, auch Val del Lys genannt, angesiedelt haben, wie auch östlich vom Einzugsgebiet der das Aostatal durchfließenden Dora Báltea im Sésiatal und im Valle d'Óssola. Es sind stets die obersten Dörfer dieser Täler, in denen sich die Walser festsetzten, was die Annahme bestärkt, daß sie über die Gletscherpässe eingewandert seien. Ihr stehen Vermutungen und Legenden gegenüber, die, zum Beispiel im Val del Lys, von deutschen Kaufleuten sprechen, welche während Kriegszeiten aus Venedig geflüchtet und wegen der damaligen Sperrung der übrigen Pässe schließlich am Fuß des Monte Rosa eine neue Heimat gefunden hätten. Die Einwanderung über die höchsten und gefährlichsten Gletscherpässe erscheint zunächst sehr unwahrscheinlich, und doch wurden diese Übergänge früher erstaunlich häufig benutzt. Die Walser kamen im 13. Jahrhundert nach Piemont und ins Aostatal im Zusammenhang mit einer großen Wanderbewegung, durch die andere Walsergruppen nach Graubünden, und zwar ins Vorderrheintal und ins Prättigau, ja bis nach Vorarlberg gelangten und dabei fast immer von oben her die Täler besiedelten. Dem entspricht der außergewöhnlich zähe, echt gebirglerische Volksschlag, gehärtet im ständigen Kampf mit der Natur, doch auch mit dem südlichen Nachbarn, sowohl was die materielle Existenz als auch die kulturelle Eigenständigkeit anbelangt. Denn mit ihrer Sprache und ihren althergebrachten Bräuchen hatten sie seit der zweiten Hälfte des 19. Jahrhunderts einen schweren Stand, zunächst gegenüber der nationalen Einigung Italiens mit ihrem Zentralismus und Egalisierungsstreben auf den verschiedensten Gebieten, dann in noch stärkerem Maß gegenüber der auch im Regionalen jede Selbständigkeit unterdrückenden Herrschaft des Faschismus. Nach dem Zweiten Weltkrieg erhielt das Aostatal seine in der italienischen Verfassung verankerte Autonomie, und auch gegenüber den in anderen Tälern siedelnden Walsern wurde größere Toleranz geübt. Doch gewinnt man bisweilen den Eindruck, daß es sich dabei um eine in erster Linie dem Tourismus zuliebe gepflegte Folklore handle und sich im übrigen das Deutsch auf Grabinschriften beschränke. Freilich, unsere Zeit ist mit ihrem immer schrankenloser sich entwickelnden Verkehr und dem Zug zu einer alles einebnenden Gleichförmigkeit auch ethnisch gesonderten Gruppen gegenüber nicht günstig gesinnt. Gerade die schönsten und interessantesten Gebiete der Alpen werden durch einen Tourismus besonders gefährdet, der diese Werte zwar sucht, sie jedoch durch ihre einseitig kommerzielle Erschließung zugleich zerstört. Wir werden der Problematik dieses Tourismus in Piemont auch sonst noch begegnen.

Eine andere Minderheit, die ihre Heimat etwas weiter südwestlich des Aostatales in den Westalpen hat, ist religiöser Natur. Es sind die Waldenser, die aus der Lombardei in einzelne Täler der Westalpen kamen und heute noch in den Tälern westlich von Turin, so namentlich im Val Péllice, eine Stätte für ihren Glauben suchten. Dieser Glaube geht auf den Lyoner Kaufmann Petrus Waldes zurück, der während der Hungersnot von 1176 eine religiöse Vereinigung gründete, die sich zum Ziel setzte, in Armut und Wanderpredigt Christus und den Aposteln zu folgen. Im 13. Jahrhundert verbreitete sich die Bewegung der Waldenser über die Lombardei und von dort im 14. Jahrhundert über große Teile Europas bis Franken, Thüringen und Böhmen, ja bis nach Polen, Preußen und Galizien, ständig von der offiziellen Kirche verfolgt und 1477 sogar durch einen Ketzerkreuzzug bekämpft. Die in den Westalpen ansässig gewordenen Waldenser – zu denen außerhalb Piemonts noch eine größere Zahl in den Tälern der benachbarten Dauphiné kommt – erhielten durch die Reformation einen gewissen Auftrieb. So erschien damals unter ihnen der Westschweizer Farel, einer der bedeutendsten Mitkämpfer Calvins. Doch bald darauf wurden die Waldenser durch die Maßnahmen der Gegenreformation auf das grausamste bedrängt. Trotz des Zusammenschlusses zur ›Union der Täler‹ im Jahre 1577 erschlug 1655 ein piemontesisches Heer, in dessen Gefolge Banditen und fanatisierte katholische Irländer zogen, tausende von Waldensern in Kämpfen, die sich namentlich im oberen Teil der Dora Ripária abspielten. Das Gemetzel wiederholte sich 1685 durch ein italienisch-französisches Heer. Zehntausende wurden ins Gefängnis geworfen, dreitausend Kinder zur ›Umerziehung‹ deportiert. Geflüchtete Waldenser gründeten damals Gemeinden in den protestantischen Ländern, und die reformierten Kantone der Schweiz verhinderten durch ihre Intervention die völlige Ausrottung der in Piemont zurückgebliebenen Waldenser. Erst 1846 erließ König Karl Albert ein Duldungsedikt, und auch im bald darauf geeinigten Italien konnte sich unter dem Schutz der Verfassung die ›Chiesa Valdese‹ als die bedeutendste christliche Minderheit entfalten. Die Waldenser entwickelten dank der Reinheit und Strenge ihrer Lehre, doch sicher auch gehärtet durch die langen und schweren Verfolgungen, ein eigenes Arbeitsethos. Sie sind geachtet durch Fleiß, Ausdauer und äußere Bescheidenheit. Die noch heute von ihnen bewohnten Orte, vorab Torre Péllice, wo sich das eigentliche kirchliche Zentrum dieser beachtenswerten Religionsgemeinschaft befindet, zeichnet sich durch eine durchaus eigene Atmosphäre aus.

Die Westalpen sind vom Großen St. Bernhard an bis zum Col di Tenda, d.h. vom Wallis bis zur Riviera, immer wieder von Kriegsheeren durchzogen worden, angefangen von Hannibals berühmtem Alpenübergang, in welchem er das ihm an der Küste entgegenziehende Heer der Römer überraschend umging, bis zu der nicht minder spektakulären Alpenüberquerung Napoleons im Frühjahr 1800. Es gibt ein ausgesprochenes Gefälle von Frankreich nach Italien, das sich auf italienischer Seite militärisch in beachtlichen Festungsanlagen in verschiedenen Alpentälern dartut, so in Bard im unteren Aostatal, in Exilles im Tal der Dora Ripária oberhalb von Susa und in Fenestrelle im Tal des Chisone. Auch wenn ihre heutige Gestalt auf die Modernisierung zurückgeht, zu welcher der Wiener Kongreß Piemont aus Furcht vor einem wiedererstarkenden Frankreich verpflichtete, so sind sie doch einer sehr alten Tradition verpflichtet. Berühmt ist die im Knotenpunkt verschiedener Alpenpässe gelegene alte Festungsstadt Cúneo durch ihre vielen Belagerungen. Immer wieder sind von Westen Heere über die Alpen gedrungen, wobei es dann oft zu Schlachten kam, wie zum Beispiel jener am Fuß der Sagra di San Michele, in der Karl der Große über die Sarazenen siegte. Aber auch wenn die Entscheidung bereits tief in der Ebene, ja sogar erst am östlichen Rand Piemonts fiel, wie bei Napoleons Sieg über die Österreicher bei Marengo, so war doch der Marsch über den noch winterlichen Großen St. Bernhard die Voraussetzung dazu. Zahllos sind die Kämpfe, in denen französische Heere von Franz I. bis zu Ludwig XIV. und Napoleon von der Dauphiné aus durch das Gebirge gegen Osten bis in die Ebene vorstießen. Am Ausgang des Péllicetales in Pinerolo faßten die Franzosen von 1536 bis 1574 und von 1631 bis 1706 Fuß.

Nicht vergessen sei der friedliche Verkehr durch die Bergtäler und über die Alpenpässe. Schon die Römer verbesserten die Wege über die beiden später nach dem hl. Bernhard genannten Pässe und über den Mont Cenis, um den beiden Gallien eine gute Verbindung zu sichern. Im Mittelalter waren diese Wege nur Saumpfade, die von Maultieren und allenfalls von Reitpferden beschritten wurden; seit dem 18. Jahrhundert weiteten sie sich mehr und mehr zu Straßen, die dann seit der Mitte des 20. Jahrhunderts ihr heutiges Ausmaß annahmen; sie unterfahren mit ihren Tunnels – durch den Mont Blanc, durch den Col de Fréjus (im Bau) und durch den Großen St. Bernhard – die alten Pässe und überflügeln sogar die Eisenbahnen. Die Eisenbahnlinie, die von Lyon über die alte savoyische Hauptstadt Chambéry durch den Mont Cenis-Tunnel nach

Turin und weiter nach Mailand, Rom oder Venedig führt, hat historische Bedeutung, nicht nur als eine der frühesten Alpendurchquerungen, sondern auch als Bekräftigung jener – von Ministerpräsident Cavour betriebenen – Anlehnung Piemonts an Frankreich, als ein Mittel zur Einigung Italiens. Schon 1832 schlug der damalige Zollinspektor von Bardonécchia im obersten Teil des Dora Ripária-Tales einen Tunnel vor, der das Königreich Piemont mit Frankreich verbinden sollte. Cavour förderte das Bahnprojekt auf das lebhafteste. 1857 beschloß das Turiner Parlament den Bau des Tunnels, der 1871 vollendet war. Damit ist der Mont Cenis-Tunnel, wie der Mont Fréjus-Tunnel im allgemeinen Sprachgebrauch nicht ganz richtig genannt wird, der früheste der großen Alpendurchstiche.

Die Vorberge

Die sanften Vorberge, die den Alpen in Piemont fast völlig fehlen, sind dafür dem Apennin in den beiden Hügelregionen der Langhe und des Montferrat vorgelagert. Die Langhe, die sich unmittelbar an den Apennin anlehnen, sind dementsprechend höher und im Klima rauher als die Hügelzone des tiefer und zum Po hin gelegenen Montferrat. Die Höhenzüge der Langhe steigen bis zu 800 Metern an. Ihr Übergang gegen die Ligurischen Alpen und den Apennin ist fließend. Während am westlichen Fuß der Langhe historisch wie kunstgeschichtlich wichtige Orte liegen – Mondovì mit dem nahen Wallfahrtsheiligtum von Vicoforte oder Cherasco und Alba – sind die meisten übrigen Siedlungen vergleichsweise klein und arm an Kunstdenkmälern, weshalb wir das Gebiet nur an seinen westlichen Rändern berühren werden.

Wichtiger für dieses Buch ist das Montferrat, dessen Hügellandschaft durch das breite Tal des an Alba, Asti und Alessándria vorbei nach Osten fließenden Tánaro in einen nördlichen und einen südlichen, schon mit der Langhe verbundenen Teil getrennt ist. Im Westen endet das Montferrat in den Hügeln oberhalb von Turin, der sogenannten ›Collina‹. Geologisch sind das Montferrat wie die Langhe durch weiches Sedimentgestein und demzufolge durch starke Erosionen geprägt. So entsteht eine oft verwirrende Vielfalt von flachen Talgründen, sanften Hängen und Kuppen sowie einzelnen langgezogenen Höhen, doch dazwischen immer wieder auch steil eingeschnittenen Schluchten und alleinstehenden Erhebungen, auf denen meistens ein Städtchen oder ein städtisch eng zusammengebautes Dorf liegt, gewöhnlich von Schloß und Kirche überragt. Die Aussicht reicht bei klarem Wetter von den höchsten, zu etwa 700 Metern ansteigenden Punkten über das bald sanft bewegte, bald verwirrend gekräuselte Hügelmeer bis zur Poebene und zu den Alpen, so daß Hügel, Ebene und Hochgebirge sich in jenem für Piemont bezeichnenden Dreiklang zusammenfinden. Nach Süden hin schieben sich jenseits der breiten, vom Tánaro durchflossenen Senke die Höhenzüge, hintereinander gestaffelt, bis zum Kamm der Ligurischen Alpen und des Apennin.

Das Montferrat ist historisch durch das Mittelalter mit der Vielfalt einzelner Herrschaften geprägt, die unter wechselnden Lehensverhältnissen standen, dem nach vielen Seiten offenen Charakter des Gebiets entsprechend. Um die Wende vom 10. zum 11. Jahrhundert war die Markgrafschaft Montferrat in den Händen der Aleramiten, nach einem gewissen Aleramo so genannt, die sich im zweiten und dritten Kreuzzug auszeichneten, indem ihr berühmtester Vertreter, Konrad, im Jahre 1187 die syrische Hafenstadt Tyrus erfolgreich gegen Sultan Saladin von Ägypten verteidigte. Markgraf Bonifatius III. wurde im vierten Kreuzzug, an dessen Schicksalen er nicht geringen Anteil hatte, König von Thessalien. Wilhelm VII., den man den Großen nannte, vertrat schon im 13. Jahrhundert den später für Italien so wichtigen Stand der Kondottiere: fremde, besonders deutsche Söldnerführer, die für italienische Städte und Stadtherren gegen Sold Kriege führten. Wilhelm VII. ist in Piemont nicht der einzige Vertreter dieses berühmt-berüchtigten Berufes. Die Aleramiten behaupteten ihren auf Ackerbau beruhenden Feudalstaat gegen die Angriffe der benachbarten Städte Asti, Alessándria und Vercelli, und nach ihrem Aussterben im Jahre 1305 ging durch Erbfolge das Gebiet an eine Nebenlinie des byzantinischen Kaiserhauses der Paläologen über, wodurch die schon durch die Kreuzzüge bestehenden lebhaften Beziehungen mit dem Oströmischen Reich ihre Fortsetzung fanden. Die Paläologen, denen auch Casale, die Festungsstadt am Ostrand des Montferrat unterstand, behaupteten sich nicht nur gegenüber den Angriffen der benachbarten Städte, sondern bald auch denen mächtiger Fürsten: der mailändischen Visconti im Osten und der seit dem Spätmittelalter kraftvoll sich ausdehnenden Savoyer im Westen. Sie bemächtigten sich sogar der Städte Ácqui, Alba und Casale. 1536 kam nach dem Ende des Paläologenhauses die Markgrafschaft an den Herzog von Mantua und damit an das Haus Gonzaga. Unter diesem wurde 1675 das Montferrat zum Herzogtum erhoben, was aber keineswegs ein glückliches Regime gewährleistete. Verheerungen durch die zahlreichen Feldzüge, in denen Piemont vom 16. bis zum beginnenden 18. Jahrhundert zusammen mit der Lombardei zum Kriegsschauplatz nicht nur der oberitalienischen Dynasten, sondern der europäischen Großmächte wurde, suchten das heute so friedliche Hügelland heim. Dazu kamen innere Mißstände. Der letzte Herzog von Montferrat und Mantua, Ferdinand Karl, übergab 1681 Ludwig XIV. die Festung Casale und 1701 das übrige Herzogtum. Doch kurz darauf, in der großen, für Piemont so schicksalhaften Auseinandersetzung des Spanischen Erbfolgekriegs, fiel im Jahre 1708 das Montferrat an Viktor Amadeus II. von Savoyen, was die Friedensschlüsse von 1713 und 1714 bestätigten.

Es folgte auch für das Montferrat eine ausgesprochen glückliche Zeit. Das bekundete sich im Umbau vieler Burgen zu konfortablen Schlössern, vor allem aber in den zahlreichen damals errichteten Kirchen. Diese schön und meist weithin sichtbar gelegenen Gotteshäuser zeichnen sich durch die Eleganz ihrer gewöhnlich unverputzten Backsteinfronten, oft auch durch die Schönheit und den Reichtum ihrer Innenräume aus. Die Feudallandschaft des Mittelalters wird hier zur Sakrallandschaft des Spätbarock, und zwar in einer Dichte und einer Eindruckskraft, wie man sie sonst nur noch in gewissen Teilen Süddeutschlands und Österreichs findet.

Die Ebene

Im Reichtum seiner Bodenformen, in seiner Fruchtbarkeit und in der Anmut einer milden Schönheit kommt das Montferrat der Toskana nahe und erinnert zugleich an das südliche Tessin vor seiner Industrialisierung. Herber ist demgegenüber die vom Po durchzogene Ebene. Heute in Piemont, doch in ihrer Geschichte zunächst selbständig, dann unter wechselnden Herren, liegen an der Grenze gegen die Lombardei die Städte Novara, Vercelli, Casale und Alessándria, in ihrem Charakter durch das flache Land geprägt. Auch für Turin gilt das, jedoch hat hier die Poebene ihre schmalste Stelle erreicht, und die Stadt wird östlich des Flusses, an dessen Rand sie liegt, von der Collina überhöht, während im Westen nach weniger als zwanzig Kilometern bereits sehr steil die Alpen emporsteigen. Nach Süden weitet sich die Ebene wieder, sie ist nun nicht nur durch den Oberlauf des Po bestimmt, sondern auch durch mehrere Nebenflüsse, die, aus den Seealpen und den Ligurischen Alpen kommend, sich scharf in die Schuttmassen eingefressen haben, die die Berge einst hier ablagerten und eine über 500 Meter über dem Meer gelegene Ebene bilden. Von solcher Lage hoch über dem Flußeinschnitt ziehen Städte wie Cúneo, Fossano und Cherasco ihren Nutzen. Dieselbe Hochebene, die nach Westen durch die Alpen sehr markant begrenzt ist, greift ostwärts in mannigfachen Zungen in die Hügel des Montferrat hinein, das sich wiederum deutlich von der Poebene abhebt. Nördlich von Turin und der in den Po mündenden Dora Ripária legt sich vor die Ausgänge der zeitweise sehr wasserreichen Flüsse aus dem Gebirge jeweils eine Zone von Moränenhügeln, in deren längst überwachsenen Schuttwällen sich das einstige Ende der ehemals ausgedehnteren Gletscher abzeichnet. Die Moränenlandschaft setzt sich, zum Teil in besonders großzügiger Form, von Ivrea aus, wo die Dora Báltea in die Ebene tritt, ostwärts fort und reicht bis zum unteren Ende des Lago Maggiore.

Die Ebene erlebt man am reinsten im Umkreis von Novara und Vercelli, Städten, deren wirtschaftliches Fundament der hier besonders intensiv betriebene Reisbau bildet. Man glaubt durch überschwemmtes Gebiet zu fahren angesichts der weiten, unter Wasser stehenden Flächen, bis man die genaue Abgrenzung und die gleichmäßige Tiefe der künstlich bewässerten Felder gewahrt. Große Feuchtigkeit und warme Sommertemperaturen sind die natürlichen Voraussetzungen des Reisanbaus, nicht nur in Indien, China und Japan, den klassischen Reisländern, sondern auch hier in der Poebene mit ihren einst natürlichen Sümpfen. Diese sind heute in künstlich bewässerte Felder verwandelt; was jedoch geblieben ist, sind die Sumpfplagen der Stechmücken samt ihren Folgen wie Malaria, die heute freilich harmloser geworden ist. Die Arbeit, die im Wasser stehend verrichtet werden muß, das Einsetzen der Pflanzen und die Beseitigung des Unkrautes, ist – und war es vor allem in der Zeit einer noch nicht durchmechanisierten Landwirtschaft – außerordentlich hart. Wegen Mückenplage und Sumpffieber liegen die Ortschaften gewöhnlich in einiger Entfernung von den Reiskulturen. Doch sind viele vom Reisabsatz reich geworden, so namentlich Vercelli, und zwar bereits in frühen Zeiten, wie es seine mit Aufwand geschmückten Kirchen und stattlichen Paläste vor Augen führen.

Andere Städte entwickelten sich aus der Gunst der in der Ebene zusammenlaufenden Alpenstraßen. Cúneo wurde wegen seiner strategisch wichtigen Lage eine starke Festung. So auch Casale am Nordrand des Hügellandes von Montferrat, wobei hier die vom Po durchflossene Ebene ein weitläufiges, vom Wasser gespeistes Grabensystem ermöglichte, das auch Turin und Alessándria besaßen. Gewöhnlich vereinigten sich verschiedene Voraussetzungen: günstige Verkehrslage, zur

Befestigung geeignete natürliche Gegebenheiten und ein landwirtschaftlich reiches Hinterland, das die Entwicklung zum Handelsplatz und Verwaltungszentrum förderte.

Mit der Ebene mittelbar verbunden sind auch die Städte an ihrem Rand, so Biella und Ivrea, die beide vor allem in jüngster Zeit durch die Industrie gediehen. Dabei verteilten sich die Industrien auf die nähere und weitere Umgebung der Stadt; es entstehen ganze Satellitenstädte, wie etwa die Olivetti-Fabrikstadt. Die historische Stadt bleibt aber auch für die modernen Fabriken das Verwaltungszentrum und der Ort der Begegnung und Erholung für die Arbeiter und Angestellten.

Auch für Turin, die größte unter den Städten in der Ebene, gilt dies. Dort hat die schon im 19. Jahrhundert ansässige Feinmechanik großartige Entfaltung in der Autofabrikation gefunden, ohne dadurch zu einer eigentlichen Schwerindustrie zu werden. Denn allzu kompliziert und in vielem auch zu subtil sind hier die Arbeitsprozesse. Die großen Werke, die über Piemont hinaus nationale, ja sogar weltweite Bedeutung erlangt haben, sind auch hier aus der eigentlichen Stadt wegverlegt worden und bilden jetzt beispielsweise in Mirafiori weitausgebreitete Komplexe, die mit ihren Testbahnen und eigenen Verkehrsanschlüssen nirgends so großzügig wie in der Ebene hätten angelegt werden können.

Der Ebene verschrieben haben sich in der für Piemont so fruchtbaren Epoche des Barock auch die Schloßanlagen. Als Gegenstück zu den königlichen Schlössern am Rande der Collina, der Villa della Regina unmittelbar bei Turin und dem weithin sichtbaren Kastell von Chieri, entstanden in der Ebene die großen Schloßbauten der Herzöge und bald auch der Könige aus dem Hause Savoyen, nämlich Racconigi, Venaria Reale und vor allem das schönste aller Jagdschlösser: Stupinigi. Auch ihre Anlage setzt die Ebene voraus, freilich ist sie noch nicht, wie bei den modernen Fabriken, durch ineinandergreifende Produktionswege bestimmt, sondern durch die sublimeren Bedürfnisse einer ihr Dasein festlich überhöhenden Hofgesellschaft. Die daraus sich ergebende Form ist in einem so hohen Maße selbständig geworden, daß Haus und Garten, Kernbau, Flügel, Pavillons und Nebengebäude einen eigenen ästhetischen, ja geradezu mathematischen Gesetzen folgenden Organismus bilden. Ganz besonders gilt dies für Stupinigi, dessen Flügel in ihrer bewegten Entfaltung an eine Windmühle oder auch an ein modernes Scherengitter erinnern. Doch auch die breiten und langen Zufahrtsstraßen und auf der anderen Seite das viele Kilometer messende System von Waldschneisen, das auf das Schloß als Mitte bezogen ist, wären ohne die Weite der Ebene nicht denkbar.

Auch dort, wo Bauten fehlen, zeigt die Ebene in Piemont ihre reiche Schönheit, am ursprünglichsten da, wo die breiten Kiesbetten der von den Bergen kommenden Flüsse sie durchziehen, für kurze Zeit, vor allem nach der Schneeschmelze, von Hochwasser erfüllt, sonst aber meist nur von spärlichen Rinnsalen durchflossen. Es fehlt zwar in der piemontesischen Ebene die Dichte der ›Baumschleier‹ wie in den Seidenraupen-Kulturen der Lombardei, aber Baumreihen und Felder, auf denen Getreide, Mais und vor allem Reis angebaut wird, bilden mindestens in der Ebene von Novara und Vercelli ein in seiner Abwechslung der Lombardei verwandtes Bild, im Unterschied zu der einfacheren Bebauung mit großen, baumlosen Kornfeldern in der bereits klimatisch etwas rauheren Hochebene zwischen Turin und Cúneo.

Was bei hellem Wetter die Ebenen Piemonts besonders auszeichnet, ist die fast für das ganze Land so wesentliche Präsenz der Berge: der zarte Hügelsaum des Montferrat und der Langhe im Süden und im Osten, und auf der anderen Seite der von blendenden Firnen gekrönte Kranz der steil ansteigenden Alpen.

Geschichte

Das Landschaftserlebnis eröffnet immer wieder den geistigen Blick in die Vergangenheit dieses Landes, deren Geschehnisse in eigenartiger Weise durch die Natur mitgelenkt werden. Aus einer solchen Sicht ist in der kurzen Darstellung der landeskundlichen Verhältnisse Piemonts auch schon die historische Dimension zur Sprache gekommen. Es ist deshalb angebracht, die eigentliche Geschichte kurz zusammengefaßt hier anzuschließen.

Nach dem Vorspiel der Römerzeit, die in Turin, Susa und Aosta viele Denkmäler hinterließ, haben drei Epochen die Geschichte Piemonts wesentlich geprägt: das Lehenswesen des Mittelalters, die Ausbildung eines Beamtenstaates in der Renaissance und im Barock, sowie die große italienische Einigungsbewegung im 19. Jahrhundert.

Dem mittelalterlichen Feudalismus, der hier früher begann – schon um 880 wurde das Lehen hier erblich – und länger andauerte als anderswo, verdankt Piemont die Fülle seiner Burgen und Schlösser. Das 11. und 12. Jahrhundert sah den Aufstieg mächtiger Territorialherren wie der Markgrafen von Montferrat oder der Markgrafen von Turin, als deren Erben die Grafen von Savoyen in Piemont Fuß faßten und damit ihren berühmten Paßstaat gründeten. In denselben beiden Jahrhunderten entwickelten sich viele Städte, so beispielsweise Asti, Alba, Vercelli oder Alessándria, zu wirtschaftlich mächtigen, von Lehnsherren und Bischöfen vielumkämpften freien Stadtrepubliken mit ausgeprägter Individualität.

Im 15. und 16. Jahrhundert wurde das Land – weit stärker noch als zu den Zeiten Hannibals und der Völkerwanderung –

zum europäischen Kriegsschauplatz und blieb es bis zum Beginn des 18. Jahrhunderts. Die Kämpfe, die meist fremde Mächte um dieses Durchzugsland nach Italien austrugen, entwickelten freilich auch die Widerstandskräfte der piemontesischen Heere und förderten die Ausbildung eines straffen Beamtenstaates. Daß Emanuel Philibert von Savoyen im 16. Jahrhundert seinen Regierungssitz von Chambéry nach Turin verlegte, unterstützte diese Entwicklung. Das 17. und 18. Jahrhundert stand im Zeichen absoluter Fürstenmacht, auch wenn sich die Machtformen im Laufe der Zeit entspannten und vergeistigten.

Im 19. Jahrhundert löste sich das Fürstenhaus aus der Enge eines kleinen Obrigkeitsstaates, um sich an die Spitze jener großen historischen Bewegung zu stellen, die nach Überwindung vielfältiger Widerstände die italienische Einigung vollzog. Hauptstadt dieses geeinten Italien aber war nun nicht mehr Turin, sondern, der geschichtlichen und geographischen Notwendigkeit entsprechend, Rom.

Entstehung des Paßstaates

Das Haus Savoyen, das im 19. Jahrhundert bei der Einigung Italiens die führende Rolle spielen sollte, hat seinen Stammsitz in der gleichnamigen Landschaft südlich des Genfer Sees. Von dort dehnte es seine Macht sowohl in die Täler der Westalpen wie an das Nordufer des Genfer Sees aus. Verwandte der Grafen von Savoyen herrschten bis ins 16. Jahrhundert als Bischöfe über Lausanne und Genf; und Chambéry im Tal der Durance war neben Annecy, das südlich von Genf an einem eigenen See liegt, die alte Hauptstadt.

Der erste Graf von Savoyen, Humbert Weißhand – ›Umberto Biancamano‹, wie er so viel klangvoller italienisch heißt – vereinigte die ihm für seine Dienste von Kaiser Konrad II. verliehene Grafschaft Savoyen mit der östlich des Alpenkammes gelegenen Grafschaft Aosta und schuf damit den Anfang für jenen Staat rittlings der Alpen, den im Jahre 1050 sein Sohn

Oddo I. durch die Vermählung mit Adelheid, der Erbtochter des Markgrafen Manfred von Turin, bis hinaus in die oberitalienische Ebene erweiterte. Oddos Sohn war Amadeus II., der Kaiser Heinrich IV. als dessen Schwager und Begleiter in seinem Kampf mit dem Papst auf seinem Gang nach Canossa unterstützte, wofür er mit Gebieten in Burgund belehnt und belohnt wurde. Amadeus II. nahm mit einzelnen seiner Ministerialen am zweiten Kreuzzug teil, während dem er 1149 auf der Insel Zypern starb. Sein Enkel Thomas II. diente Kaiser Friedrich II., doch zugleich seiner Hausmacht, für die er Chambéry erwarb.

Unter Peter II., der 1268 starb, wurde die später von Bern besetzte Waadt erobert und mit starken Schlössern befestigt.

Die Kaisertreue der Savoyer blieb auch fürderhin fest. Der Lohn dafür war die von Heinrich VII. verliehene Reichsunmittelbarkeit. Im 14. Jahrhundert erweiterte der durch seine Kriegstaten berühmte Amadeus VI. (1343-1383) den piemontesischen Besitz um die Städte Chieri, Savigliano und Teile der Diözesen Ivrea und Vercelli, und kurz darauf erwarb Amadeus VII. (1383-1391) Stadt und Grafschaft Nizza, wodurch das Mittelmeer erreicht war.

Amadeus VIII. (1393-1440) wurde 1416 von Kaiser Sigismund zum Herzog von Savoyen erhoben. Er erwarb 1426 vom Herzogtum Mailand die Stadt Vercelli, zog sich aber acht Jahre später von den Regierungsgeschäften zurück und wurde 1493 vom Baseler Konzil als Felix V. zum Gegenpapst gewählt, doch resignierte er zehn Jahre später. Er starb 1451 als Kardinal von Santa Sabina. Ihm folgten Fürsten mit den für das Haus Savoyen bezeichnenden Namen Amadeus, Philibert und Karl. Herzog Karl III. erwarb Asti, doch verlor er 1536 die Waadt an Bern, ebenso Genf und das Wallis, die sich beide den Eidgenossen zuwandten.

Zwischen den Großmächten

Mit dem Eroberungszug Karls VIII. von Frankreich gegen Neapel (1494) wurde Italien bis ins 16. Jahrhundert hinein das Kampffeld der großen Auseinandersetzungen zwischen Frankreich und dem Hause Habsburg, das mit Spanien im Bunde stand. Piemont wurde dabei naturgemäß besonders in Mitleidenschaft gezogen. König Karl VIII. von Frankreich zwang nicht nur den Herzögen von Savoyen, sondern auch den Markgrafen von Montferrat und von Saluzzo seinen Willen auf. Auch seine Nachfolger, König Ludwig XII. und König Franz I. von Frankreich, setzten diese nach Italien orientierte Politik fort. Franz I. fiel nach dem Tode seiner Mutter, Louise von Savoyen, in Piemont ein (1532) und nahm seinem Onkel Herzog Karl III. von Savoyen (1504-1553) einen großen Teil seiner Besitzungen weg. Doch konnte er in seinen Kriegen gegen Kaiser Karl V. seine oberitalienische Machtstellung nicht behaupten und mußte sich die Lombardei und Piemont zeitweilig von den Spaniern streitig machen lassen.

Erst Herzog Emanuel Philibert von Savoyen (1553-1580), dem Sohn Herzog Karls III. von Savoyen und dem Neffen Kaiser Karls V., gelang es, die Macht Savoyens in Piemont wiederherzustellen. Er zwang die Franzosen 1562 zur Räumung von Turin, 1574 von Pinerolo und 1575 von Asti. Er stärkte das Heer, erneuerte die Verwaltung im zentralistischen Sinn und förderte das öffentliche Schulwesen. Gleichzeitig unterdrückte er jedoch grausam die religiöse Gemeinschaft der Waldenser.

Sein Sohn Karl Emanuel I. (1580-1630) dehnte den savoyischen Besitz weiter nach Osten in die Poebene aus und faßte zugleich durch eine geschickte Tauschpolitik die Territorien in Piemont besser zusammen. Dabei verbündete er sich mit König Heinrich IV. von Frankreich gegen Spanien, in der Hoffnung, dadurch auch die damals spanische Lombardei zu gewinnen. Doch die Ermordung Heinrichs IV. im Jahre 1610 brachte für Oberitalien neue Wirren, zu denen unter anderem der Krieg mit Spanien um das Montferrat gehörte.

Mehr oder weniger komplizierte Erbansprüche sowie der Gegensatz zwischen Spanien und dem von diesem eingeklammerten Frankreich bestimmten die piemontesische Geschichte auch im 17. Jahrhundert, in dem Pinerolo vorübergehend an Frankreich abgetreten werden mußte. Die Kämpfe fanden – ganz im Sinne des barocken ›Kriegstheaters‹ – ihr großartiges Finale im Spanischen Erbfolgekrieg: der großen, am Anfang des 18. Jahrhunderts fast ganz Europa in zwei Teile spaltenden Auseinandersetzung zwischen Ludwig XIV., den einzig Kurbayern und Kurköln unterstützten, und der ›Großen Allianz‹, einem Bündnis der ›Seemächte‹ England und Holland mit Preußen, den österreichischen Erblanden des Hauses Habsburg und den meisten anderen Staaten des deutschen Reiches. Savoyen stand zunächst im französischen Lager, trat aber dann auf die Seite der Allianz.

In diesem von 1701 bis 1713 dauernden Krieg, der in Schlachten ausgefochten wurde, die von den Niederlanden bis Italien reichten, war Prinz Eugen die Seele des Widerstandes gegen die weitausgreifende Machtpolitik des Sonnenkönigs. Der Prinz, geboren 1663 in Paris als Sohn von Eugen Moritz von Savoyen-Carignan und der Olympia Mancini, Nichte des Kardinals Mazarin, war klein und verwachsen von Statur, so daß er von Ludwig XIV. mit Spott und Hohn von dannen geschickt wurde, als er ihm seine militärischen Dienste anbot. Doch in dem so unansehnlichen Körper lebten die erstaunlichsten Energien des Geistes und der Seele. Für den Kaiser, dem er sich nunmehr zur Verfügung stellte, vertrieb er die Türken aus Ungarn und warf sie schon vor 1700 bis hinter Belgrad zurück, getragen von dem Sendungsbewußtsein eines neuzeitlichen ›Miles christianus‹. Das ›Lied vom edlen Ritter‹ ist zwar erst 1717 in einem späteren Türkenkrieg entstanden, doch genoß der Prinz schon früh ungemeine Popularität. Vollends im Spanischen Erbfolgekrieg hatte er glänzende Erfolge. Am Wiener Hof fand er nach dem Tod des eher schwachen Leopold I. in dem jungen Kaiser Joseph I. einen tatenfrohen Herrscher, der ihn nach Kräften unterstützte. Im Feld eilte er von Sieg zu Sieg. Berühmt geworden ist sein Gebirgszug von 1701, bei dem er auf eigens dafür gebauten Wegen, und indem er die Artillerie abseilte, die Franzosen umging, die ihm die Veroneser Klause sperrten, und mit 29000 Mann in Italien einbrach. Noch berühmter wurde der Sieg, den er zusammen mit seinem Vetter Viktor Amadeus II. von Savoyen (1675-1730) am 7. September 1706 vor Turin erfocht: Die Franzosen, die damals schon fast ganz Piemont besetzt hatten, belagerten nun die Hauptstadt. Ludwig XIV. hatte den tüchtigen Herzog von Vendôme, der bislang in Italien befehligte, in die von den Engländern hart bedrängten Niederlande abberufen. An seine Stelle hatte er den Herzog Philipp II. von Orléans, seinen Neffen und den Sohn der Liselotte von der Pfalz, nach Turin beordert – einen Mann von geringeren strategischen Fähigkeiten. Ungeachtet dessen bleibt der Sieg der beiden Savoyer ein Ruhmesblatt.

Denn, geleitet von seiner überragenden Feldherrngabe, plante Prinz Eugen zusammen mit seinem herzoglichen Vetter von der Höhe der Superga aus die Schlacht voraus und setzte dabei den entscheidenden Angriff an der richtigen Stelle des zahlenmäßig überlegenen französischen Heeres an. Der Angriff wurde von den preußischen Hilfstruppen im kaiserlichen Heer vorwärtsgetragen. Ruhig ging die Infanterie unter heftigstem Kugelregen vor. Zweimal zurückgeworfen, erstürmte sie unter der persönlichen Führung des Fürsten Leopold von Anhalt-Dessau die feindlichen Schanzen und brach damit den Belagerungsring. Doch auch im Zentrum und auf dem rechten Flügel wurden die französischen Stellungen durchbrochen. Die kaiserliche Reiterei verwandelte das Zurückweichen der Franzosen zur Flucht. 7000 Mann wurden gefangengenommen, darunter der Marschall Marzin, der, wie es heißt, wenig entschlossene Ratgeber des Herzogs von Orléans. Der ganze Belagerungspark mit allem Geschütz wurde erbeutet.

Die Folge des Sieges war, daß die Franzosen ganz Piemont räumten. Herzog Viktor Amadeus II. erhielt sein Land zurück. Als Dank ließ er den schon vor der Schlacht gelobten Bau der Superga-Kirche oberhalb Turins durch Juvarra, seinen Hofbaumeister, ausführen: die Gruft der Kirche diente ihm und den Nachfolgern als Begräbnisstätte. Die Herzöge von Savoyen erhielten durch die Friedensschlüsse des Spanischen Erbfolgekriegs in den Jahren 1713 und 1714 die Königswürde, wobei – ähnlich wie zur selben Zeit in Sachsen und in Brandenburg – staatsrechtlich ein Umweg nötig war, indem ihnen das Königreich Sizilien zugesprochen wurde. Das Haus Savoyen regierte nun über Piemont und das Aostatal, ferner über Nizza und eben jene große Insel, die der neuen Monarchie den Namen gab. 1720 erhielt Viktor Amadeus II. statt Sizilien das Königreich Sardinien.

Es waren für Piemont wie für das übrige Europa glückliche Jahrzehnte, die auf die Friedensschlüsse folgten. Nicht nur das Staatswesen entwickelte sich günstig dank der äußeren Rangerhöhung und einer guten inneren Verwaltung, sondern auch Handel und Wandel und nicht zuletzt die Künste blühten. Abgesehen von Auseinandersetzungen mit Ludwig XV. von Frankreich in den Jahren 1745 und 1747, die aber zugunsten Piemonts verliefen, herrschte unter den Königen Karl Emanuel I. (1730 bis 1773) und Viktor Amadeus III. (1773-1796) Frieden.

Dies änderte sich um so gründlicher in der Zeit der französischen Revolution und Napoleons. Wieder wurde Piemont nun zur Bühne des europäischen Kriegstheaters, vor allem in den Feldzügen des Ersten und Zweiten Koalitionskrieges gegen Frankreich. Die Bedrängnis von außen traf in Karl Emanuel II. (1796-1802), dem Schwager Ludwigs XVI., auf einen schwachen Monarchen, gegen den die mit den französischen Truppen zusammenwirkende revolutionäre Propaganda leichtes Spiel hatte. Der Rückschlag, den das Vordringen der österreichischen und russischen Heere nach Italien im Jahe 1799 brachte, war nur vorübergehend und verstärkte noch die Spaltung des politisch zwischen revolutionärem Fortschritt und fürstlicher Reaktion zerrissenen Landes. 1802 wurde Piemont von Frankreich annektiert. Schon 1798 war der unglückliche Karl Emanuel II. von den Franzosen zur Abdankung gezwungen worden und hatte in Cagliari auf Sardinien seine Residenz bezogen. Erst der Wiener Kongreß, 1815, stellte das Königreich in seinem vorrevolutionären Zustand wieder her und vergrößerte es noch durch das Gebiet von Genua, das seine einstige Selbständigkeit gleich manchem anderen Staat im Umbruch der napoleonischen Zeit verloren hatte.

Die Reaktion und ihre Überwindung

Das 19. Jahrhundert bedeutet für die Geschichte Piemonts Höhepunkt und Wendepunkt zugleich. Zunächst ist Piemont der einzige selbständige Staat des in viele Territorien aufgeteilten Italien, Territorien, die fast alle mehr oder weniger stark unter der Obhut, doch auch unter der Aufsicht Österreichs standen. Auch in Italien herrschte nach dem Wiener Kongreß das gefürchtete ›System Metternich‹ des allmächtigen österreichischen Ministers, der im Dienste eines damals von der Zeit überholten Gottesgnadentums im Unterschied zu den napoleonischen Usurpatoren die legitimen Fürsten stützte. Solche Fürsten auf angestammtem Thron waren auch Viktor Emanuel I. (1802-1821) und seine Nachfolger Karl Felix (1821 bis 1831) und Karl Albert (1831-1849). Auch sie huldigten innerhalb ihrer Grenzen der von einer allmächtigen Polizei durchgeführten Reaktion. Doch, wie auch im übrigen Europa, ließen sich die liberalen Ideen nicht ganz unterdrücken, und, gestützt auf Gleichgesinnte in der nahen Schweiz sowie in Frankreich, bildeten sich den ›Carbonari‹ verwandte Geheimbünde. Schon 1821 kam es zu ersten Unruhen, die Viktor Emanuel I. zum Thronverzicht zugunsten seines Bruders Karl Felix veranlaßten. Diesem folgte 1831 Karl Albert, unter dem die Spannungen schließlich zur Krisis führten. Die Liberalen, auf deren linkem Flügel der Genuese Giuseppe Mazzini stand, wurden zunächst vom König unterdrückt, der, gleich dem damaligen Papst Pius IX., gegenüber dem wachsenden Streben nach der Einigung Italiens und der Befreiung von der Fremdherrschaft eine zweideutige Stellung einnahm und mehr seinen dynastischen Interessen als den nationalen Idealen folgte.

Dies änderte sich mit dem Jahre 1848, dessen Stürme Europa in Aufruhr brachten. Jetzt entschloß sich auch Karl Albert, dem Aufstand gegen die in ganz Oberitalien verhaßte Herrschaft Österreichs zu Hilfe zu kommen, nachdem er schon vorher in Piemont Zugeständnisse an die Liberalen gemacht und eine Verfassung gegeben hatte, die auch im übrigen Italien begeisterte Hoffnungen auslöste. Am 26. März 1848 zog der Monarch an der Spitze seines Heeres, dessen Verstärkung schon seit Jahren seine Sorge galt, in dem von österreichischen Truppen geräumten Mailand ein. Das Glück schien dem König weiterhin zu folgen. Seine Generale siegten bei Goito, und das am Südufer des Gardasees gelegene Peschiera, ein Eckpfeiler des damals so gefürchteten österreichischen Festungsvierecks, mußte kapitulieren. Schon erklärten die Lombardei und Venetien den Anschluß an ›Sardinien‹, wie der offizielle Name des Königreichs Piemont lautete. Doch Karl Albert fehlte die nötige Entschlußkraft; auch fielen die übrigen Fürsten wieder von der nationalen Sache ab. Der österreichische Feldmarschall Graf Radetzky konnte seine Truppen verstärken, und von Verona, der größten der vier österreichischen Festungen, aus gelang es ihm, Karl Albert zunächst bei Santa Lucia und dann bei Custozza zu schlagen. In der Folge mußten die Piemontesen die Lombardei räumen, und auch die Anschlüsse von Venetien sowie von Parma und Modena wurden rückgängig gemacht. In Turin aber ging die Bewegung weiter, wo zwar nicht die von Mazzini geleiteten Republikaner, jedoch die fortschrittlichen Liberalen im Parlament die Führung hatten und schließlich über die inneren demokratischen Reformen hinaus auch an dem außenpolitischen Ziel eines geeinigten und befreiten Italien festhielten. Sie erreichten am 12. März 1849 die Kündigung des nach der Niederlage von Custozza mit Österreich geschlossenen Waffenstillstandes. Mit einer für die damaligen Verhältnisse höchst ansehnlichen Heeresmacht von 120000 Mann überschritt Karl Albert von neuem die Grenze der Lombardei. Die Piemontesen wurden von dem Polen Chrzanowski geführt, einem in jener Zeit nach der Unterdrückung des polnischen Aufstandes gegen den Zaren »überall gesuchten polnischen General«. Doch der geschickt operierende und zunächst seine Gegner täuschende Radetzky drang nun seinerseits über den Tessin nach Westen vor und brachte der piemontesischen Hauptmacht am 23. März bei Novara die entscheidende Niederlage bei. Karl Albert, der sich in der Schlacht mutig den Kugeln ausgesetzt hatte, verzichtete in der folgenden Nacht auf die Krone, die er seinem ältesten Sohn Viktor Emanuel II. (1849-1878) übergab.

Cavours Einigungspolitik

Viktor Emanuel II. lehnte es in den Friedensverhandlungen entschlossen ab, durch den Anschluß an das österreichische System für seinen Staat günstigere Bedingungen einzuhandeln und machte dadurch sich und Piemont zum Schutzschild und eigentlichen Vorbild der italienischen Einigung, deren weitere Entwicklung freilich nicht denkbar ist ohne die bedeutenden Gestalten des Freischarenführers Garibaldi, der aus dem damals zum Königreich Sardinien gehörenden Nizza stammte, und des Ministerpräsidenten Cavour. Camillo Graf Benso di Cavour (1810-1861), der nunmehr das Turiner Ministerium leitete, muß als einer der großen Politiker in dem an politischen Begabungen so reichen 19. Jahrhundert angesehen werden. Er stammte väterlicherseits aus einem piemontesischen Adelsgeschlecht, während seine Mutter, eine Genferin, aus der Familie des Philosophen La Rive war. Damit ist nicht nur eine echt savoyische Verbindung über die Alpen mit der einstigen, im Machtbereich der Herzöge von Savoyen liegenden Bischofsstadt an der Rhône gegeben, sondern auch eine Beziehung zur puritanischen Geistigkeit der Stadt Calvins, die Genf durch die Reformation geworden war. Dieses puritanisch-intellektuelle Element, verbunden mit stärkster Willenskraft, hat Cavour stets geleitet, im Gegensatz und zugleich als Ergänzung zu seinem haudegenhaften König, der durch seine etwas landsknechthafte Sinnlichkeit selbst den durch seine freien Sitten bekannten Hof Napoleons III. bei einem Besuch ziemlich schockierte.

Nach den Einsichten und Plänen Cavours vollzog sich nun die Einigung Italiens, geführt von Piemont, das dabei in dem größeren Vaterland aufgehen sollte. Cavour hat in kluger Berechnung die verschiedensten Wege beschritten, und dabei auch Umwege nicht gescheut, selbst wenn diese große Opfer forderten, die dem Volke nicht ohne weiteres verständlich waren. Er hat zunächst die inneren Einrichtungen Piemonts verbessert, unter anderem die Zivilehe eingeführt und namentlich die Armee gestärkt; er hat aus Piemont einen Musterstaat gemacht, der Demokratie mit Disziplin vereinte, und in Turin den aus der wieder österreichisch gewordenen Lombardei vertriebenen Emigranten ein Zentrum gegeben. Mit eisernem Willen hat er den für sein Land zunächst so opfervollen und unpopulären Umweg über die Krim beschritten, indem er dort den Krieg Frankreichs und Englands gegen den Zaren durch ein piemontesisches Armeekorps unterstützte in der Hoffnung, dadurch die Hilfe der Westmächte im sonst aussichtslosen Kampf gegen Österreich zu erlangen. Und als die von Napoleon III. mit großen Worten versprochene Kriegshilfe nicht bis zur Adria, sondern de facto nur bis zum Mincio, das heißt bis an die Grenze von Venetien reichte und dafür noch als Preis Savoyen und Nizza, die Stammlande der Dynastie und Heimat Garibaldis, abzutreten waren, hat Cavour seine tiefe Enttäuschung überwunden und sich wiederum als geschickter Staatsmann erwiesen. Mit Gewalt, doch mehr noch mit Klugheit, lenkte er den Anschluß von Parma, Modena und der Toskana an das von Piemont geführte Italien, und kurz darauf gelang es ihm als diplomatisches Meisterstück, die Eroberung von Sizilien und Neapel durch Garibaldi und seine rotbehemdeten Freischaren so zu steuern, daß die Großmächte nicht mehr zum Einspruch kamen, da die piemontesische Armee sich nach außen hin neutral verhielt und der König sich offiziell von Garibaldi distanzierte. Die innere Distanz freilich zwischen Piemontesen und Süditalienern ist bis heute noch nicht überwunden, und man kann sich innerhalb der italienischen Großstädte keinen größeren Gegensatz denken als den zwischen Turin und Neapel.

Cavour hat die vor allem durch seine Umsicht und seine Energie ermöglichte Ausrufung des Königreichs Italien am 17. März 1861 noch erlebt, nicht mehr aber den Abschluß des großen nationalen Werks durch die Gewinnung Venetiens, die sich mit preußischer Hilfe erst im Krieg von 1866 vollzog, und den Einmarsch des italienischen Heeres in Rom, aus dem sich 1870 nach der Niederlage Napoleons III. im Deutsch-Französischen Krieg die französischen Truppen zurückzogen. Die ungeheuren Anstrengungen hatten seine Nerven verbraucht. Am 6. Juni 1861 versagte das Herz des erst Einundfünfzigjährigen.

Bei der von Piemont und insbesondere von Turin ausgehenden Einigung Italiens sind Parallelen zur ungefähr gleichzeitigen Gründung des Deutschen Reiches offensichtlich, vor allem im Hinblick auf die Rollen, welche dabei hier Piemont, dort Preußen spielten. In beiden Ländern sehen wir einen rechtschaffenen Monarchen, dessen höchstes Verdienst es ist, einem genialen Minister auch während Krisen sein Vertrauen zu bewahren. Beide Male handelte es sich um einen Staat, der sich durch innere Ordnung auszeichnete, vom Schulwesen bis zu einer Militärmacht, die ebenso unter dem Haus Savoyen wie unter den Hohenzollern auf eine ruhmreiche Tradition zurückblickte. Und in beiden Ländern lag das Schwergewicht auf einem weit ins Mittelalter zurückreichenden Adel, demgegenüber die Städte zurücktraten. Die auch in Piemont, verglichen mit dem übrigen Italien, eher karge Natur brachte – ähnlich wie in Brandenburg-Preußen – einen arbeitsamen, an Entbehrungen gewöhnten Menschenschlag hervor, aus dem sowohl ein Heer wie ein Beamtentum von spartanischer Disziplin und einem ebensolchen Pflichtbewußtsein erwuchsen.

Doch wesentlicher sind im Grunde die Unterschiede: Bei allem Fleiß und aller Disziplin der beiden Völker spielte in Piemont das Bürgertum, und damit auch das Städtewesen eine ungleich größere Rolle, hierin der altrömischen Vergangenheit verbunden. Dementsprechend setzte sich die Einigung Italiens nicht gegen die liberalen Ideen der europäischen Revolution von 1848 durch wie in Preußen, wo das Frankfurter ›Bürger- und Gelehrtenparlament‹ sabotiert wurde. Im Gegenteil, die liberalen Gedanken fanden im Turiner Parlament ihre beredten Anwälte. Während Bismarck in der Erinnerung des Volkes in schimmernder Kürassieruniform weiterlebt, bleibt Cavour der intellektuelle Zivilist im zugeknöpften Gehrock; was an seiner äußeren Erscheinung stählern ist, beschränkt sich auf die metallene Fassung seiner Brille.

Die Einigung Italiens

Um kurz den Gang der Dinge zusammenzufassen: Die durch den piemontesischen Beitrag am Krimkrieg so teuer erkaufte Hilfe Frankreichs mußte mit einem weiteren, für das nationale Ehrgefühl noch schmerzlicheren Preis, mit der Abtretung von Savoyen und Nizza, erkauft werden. Für alle diese Opfer wurde jedoch Italien keineswegs ›frei bis zur Adria‹, wie Napoleon III. Cavour voreilig versprochen hatte, sondern die beiden Kaiser einigten sich nach der überaus blutigen Schlacht bei Solferino über den Kopf von Viktor Emanuel und Cavour hinweg dahingehend, daß Österreich nur die Lombardei abtrat, und zwar zunächst an Napoleon III., der es dann erst um den bekannten Preis an Piemont weitergab. Venetien zu gewinnen, gelang erst in einer neuen außenpolitischen Konstellation nach dem Krieg von 1866, als Italien aus der österreichischen Niederlage bei Königgrätz Nutzen ziehen konnte. Doch bevor es so weit war, hatten sich die kleineren und mittleren Staaten, die bisher unter habsburgischen Dynasten standen, Parma, Modena und die Toskana, an Piemont und damit an das werdende Italien angeschlossen. Am 5. Mai 1860 war Garibaldi von der zum Königreich Sardinien gehörenden Küste bei Genua mit tausend Freiwilligen in See gestochen, um zunächst Sizilien, dann Neapel samt Gaeta als letztes Bollwerk der in Süditalien herrschenden Bourbonen zu erobern. Berühmt sind die von Viktor Emanuel abgesandten Depeschen, deren eine – um vor den Großmächten das Gesicht zu wahren – Garibaldi befiehlt, sein Unternehmen unverzüglich abzubrechen, während die andere, geheime, den Freischarenführer auffordert, sich nicht an das erste Telegramm zu halten.

Wir wissen aus den Briefen Kurd von Schlözers, der als preußischer Legationssekretär von 1864 bis 1869 in Rom lebte, ferner durch Carl Justi und Ferdinand Gregorovius, wie sehr nicht nur Diplomaten, sondern auch Gelehrte die italienische Einigung und namentlich das damit zusammenhängende Ende des Kirchenstaates miterlebten, das am 20. September 1870 zur Tatsache wurde, als nach dem Abzug der bis dahin den Heiligen Vater beschützenden Truppen Napoleons III. der Papst nur noch symbolischen Widerstand leistete und die italienische Armee durch die einst von Michelangelo errichtete Porta Pia in Rom einmarschierte.

Turin hatte schon nach dem Anschluß der Toskana seinen Rang als Hauptstadt des künftigen Italien an Florenz abgegeben, das sich für diese neue Würde mit Prunkbauten um die Piazza della Repubblica sowie einer Erweiterung des zum Königspalast erhobenen Palazzo Pitti schmückte. Trotzdem blieb das alles ein Provisorium auf dem Wege dorthin, worauf damals die italienische Politik zielte, nämlich Rom. Doch das Herz der Entwicklung schlug noch lange weiter in Turin, denn die wesentlichen Kräfte des neuen gesamtitalienischen Staates stammten aus Piemont. Über die Dominanz der Piemontesen wurde in dem so ganz anders gearteten Süditalien keineswegs nur positiv gesprochen, man denke nur an die berühmten Dialoge in Lampedusas großem sizilianischen Roman ›Der Leopard‹. Auch heute noch vernimmt man manchmal von intelligenten Süditalienern Äußerungen, die in dieser Tradition stehen.

Es sind dies innere Spannungen, denen wohl jede große Nation ausgesetzt ist. Dennoch überraschen sie den Italienreisenden, der nach dem Durchfahren der Alpen zunächst eine Einheit der äußeren und inneren Natur erwartet. Gerade Piemont aber kann ihn über die außerordentliche Mannigfaltigkeit der italienischen Stämme und Landschaften belehren. Die herbe Kraft und das nach außen eher zurückhaltende Selbstbewußtsein des von einer kargeren Natur genährten Piemontesen, seine schon nördliche Gemessenheit, wie sie durch die Nähe Frankreichs und der Schweiz und darüber hinaus durch die Verwandtschaft mit den Völkern nördlich und westlich der Alpen ausgebildet wurde, das alles hat ihn wohl zu seiner außerordentlichen Rolle in der Geschichte befähigt.

Kunst

Man hat bis in unsere Zeit hinein Piemont den eigenständigen Charakter als Kunstlandschaft abgesprochen, weil hier jene Konstanten fehlen, wie sie anderswo aus einer epochenlangen Fruchtbarkeit des künstlerischen Schaffens zu erkennen sind. Das Mittelalter wie die Renaissance sind, von einzelnen Ausnahmen abgesehen, arm an bedeutenden Leistungen. Das meiste trägt einen kleineren Zuschnitt und besitzt den Stempel des Provinziellen in der offensichtlichen Abhängigkeit von benachbarten Regionen. Jedoch gerade das Zusammenwirken der verschiedensten Einflüsse: jenen aus der nahen, durch keine äußeren Grenzen getrennten Lombardei, anderen von der Riviera und wieder anderen aus Frankreich und der Schweiz, die aus der eigentümlichen Sogwirkung der Pässe und der Alpentäler entstanden, hat die Kunst Piemonts sehr wesentlich geprägt. Dazu kommen als einflußreiche Faktoren die politischen Verhaltnisse: die im Mittelalter miteinander rivalisierenden Bischöfe, Grafen und Städte, ihre Kämpfe, aus denen schließlich das Haus Savoyen siegreich hervorging und seinen Paßstaat festigte, der bis in die Gegenwart hinein dem ausgesprochen französischen Element so bedeutenden Raum schenkt, wie man es reiner nur noch in der Westschweiz und im wallonischen Teil von Belgien antrifft.

Es war – um es vorwegzunehmen – unter allen Epochen vornehmlich der Barock, und zwar namentlich in seiner von der zweiten Hälfte des 17. bis über die Mitte des 18. Jahrhunderts reichenden Spätzeit, der Piemont als Kunstlandschaft bestimmte. Damals hat das Land seinen eigenen großen Beitrag für die europäische Kunstgeschichte geleistet, jedoch fast ausschließlich auf dem Gebiet der Architektur. Die übrigen Künste beschränken sich hier fast immer auf den Schmuck der Architektur. Wo dabei hervorragende Leistungen auffallen, wie die malerische Ausgestaltung des Jagdschlosses Stupinigi, stammen sie meistens von auswärtigen Meistern. Es ergibt sich somit die umgekehrte Situation wie im gleichzeitigen Venedig, das sein Eigenstes durch seine Maler gibt, während die Architekten in den wesentlichen Fällen von auswärts kommen.

Aus diesen Gründen scheint es gerechtfertigt, daß sich diese kunstgeschichtliche Einleitung nur sehr knapp mit den vorangehenden Epochen beschäftigt und dafür das Hauptgewicht auf die Baukunst des piemontesischen Spätbarock legt. Dies geschieht nicht nur, weil in einem Reisebuch, wie uns scheint, die Architektur durchaus im Vordergrunde stehen darf, sondern auch, weil es zwar eine Reihe von Spezialuntersuchungen von italienischen Forschern über dieses Gebiet gibt, von deutscher Seite jedoch nur eine zusammenfassende Darstellung, das 1931 erschienene ›Theatrum Novum Pedemontii‹ von A.E. Brinckmann vorliegt.

Von der Antike bis zur Renaissance

In Piemont sind die verschiedenen Zeiten in wechselnder Intensität gegenwärtig. Wenn man von Rom absieht, so ist hier besonders großartig der Auftakt der *Antike*, namentlich in den beiden mitten in den Bergen liegenden Städten Susa und Aosta, doch auch in Turin, im Stadium von Asti oder im Aquädukt von Ácqui. Dazu kommen die Funde in den Museen von Turin, Aosta und Biella.

Vom *frühen Mittelalter* geben die Kirchenschätze von Vercelli und Aosta Kunde, ferner einzelne Krypten, wie die von S. Orso, in Aosta oder der einstigen Abbazia di S. Maria bei Cavour. Die romanischen Bauten lassen sich zwar, was Zahl und Größe anbelangt, nicht vergleichen mit denen im übrigen Oberitalien oder in Apulien, doch gibt es die stattliche Vorhalle des Domes von Casale, die von der nahen Lombardei beeinflußt ist, die Baptisterien in Asti und Biella, sowie die verschiedenen zum Teil höchst malerischen Kleinkirchen im Montferrat. Im Außenbau der Chorpartie romanisch geblieben sind Dom und S. Pietro in Ácqui, ebenso der Dom von Ivrea. Romanische Fresken haben sich erhalten in S. Orso in Aosta, ferner in S. Michele in Oleggio, in Borgo d'Ale und in den Nebengebäuden des Domes von Novara. Romanische Bauskulptur gibt es im Kreuzgang von S. Orso in Aosta, ferner an den ältesten Teilen der Sagra di S. Michele.

Schon zur *Gotik* leitet über das Innere der Sagra di S. Michele, ebenso die Innenräume des Domes von Casale und der Kirche S. Antonio di Ranverso bei Rívoli. Die Nähe Frankreichs präsentiert sich zusammen mit einer durchaus lombardischen Schauseite in dem türmereichen Großbau von S. Andrea in Vercelli. Sonst aber sind die gotischen Kirchen Piemonts fast ausnahmslos von der Ordensbaukunst der benachbarten Lombardei her bestimmt: Nach der Zisterzienserregel wurde die Abteikirche von Staffarda zwischen Cavour und Saluzzo errichtet, während die Kirchen der Franziskaner und Dominikaner in Asti, Chieri, Casale, Alessándria und Turin, wie auch einzelne Dome, so in Asti, Alba und Chieri, die Backsteingotik oberitalienischer Bettelordenskirchen in meist kleinere Verhältnisse übertragen. Als piemontesische Eigentümlichkeit schmücken sehr steile Ziergiebel die Schauseiten dieser Kirchen. Eine Ausnahme innerhalb der Ziegelgotik bildet die kunstvolle Steinmetzarbeit in der Architektur und Grabmonument vereinenden Chorkapelle von S. Giovanni in Saluzzo, in deren spätgotischem Formenreichtum die Nachbarschaft Frankreichs besonders deutlich wird. Vollwertig ist der Beitrag Piemonts zur Gotik in den Kastellen, vorab bei denen im Aostatal und im Montferrat, bis zu einem gewissen Grade auch in der Ebene. Diese Burgen offenbaren einen eigenen Reichtum, nicht nur als Wehrbauten, sondern auch in ihrer Bauzier, wie sie an Portalen und Fenstern auftritt und auch von den einzelnen Palästen des ausgehenden Mittelalters in zahlreichen

Städten, so in Casale, Saluzzo und Pinerolo, übernommen wurde. Dazu tritt der Freskenschmuck, am reichsten im Schloß Fenis im Aostatal vertreten, während innerhalb der kirchlichen Wandmalerei S. Antonio di Ranverso als ein Beispiel unter mehreren genannt sei. An die Schwelle der Neuzeit gehören mit ihren individuellen Formen stattliche Chorgestühle, namentlich jene in den Kirchen von Aosta.

Der Übergang zur *Renaissance* vollzieht sich am augenfälligsten im Profanbau, so im Prioratsgebäude von S. Orso in Aosta oder in der Casa Cavassa zu Saluzzo, beides Beispiele auch für eine reiche Ausstattung der Innenräume. Gleiches gilt auch für das durch seine Fresken bemerkenswerte Schloß von Issogne im unteren Teil des Aostatals. Vor allem durch ihre Höfe ausgezeichnet sind der zum Teil noch romanische Broletto in Novara, ferner einzelne Paläste in Vercelli, wo, wie auch sonst in den östlichen Teilen der piemontesischen Ebene, die nahe Lombardei zur Geltung kommt. Doch auch Turin besitzt ein Beispiel aus der Hochrenaissance, den Hof des Palazzo Scaglia unweit von S. Maria di Piazza. Bereits einem manieristischen Frühbarock gehört der Palazzo Cravetta in Savigliano an. Der Kirchenbau der Renaissance findet in Piemont nur einen bescheidenen Niederschlag; am ansehnlichsten ist der Innenraum von S. Sebastiano in Biella, während die stattlicheren Kirchen Tibaldis und Vittozzis in Turin trotz einzelner Spätrenaissance-Elemente im wesentlichen schon frühbarock sind.

Auch in einem nur kurzen Überblick darf die *Malerei des 16. Jahrhunderts* nicht fehlen. Zwischen Spätgotik, Hochrenaissance und Manierismus lassen sich am ehesten eigentümlich piemontesische Züge erkennen, so insbesondere bei *Gaudenzio* und *Defendente Ferrari*, die keine Blutsverwandten gewesen sind. Gaudenzio ist älter und umfaßt in seinem von 1470 bis 1546 reichenden Leben auch die Lebenszeit des rund zwanzig Jahre jüngeren Defendente, der wahrscheinlich bereits um 1535 gestorben ist und künstlerisch eher zurücktritt. Gaudenzios Fresken, von denen sich einzelne in den Stationen des Sacro Monte von Varallo, die schönsten jedoch in S. Gaudenzio zu Vercelli

erhalten haben, sowie die vielen Altarbilder erweisen sich, der Durchgangslage seiner Heimat entsprechend, den verschiedensten Einflüssen offen, solchen aus der Lombardei wie auch aus dem Norden und Nordwesten. Neben dem milden Glanz des Lionardo-Schülers Bernardino Luini ist ihm eine eigentümliche Kraft des Ausdrucks und eine bisweilen bizarre Gedrängtheit der Komposition zu eigen. Diese wird, namentlich in seiner Frühzeit, von einer herben, manchmal spröden, ja harten und eckig trockenen Form begleitet, die an die Schweizer des frühen 16. Jahrhunderts erinnert, unter denen beispielsweise Niklaus Manuel von seinen Vorfahren her aus Chieri bei Turin stammt. Die manchmal unitalienisch intensiven Farben aber erinnern an die gleichzeitige Malerei des französischen Rhônetals. Nachdem er lange Zeit in Varallo nahe seinem Geburtsort Valdúggia bei Borgosésia im Hügelgebiet des unteren Sésiatales gewirkt hatte, hat sich Gaudenzio später stärker dem oberitalienischen Manierismus verschrieben und sein Lebenswerk in Mailand abgeschlossen. Dagegen ist Defendente dem piemontesischen Ausdruck stets treu geblieben, wenn auch ohne das oft leidenschaftliche Temperament Gaudenzios.

Maler wie Giovanni Martino Spanzotti, die Giovenone und Lanino, deren Werke man besonders gut in dem auch sonst sehr reichen Museo Borgogna in Vercelli, zum Teil auch in der Galleria Sabauda und im Kastell-Museum in Turin studieren kann, veranschaulichen, wenn auch abgeschwächt und mehr nach der lombardischen Seite hin, jene piemontesischen Züge, die Gaudenzio Ferrari künstlerisch am stärksten verwirklicht hat. Andere Meister, wie Gandolfino d'Asti oder Macrino d'Alba, lernt man am ehesten in den Kirchen ihrer Heimatorte kennen. Durch ihre weichere Art unterscheiden sie sich von den alpenländischen Meistern, so daß auch innerhalb Piemonts weniger von einer Einheit als von regionalen Sonderungen gesprochen werden muß.

Das späte 15. und frühe 16. Jahrhundert hat im Zeichen der Renaissance nicht nur in Piemont das Individuelle sowohl einzelner Künstler wie auch ganzer Landschaften zum Ausdruck gebracht. Jedoch schon im Manierismus und im Frühbarock des späten 16. Jahrhunderts, vollends aber im 17. und 18. Jahrhundert, treten diese individuellen Züge zurück und damit auch der eigene Beitrag Piemonts zur europäischen Malerei. Die damals wirkenden Meister, die sich kaum über den handwerklichen Durchschnitt erheben, folgen den Vorbildern aus dem übrigen Italien, so den von Caravaggio und von den Caracci geführten Schulen des römischen Barock. Die Maler, Bildhauer und Kunsthandwerker des Spätbarock leisten ihr Wesentliches im Rahmen der damals führenden Architektur. Die Baukunst mit ihren Kirchen, Schlössern und Palästen war der eigentliche und großartigste Beitrag Piemonts zur künstlerischen Kultur des alten Europa: von ihr soll deshalb auch im folgenden ausgiebig die Rede sein.

Barockarchitektur

Die Kunst der Barockzeit ist in Piemont in besonderem Maße von der geographischen und geschichtlichen Lage abhängig. Die geographische Öffnung nach dem übrigen Italien läßt auch weiterhin die reichsten Einflüsse einströmen, sei es, daß piemontesische Meister aus Mailand, Bologna und Venedig, auch aus Genua, der Toskana und Rom Anregungen aufnehmen, sei es, daß aus den genannten Gegenden, und zudem, wie im Falle von Juvarra, aus dem damals von den Savoyern beherrschten Sizilien Künstler nach Piemont kommen und hier mehr oder weniger heimisch werden. Die schon im Altertum sowie im Mittelalter wirksamen Verbindungen zu Frankreich spielen weiterhin eine Rolle, freilich im 17. und im beginnenden 18. Jahrhundert unterbrochen durch die vielen Kriege des auch in Oberitalien nach Machtausbreitung strebenden Sonnenkönigs. Dazu kommt im 17. Jahrhundert die Verlegung des Regierungssitzes von Chambéry nach Turin und zu Beginn des 18. Jahrhunderts der Aufstieg der Savoyer zum Königtum, was der neuen Residenzstadt samt ihrer Umgebung auch künstlerisch einen sehr beachtlichen Auftrieb gibt. War es im 17. Jahrhundert vor allem die Selbstbekundung des Herrscherhauses und des in der Hauptstadt residierenden Adels, der den Antrieb gab, neben den eigenen Schlössern und Palästen durch Stiftungen auch vielfach den Sakralbau zu fördern, so verbreitete sich nach dem für Piemont glücklichen Ende des Spanischen Erbfolgekrieges die Architektur der Kirchen, Schlösser und Paläste und darüber hinaus auch der Bürgerhäuser ins offene Land, in die mittleren und kleineren Städte der südlichen und westlichen Landesteile, die alle mehr oder weniger durch den Barock geprägt sind, und zwar durch einen Barock, der sich an Rang mit dem der Hauptstadt messen kann. Dazu gesellen sich vor allem in der Zeit des Rokoko und seiner in Piemont besonders reichen Übergänge zum Klassizismus auch in kleinen Orten, ja in abgelegenen Dörfern, einzelne bemerkenswerte Bauten, vorwiegend nördlich und östlich von Turin, so in Agliè, wo neben dem Schloß ein Kleinod wie die Kirche S. Marta und dazu noch eine große Pfarrkirche steht, so die überaus ansehnliche Kirche von Strambino, ferner zahlreiche Gotteshäuser in den Dörfern im Moränengebiet südlich von Ivrea, und schließlich im Tal der Sésia ein so stattlicher Bau wie in Grignasco. Fast alle diese zwischen 1740 und 1770 entstandenen Kirchen nördlich von Turin gehen auf Bernardo Vittone zurück, der jedoch auch in Carignano, in Chieri und in einigen Dörfern des Montferrat tätig war, während als wichtigster Baumeister dieser Spätzeit im südlichen Piemont, am Oberlauf des Po und seiner Zuflüsse Francesco Gallo figuriert.

Die Anfänge der piemontesischen Barockarchitektur finden sich in Turin, in SS. Martiri, deren Inneres schon die räumliche Größe und Einheit des Frühbarock atmet, während die Wandbildung im einzelnen, gleich der Fassade, noch den kleinteiligen Schachtelungen des lombardischen Manierismus verhaftet bleibt. Architekt ist der damals in Mailand, Bologna und Genua führende *Pellegrino Tibaldi* (1527-1596) aus Valsolda am italienischen Ufer des Luganer Sees. Durch ihn gelangt die auch als ›Palladiomotiv‹ bekannte ›Serliana‹, das heißt: der über Säulen zwischen gerade, kurze Gebälkstücke gesetzte Mittelbogen, nach Turin, von wo er sich ins übrige Piemont verbreitet, um sich bis weit in den Barock hinein zu halten.

Auf Tibaldi fußt *Ascanio Vittozzi* (1539-1615), der in Terni bei Orvieto geboren, ebenfalls als Fremder nach Piemont gelangte und hier sein eigentliches Lebenswerk schuf. In seiner für die Kirche Corpus Domini in Turin gestalteten Fassade bestimmt das Palladiomotiv die Mitte des Obergeschosses über dem säulengefaßten und giebelgekrönten Eingang, der dadurch schon im Sinn des Frühbarock zur Dominante wird, jedoch nicht so absolut wie kurz zuvor schon im römischen Il Gesù, sondern begleitet durch eine Fülle plastischen Dekors, in welchen Säulen und Statuennischen eingebettet sind. Weniger dem Mailänder Manierismus als dem römischen Frühbarock verpflichtet ist die Fassade von SS. Martiri in der nüchternen Wucht ihrer Profile und in der Kraft ihrer Pilastergliederung. Weitere Kirchen von Vittozzi, die er nach seiner Berufung durch Herzog Karl Emanuel I. zum Hofbaumeister in Turin gebaut hat, sind der Längsraum von Corpus Domini, der später im Innern verändert wurde, sind ferner die Zentralräume der später von Amedeo di Castellamonte vollendeten Kirche auf dem Monte dei Cappuccini und SS. Trinità sowie außerhalb der Hauptstadt die unteren Teile des berühmten Santuario di Vicoforte bei Mondovì. Dazu kommen die Palastfronten, mit denen er um 1584 die Piazza Castello zwischen Schloß und Palazzo Madama säumt, ferner die im Schoße der Collina unmittelbar vor Turin gelegene Villa della Regina, die freilich später von Amedeo di Castellamonte und anderen stark verändert wurde. Doch bleibt bei allen diesen Unternehmungen Ascanio Vittozzis grundlegende Bedeutung bestehen.

Die Baukunst des 17. Jahrhunderts wird in Piemont namentlich durch *Carlo* und *Amedeo di Castellamonte* bestimmt. Von Carlo (1555-1640), der auch in Savoyen tätig war, stammen die Paläste an der städtebaulich so wichtigen Piazza S. Carlo, die ihren Hauptakzent freilich erst im Spätbarock des 18. Jahrhunderts durch die von Juvarra geplanten Fassaden erhielt. Carlo leitete den von seinem Sohn Amedeo (1646-1683 in Piemont tätig) vollendeten Bau des Castello del Valentino. Die Anlage, die mit ihrem von langgestreckten Flügeln eingefaßten Ehrenhof und den steilen, in einzelne Pavillons zerfallenden Dächern von allen piemontesischen Schlössern am stärksten an Frankreich erinnert, spiegelt den nicht nur künstlerischen, sondern auch politischen Einfluß wider, den damals das westliche Nachbarland auf den Turiner Hof nahm. Amedeo di Castellamonte hat außerdem die schnurgerade von der Piazza Castello zum Po führende ›Via Po‹ mit von Arkaden gesäumten Fassaden eingefaßt, die – noch mehr als dies schon Vittozzi tat – den Barock zu einer für die piemontesische Hauptstadt bezeichnenden Disziplin dämpften. Wo demgegenüber Ausnahmen auftreten, wie schon an der Piazza S. Carlo, wirken sie um so bemerkenswerter. Außerhalb von Turin schufen die beiden Castellamonte in Moncalieri das den Ort beherrschende Castello Reale.

Nicht weniger weitgespannt, doch ungleich entschiedener in ihrer persönlichen Prägung sind die zwischen 1668 und 1683 in Turin von *Guarino Guarini* begonnenen Werke. Sie überbieten nicht nur alles Bisherige an Originalität, sondern stellen auch in ihrer Qualität Spitzenleistungen der Architektur überhaupt dar. Dabei gehen den ausgeführten Bauten ganze Reihen von Vorstudien und Entwürfen voraus, begleitet von nicht ausgeführten Projekten, wie jene für Kirchen in Casale, Vicenza, Paris und Prag, wozu noch Pläne für eine durchs Erdbeben zerstörte große Kirche in Lissabon kommen. Alle diese Bauten, die ausgeführten wie die nur geplanten, sind als ›Architettura Civile‹ 1737 von dem bedeutendsten Nachfolger Guarinis, Bernardo Vittone, publiziert worden. Sie erweitern das Schaffen Guarinis zu einer ganzen Architektur-Welt von höchster Eigenart, die sich zugleich als sehr wesentliches Element in einen kritischen Augenblick der europäischen Architekturentwicklung einfügt und diese nicht nur im Geschichtlichen zu neuen Dimensionen vertieft, sondern sie auch geographisch erweitert.

Guarino Guarini ist 1624 in Modena geboren. Schon mit sechzehn Jahren tritt er in den vornehmen Theatinerorden ein; er widmet sich zwischen 1639 und 1647 philosophischen, mathematischen und architektonischen Studien in Rom, wo damals Borromini das Innere von S. Carlo alle Quattro Fontane eben vollendete und S. Ivo alla Sapienza zu bauen begann. Nachdem er in seine Heimat Modena zurückgekehrt war, wirkte er seit 1650 als Professor der Philosophie und Mathematik und gleichzeitig auch als Architekt. In beiden Eigenschaften war er 1660 in Messina und 1665 in Paris tätig, während seine persönliche Anwesenheit in Prag und Lissabon trotz den für diese Städte geschaffenen Kirchenentwürfen nicht verbürgt ist. Hingegen geht von seinem Projekt für Hl. Maria von Altötting in Prag eine besondere Wirkung auf den böhmisch-fränkischen Kirchenbau aus, der über Christoph und Kilian Ignaz Dientzenhofer bis zu Balthasar Neumann reicht. Unter Guarinis Publikationen ist die schon erwähnte ›Architettura Civile‹ die bedeutendste. In Turin wirkt er erst in seiner späteren Lebenszeit. Unter der Regierung von Karl Emanuel II. (1634-1675) beginnt er hier den Bau von S. Lorenzo, 1668 entstehen die Vorstudien für die Cappella della Santissima Sindone, 1675 für S. Filippo Neri und 1679 für den Palazzo Carignano. Daneben errichtet er in Turin das Collegio dei Nobili und südlich der Hauptstadt die älteren Teile des Schlosses von Racconigi.

Guarinis Bildungsgang, der über Rom führte, erklärt seine Architekturkonzeption. In Rom erreichte damals eine rund anderthalb Jahrhunderte umfassende Entwicklung ihren Höhepunkt. Die Kirchen, Paläste und Platzanlagen von Bernini, Pietro da Cortona und Carlo Rainaldi, vor allem aber die geistvollen Schöpfungen Borrominis mit ihrem von der herkömmlichen Ausschmückung weitgehend abstrahierenden Spiritualismus – das waren große Eindrücke für den jungen Theatinermönch. Was er dann aufnahm, war weniger die das Auge überwältigende Pracht Berninis, auch nicht die massiven Schaustellungen und architektonischen Szenerien von Rainaldi oder die ebenfalls der Bühnenwirkung verpflichtete dekorative Art Cortonas, sondern die alles beherrschende und durchdringende höhere Geometrie von Borromini, die doch den das Gefühl ansprechenden ›Esprit de finesse‹ keineswegs vermissen läßt. Hierin ist freilich Guarini spröder und bleibt im einzelnen eher kühl und unpersönlich. Eine gewisse Indifferenz, wie sie schon durch das Material des Ziegels gefördert wird, scheint im Äußeren seiner Paläste nicht ganz überwunden, und auch die Innenräume, seien es die von Kirchen oder aber Vorhallen und Treppen, kommen im einzelnen entweder über die konventionelle Formensprache nicht hinaus oder sie bleiben gebunden an die Monotonie des einfarbigen Verputzes. In der Absage an die herkömmliche Bauzier kann man die asketische, dem Sinnlich-Sinnfälligen abholde Geistigkeit einzelner gegenreformatorischer Orden erkennen, zu denen in ihrer strengen Observanz auch die Theatiner gehörten. Doch äußern sich hier auch Anregungen aus der Kunst des Islam, mit der Guarini möglicherweise in Sizilien und auf der Iberischen Halbinsel in Berührung kam. Und schließlich fand diese Haltung einen fruchtbaren Boden gerade in Turin, wo vom Stadtplan bis zur Armee und von der Kunst bis zum Staatswesen alles auf strenge Disziplin angelegt war.

Disziplinierte Geistigkeit und vom Geist durchstrahlte Disziplin sind denn auch das Erbe Guarinis, das ins 18. Jahrhundert fortwirkt, immer weiter verbreitet durch einen mehr und mehr der Aufklärung verpflichteten Zeitgeist. Zugleich tritt Frankreich wieder stärker ins Spiel, wobei die unmittelbare Nachbarschaft samt den Beziehungen des Paßstaates sich mit der für das 18. Jahrhundert allgemein so wichtigen französischen Kultur verbindet. Es gehört zur Internationalität des Zeitalters, daß damals Piemont, das mit der neuen Königswürde seines Herrscherhauses in größere Zusammenhänge aufstieg, auch an der allgemeinen neuen Weltoffenheit teilhatte.

In einem solchen Umkreis steht die Kunst *Filippo Juvarras*, des bedeutendsten unter den vielen hervorragenden Architekten des 18. Jahrhunderts in Piemont. Wohl fehlt ihm jene bis zur Ekstase vergeistigte Innerlichkeit, durch die Guarini innerhalb seiner Epoche einen einsamen Gipfel darstellt; dafür ist seine Kunst durch eine unmittelbar ansprechende Verbindlichkeit geprägt, die sehr wesentlich zur Schönheit des 18. Jahrhunderts gehört. Filippo Juvarra (1676-1736) wurde in Messina geboren, das 1714 durch den Spanischen Erbfolgekrieg unter das Herrscherhaus Savoyen kam. In Messina finden sich Juvarras Anfänge als Architekt, so in der durch das Erdbeben von 1908 stark zerstörten Kirche S. Gregorio. Seine Ausbildung genießt er seit 1704 in Rom unter Carlo Fontana, dem einflußreichsten unter den Nachfolgern Berninis; zugleich schult er sich hier durch Wiederherstellungsarbeiten an zahlreichen schon bestehenden Bauten. 1714 ruft ihn der eben zur Königswürde aufgestiegene Viktor Amadeus II. als seinen Hofbaumeister nach Turin, wo sich dem in der Reife seines Lebens stehenden Meister das reichste Wirkungsfeld eröffnet.

Dieses reicht von der die Landschaft weithin beherrschenden Superga über S. Maria del Carmine und den Ausbau von S. Filippo Neri bis zu einzelnen Altären, vom Palazzo Madama bis zu den verschiedensten Adelspalästen. Dazu kommen seine städtebaulichen Leistungen: der Abschluß der Piazza S. Carlo durch die beiden die große Achse gegen die Porta Nuova flankierenden Kirchenfassaden, die im Entwurf beide auf Juvarra zurückgehen, und, noch bedeutsamer im Sinne eines modernen Urbanismus, die Neuüberbauung eines Teiles der Altstadt mit ›Wohnblöcken‹, in denen, nur nach Stockwerken getrennt, Adel und Bürgertum zusammenlebten. Außerhalb der Hauptstadt schuf Juvarra die heute leider verwahrloste Schloßanlage der Venaria mit ihrer überaus vornehmen Schloßkirche, ferner das mit seinen Flügeln, Gärten und Alleen weit ins Land hinausgreifende Jagdschloß Stupinigi. Als großartiger Torso steht oberhalb von Rívoli ein weiterer Schloßbau, und schließlich begann er am Ende seines so fruchtbaren Lebens das Königsschloß in Madrid, das im wesentlichen nach seinen Plänen von dem Römer Sacchetti vollendet wurde.

Neben dem, was Juvarra in Stein und Stuck verwirklichte, stehen die Entwürfe und freien Erfindungen, in denen er sein Talent als Bühnenbildner spielen läßt und seiner architektonischen Phantasie neue Dimensionen eröffnet, ohne jedoch im mindesten die Zügel zu verlieren. Vielmehr formt und mäßigt sich die Kunst Juvarras immer wieder aus dem Gespräch mit der Klassik: In der giebelgeschmückten Vorhalle der Superga-Kirche wie in den Säulenstellungen im Innern der Schloßkirche der Venaria ist die römische Antike gegenwärtig. Aber sie wird so durchgeistigt, vom Licht durchstrahlt und von allzu großer Schwere befreit und derart sublimiert, daß der hellenistische Osten ebenso wie das alte Rom hier zu neuem Leben erstehen. Die Nähe Frankreichs: Perraults Louvre-Kolonnade, Mansards Versailles mit seiner Schloßkapelle, das alles gewinnt bei Juvarra eine neue Präsenz, jedoch nur als Ergänzung und Bestätigung einer aus italienisch-römischer Tradition gewonnenen Klassizität.

Juvarra ist ein halbes Jahrhundert jünger als Guarini, dessen Lebenslinie er in geographisch umgekehrter Richtung kreuzt. Der Theatinermönch Guarini findet von Modena aus seinen Weg nach Sizilien und mindestens in seinem Kirchenentwurf auch nach Lissabon; er gelangt damit an die Grenzen der abendländischen Kunst, wodurch in sein Werk auch arabische Elemente Eingang finden. Juvarra stammt aus dem von orientalisch-sarazenischen Erinnerungen gesättigten Sizilien, doch führt ihn sein Weg über Rom nach Turin zu immer intensiverer Auseinandersetzung mit dem von der Antike her bestimmten abendländischen Erbe. Und diese Haltung bewahrt und läutert er nochmals, als er in seinen letzten Lebensjahren wieder an der Peripherie Europas, in Madrid, den schon klassizistisch strengen, doch noch immer von straffer Eleganz durchgliederten Königspalast errichtete.

Von Juvarras Persönlichkeit ging eine Strahlung aus, die sich in den verschiedensten Initiativen niederschlug. Festgefahrene Unternehmungen vermochte er neu zu beleben. Er wirkte als Architekt nicht nur an einer Vielzahl von Bauten, sondern ebenso an Entwürfen von Festdekorationen und Bühnenbildern. Daneben war er gleich Rubens mit diplomatischen Missionen betraut. Weit gereist und auf das vielseitigste interessiert, vertrat er in höchstem Maß den weltbürgerlich-enzyklopädischen Geist seiner Epoche, ähnlich wie Leibniz, Fischer von Erlach und Andreas Schlüter, die wie er in fürstlichen Diensten standen und doch keine Fürstendiener wurden, sondern das schon in der Renaissance gelebte Ideal des ›Cortegiano‹, des edlen Hofmannes, in höchster Souveränität verwirklichten. Dazu gehörte freilich jene innere Übereinstimmung zwischen dem Menschen und seinen Aufgaben, wie es nur Epochen einer hohen Kultur vergönnt ist, gehörte Gleichgestimmtheit zwischen dem Fürsten und seinen Mitarbeitern, ob Künstler, Offiziere oder Beamte – oder, sehr oft, alles in einem. Damals herrschte auch eine ähnliche innere Übereinstimmung zwischen den Staaten, die zwar Kriege gegeneinander führten, doch gerade dann, wenn es um Erbstreitigkeiten ging, sich als Familie fühlten und sich als ›europäisches Konzert‹ bezeichneten. Die Fürsten aber leiteten ihr Amt ›von Gottes Gnaden‹ her, was sicherlich oft zu frivolem Machtmißbrauch führte, jedoch in seiner transzendenten Grundhaltung als christlich-abendländisches Bekenntnis gewürdigt werden darf, als Verpflichtung der höchsten irdischen Macht gegenüber einer noch höheren.

In diese uns ins Unwahrscheinliche entrückte Welt des 18. Jahrhunderts, der wir trotz allem noch in so vielem verpflichtet sind, spielt Piemont eine führende Rolle dank einem glücklichen Zusammentreffen politischer Stabilität und wirtschaftlicher Blüte. Die Gunst der äußeren Ereignisse verband sich mit der Gnade schöpferischer Begabungen. In ihnen setzte sich eine große Tradition fort, die nunmehr in eine noch nie erlebte Breite wuchs. Denn beschränkte sich die bisherige Bautätigkeit im wesentlichen auf Turin und seine weitere Umgebung, so nimmt jetzt – wie weiter vorne schon erwähnt – auch das offene Land bedeutenden Anteil: In den Landstädten entstehen Kirchen, Kapellen und Paläste, namentlich in Casale, Alessándria und Vercelli, in Savigliano und Cúneo, in Asti, Bra und Alba, Chieri und Fossano. Schlösser, Landhäuser und Dorfkirchen namentlich zwischen Turin und Ivrea, auch in der

Hochebene südwestlich von Turin sowie im Montferrat erweitern die Feudallandschaft des piemontesischen Mittelalters zu einer Sakrallandschaft, deren innere Einheit erst durch die Industrialisierung des 20. Jahrhunderts bedroht und leider an gewissen Orten bereits zerstört ist.

Die hohe Linie des piemontesischen Barock wird durch *Bernardo Vittone* (1705-1770) weitergeführt. In Turin geboren, wurde er in Rom ausgebildet und war seit 1733 wieder in Turin als Architekt und Publizist tätig. Er ist durchaus nicht der einzige, doch der ideenreichste Baumeister, der, seiner Generation entsprechend, die Entwicklung über den Barock hinausführt. Dennoch kann man auch noch bei seinen späten Kirchen nicht eigentlich von Klassizismus sprechen. Wohl tritt das Ornament, das in Piemont zumindest während des 18. Jahrhunderts nicht die gleiche Rolle spielte wie am Alpennordrand, gegenüber den architektonischen Linien zurück, die nun immer klarer und präziser den Raum bestimmen, ihn bisweilen wie einen kapriziösen Käfig ebenso umschließen wie öffnen. So klar gezeichnet die Profile sind, die sich höchstens in der unteren Wandzone zur Rundplastik von Säulen steigern, so reich bewegt ist doch das Linienspiel, das im Wechsel von Kurve und Winkel ein geistvolles Ornament bildet. Namentlich die untere Kuppelzone ist in vielen Fällen derart aus dem Vieleck entwickelt, daß die ausgerundeten Ecken eigene, durchfensterte Lichtkörper bilden, darin an gewisse Frühwerke des bayerischen Johann Michael Fischer erinnernd. Darüber aber öffnet sich die Kuppelschale nicht zu einem gemalten Heiligenhimmel, wie es bei den weniger architektonisch denkenden Zeitgenossen oft der Fall ist, sondern sie wird von spangenartig straff emporgeführten Gurten in einer Weise gegliedert, die an gotische Rippenkonstruktionen erinnert. Es gibt im Oeuvre von Vittone jedoch auch Beispiele – und zwar in kleinen Landkirchen, wie S.Luigi bei Corteranzo oder in Vallinotto, beide auf Hügeln des Montferrat gelegen – wo die Gurte sich gitterartig und sternförmig kreuzen, wodurch sie an die maurischen Vorbilder Guarinis erinnern.

Für Vittone ist darüber hinaus kennzeichnend die Vorliebe für den auch sonst vom Spätbarock gepflegten Zweischalenraum. Darin öffnen sich die Wände zu Kapellen und Emporen, und zwar so, daß man zumindest vom Hauptraum her in den gehöhlten Nebenräumen eine zusammenhängende periphere Raumschicht vermutet. Insbesondere die Kuppeln wirken wie Schalen, die in einen sie umfassenden, doch in seinen Grenzen nicht mehr bestimmbaren Raum gleichsam hineingehängt sind. So präzis das einzelne profiliert ist – die Grenzen werden durch den sparsamen Stuckdekor oder durch die seltenen Deckenmalereien nicht verwischt –, bleibt es im Gesamteindruck in ein größeres Ganzes eingefügt, das in immer weiteren und umfassenderen Räumen den realen Raum umkreist. Aus dem Betretbaren und Meßbaren wird man zu irrealen Bereichen weitergeführt, und zwar mit einer Leichtigkeit, die das von Guarini mit dem Ernst des Bahnbrechers Begonnene zu spielerischer Virtuosität abwandelt. Dieselbe Leichtigkeit des elegant Zusammengefügten, das sich schließlich doch zu einem Werk aus einem einzigen Guß vereint, charakterisiert auch die Kirchenfronten Vittones, bei denen er den schlichten Backstein virtuos beherrscht.

Neben Vittone ragt aus einer ganzen Gruppe fähiger Architekten *Benedetto Alfieri* (1700-1767) vor allem durch seine Paläste in Alessándria und seiner Heimatstadt Asti hervor. Seine Gabe ist es, eine langgestreckte Front durch Eck- und Mittelrisalite aufzuteilen und mit der dazu verwendeten Pilastergliederung die Vertikale zu betonen, wodurch zusammen mit den von Stockwerk zu Stockwerk verschiedenen Fenstereinfassungen dem traditionellen Palastblock seine Schwere zwar nicht völlig genommen, jedoch auf das geistvollste überspielt wird. Die in der oberitalienischen Ebene und vor allem auch in Piemont so weiträumigen Vestibüle sind namentlich im Palazzo Ghilini in Alessándria architektonisch als Kommunikationszentren herausgearbeitet, wobei die Übergänge zum Hof und zu den Treppenhäusern in den Säulenstellungen und in den ineinandergreifenden Gewölben die ganze Liebe des Spätbarock zum Schmiegsamen und Flüssigen veranschaulichen. Alfieri vollzieht in seinen Entwürfen für den Senatspalast – heute Gerichtsgebäude – und für eine neue Fassade des Palazzo Reale in Turin bereits den Übergang zu den strengen Linien und Winkeln sowie dem durchgehenden Gleichmaß des Klassizismus. Der Übergang der Stile ist auch an seinen Sakralbauten zu beobachten, wobei hier das barocke Element noch stärker herrscht, so auch am Campanile von S. Gaudenzio in Novara oder in der durch ihre nierenförmige Anlage in jeder Hinsicht exzentrischen Pfarrkirche von Carignano.

Neben Alfieri hat der noch einer älteren Generation angehörende *Vincenzo Scapita* (1651/54-1714/15) durch seine Paläste und Kirchen der Festungsstadt Casale ihr spätbarockes Gepräge gegeben, ohne dabei freilich die weltmännische Eleganz Alfieris oder die reiche Phantasie Vittones ganz zu erlangen. Daneben zeichnet sich *Fillipo Giovanni Battista Nicolis de Robilant* (1723-1783) in Turin durch den Palazzo Gozzani aus, der schon den Übergang zum Klassizismus veranschaulicht, während seine Kirchenbauten, und hier vor allem Santa Pelagia, sich noch an Vittone anlehnen. Als tüchtiger Kirchenbaumeister sei *Francesco Ottavio Magnocavallo* (1708-1788) erwähnt mit Werken in Varengo und Moncalvo. *Giovanni Battista Feroggio* (1723 bis 1797) schuf in Turin den Raum von S. Spirito, in Asti den geistvollen Bau von S. Catarina und in S. Germano Vercellese die im Grundriß reich bewegte Pfarrkirche. *Carlo Amedeo Rana* aus Susa (1715-1804) ist neben seinem Anteil an der Krypta der Superga nur durch eine einzige, dafür um so großartigere Schöpfung bekannt, nämlich die Pfarrkirche von Strambino unweit von Ivrea, deren Inneres A. E. Brinckmann sogar mit Vierzehnheiligen verglich. Auch *Costanzo Michela* (Lebensdaten ungesichert) ist durch ein einziges, doch in seiner überaus bewegten Gestaltung einzigartiges Werk vertreten, nämlich S. Marta in Agliè, deren Fassade sich durch die kapriziöseste Bewegtheit auszeichnet, deren Innenraum die reichsten Evolutionen im Sinne einer bühnenmäßig agierenden Architektur vollzieht.

Der fruchtbarste Architekt des piemontesischen 18. Jahrhunderts ist nach Juvarra und Vittone *Francesco Gallo* (1672-1750), der vor allem in der südwestlich von Turin gelegenen Ebene, ferner in seiner hochgelegenen Heimatstadt Mondovì sowie an der nahen Wallfahrtskirche von Vicoforte tätig war. Seine Kirchen finden sich ebenso in Cúneo, Fossano und Racconigi wie auch in kleinen Dörfern wie Carrù. Gallo variiert fast immer die gleiche Grundform, nämlich ein oblonges griechisches Kreuz, dessen Vierung samt Kuppel dem Raum eine dominierende Mitte schenkt, während andererseits der eingezogene Chor die Längsrichtung betont. Szenographische Verkürzungen werden in solchen Räumen zwar angedeutet, doch verzichtet Gallo auf eine Folge von Räumen, die sich perspektivisch verjüngen; vielmehr verbindet und vereinheitlicht er die einzelnen Raumteile zu einer Überschaubarkeit, die sich vielleicht weniger schon als Klassizismus, sondern noch als eine Art Rokoko-Klassik interpretieren läßt, ähnlich wie die ebenfalls schon abgeklärten Raumfolgen des reifen Johann Michael Fischer in Ottobeuren und Rott am Inn. In einem Werk jedoch bleibt Gallo noch ganz dem piemontesischen Spätbarock verbunden, nämlich in Cavallermaggiore, wo er die zweigeschossige Fassade vor dem mit flachgeneigtem Ziegeldach bedeckten Kuppelturm derart in gegeneinander und miteinander spielende Evolutionen bringt, daß – wie vorhin schon – von einer agierenden Architektur gesprochen werden kann.

Giovanni Giacomo Planteri (1680-1756) aus Turin hat in der Landstadt Savigliano illusionistisch ausgemalte Kuppelkirchen gebaut, doch daneben auch in Turin gewirkt, wo in dem von Juvarra angelegten Viertel westlich des Schlosses in der Nähe der Piazza Savoia der Palazzo Paesana di Saluzzo, einer der schönsten Stadtpaläste des 18. Jahrhunderts, auf ihn zurückgeht. In seiner Zurückhaltung und Abgeklärtheit, ebenso in den feinen Differenzierungen und Übergängen, ist es bestes piemontesisches Settecento. Doch auch die beiden anderen Paläste in der Hauptstadt, Palazzo Cavour und Palazzo Fontana di Cravanzana, bekunden den hohen Rang dieses Meisters.

Auch während des 19. und 20. Jahrhunderts haben in Piemont namhafte Architekten gewirkt und dem Gesicht einzelner Städte wie Turin, Asti, Alessándria, Novara, Vercelli, Biella, Pinerolo und Cúneo neue Züge hinzugefügt, in denen ein zu Selbstbewußtsein aufsteigendes Zeitalter seinen durchaus respektablen Ausdruck fand. Denn in Italien wirkte noch bis in die üppigen Blüten der Epoche Königs Umberto I., die ein Gegenstück zum wilhelminischen Bombast darstellt, die Tradition eines Volkes nach, dem der Steinbau seit dem keltisch-römischen Altertum das natürlichste Anliegen bedeutet. Doch läßt nun schon jene innere Haltung und zugleich jene künstlerische Dichte nach, die den Barock ausgezeichnet hatte, und zwar gerade in seiner für Piemont so fruchtbaren Spätzeit. In den von äußerem Frieden und innerem Gedeihen erhellten Jahrzehnten des 18. Jahrhunderts war Piemont zu einer Provinz des europäischen Spätbarock geworden, die an Reichtum wie an Eigenart sich nicht nur mit der Lombardei und mit Venetien, sondern auch mit Österreich und den Landschaften des deutschen Südwestens vergleichen läßt.

Landschaften und Städte

Turin

Turins Lage in der Ebene, deren östlicher Rand durch einen Fluß begrenzt wird, hinter dem dann freilich die Ufer zu Hügeln, recht eigentlich zu Bergen ansteigen, dazu die Nähe der Alpen – das alles erinnert ein wenig an München. Und wie in der bayerischen Hauptstadt über die Alpen hinweg die Nähe Italiens auf verschiedene Weise spürbar ist, so wirkt hier Frankreich über den Mont Cenis und andere Pässe herüber. Besonders stark war in verschiedenen Epochen der Geschichte die Gegenwart von Frankreich durch das savoyische Fürstenhaus greifbar, mit dem übrigens der bayerische Kurfürst Ferdinand Maria durch seine Gattin Adelaide von Savoyen verwandt war. Gemeinsam ist beiden Städten die Blüte im Barock, die sich in Kirchen, Schlössern und Palästen zeigt, doch in Turin weit mehr als in München das Bild ganzer Stadtteile prägte.

Wie die Stadt sich in der Ebene ausbreitet, aus der die Alpen fast übergangslos steil emporsteigen, das überblickt man am eindrucksvollsten von der Collina aus, jener parkartigen Hügelzone, die unmittelbar östlich des Po aufsteigt und dank weiser Gesetze bis heute von intensiverer Bebauung verschont geblieben ist. Die Alpen sind bei klarem Wetter im Durchblick jener Straßen sichtbar, die im Koordinatennetz des Turiner Stadtplans in gleicher Richtung nach Nordwesten führen. Über die Häuser hinweg gewahrt man bereits von den Stufen der Gran Madre di Dio – jenem dem Pantheon nachgebildeten Rundbau jenseits des Flusses Po – den Kranz der Bergspitzen. Ein schönerer Blick bietet sich vom nahen Monte dei Cappuccini aus dar, dem die Stadt zu Füßen liegt, von der Höhe des Emero-Parks oberhalb der Villa della Regina am Weg nach S. Margherita, der umfassendste schließlich von der Superga oder dem noch etwas höheren Gipfel der ganzen Collina, dem Parco della Rimembranza, der auf dem 715 Meter über der Stadt gelegenen Colle della Maddalena angelegt wurde.

Die Stadtanlage

Die Stadt selbst beeindruckt durch ihre strenge Regelmäßigkeit, die aber keinem Reißbrettschematismus entstammt, sondern aus geschichtlichen Gründen entstanden ist. Da ist einmal das römische Castrum mit seinen rechtwinklig sich kreuzenden Lagerstraßen, denn Turin wurde als ›Colonia Julia Augusta Taurinorum‹ schon unter Kaiser Augustus ein wichtiger Waffenplatz. Davon zeugen neben dem Stier im Wappen noch heute die von zwei polygonalen Türmen flankierte Porta Palatina nördlich des Domes, das unweit davon wieder aufgedeckte Halbkreistheater und die vom späteren Kastell überbauten Reste der Porta Praetoria, von denen Teile im Innern des heutigen Palazzo Madama wieder sichtbar gemacht worden sind. Der römische Stadtplan ist vom Mittelalter nur wenig verändert, vom Barock aber auf das fruchtbarste erweitert und mit Palästen und Kirchen ausgestattet worden. Fürstliche Repräsentationslust und das französische Vorbild für klare, vom Verstand einzusehende Ordnungen wirkten dabei in hohem Maße mit. So wurde schon in der römischen Antike der Grund gelegt zu einem der geschlossensten und damit eindrucksvollsten Gebilde des abendländischen Städtebaus. Gerade weil das im Castrum gegebene Grundgesetz sowohl im Barock als auch noch im 19. Jahrhundert wieder wirksam wurde, gewann Turin als Haupt- und Residenzstadt eine repräsentative Strenge und jene festgefügte Ordnung, in der der Glanz eines Staatswesens erst Halt und Dauer gewinnt.

Das Mittelalter hat in der turmbewehrten Rückseite des Castello – und zwar auf römischen Grundmauern – auf der Rückseite des spätbarocken Palazzo Madama, in der eher bescheidenen Ziegelgotik von S. Domenico, ferner in einzelnen gotischen Fensterkreuzen in der Nähe des Domes und von S. Tomaso seine Spuren hinterlassen. Im übrigen hat es an der durchaus rationalen Ordnung des altrömischen Stadtplans wenig geändert, und erst seit den dreißiger Jahren des zwanzigsten Jahrhunderts durchbrechen einzelne Hochhäuser mit quasi mittelalterlichen Akzenten das bis heute insgesamt erhaltene Gleichmaß, wenn man von den Diagonaldurchbrüchen der Via Po im frühen 17. Jahrhundert und der Via Mica im ausgehenden 19. Jahrhundert absieht.

Fürstliches Barock. Die barocke Fürstenresidenz, wie sie unter Herzog Viktor Amadeus I. durch Amedeo und Carlo di Castellamonte ausgebaut wurde, geht auf das mittelalterliche Schloß der Grafen von Turin zurück, und dieses lehnte sich bereits eng an die römische Stadtanlage im Winkel zwischen den beiden wichtigsten Stadttoren an, der nach Norden gerichteten Porta Palatina, die heute noch mit ihren beiden Polygonaltürmen und der flach gegliederten, in der Durchfensterung nach Stockwerken unterschiedenen Außenfront erhalten ist, und der gegen Osten gewendeten Porta Praetoria, deren Türme in jene des Kastells, des späteren Palazzo Madama, verbaut wurden. Kastell und Schloß standen somit am Stadtrand und waren als eine Art Zitadelle in die Stadtbefestigung einbezogen, eine auch sonst übliche Situation, wie sie sich beispielsweise im Castello Sforzesco in Mailand, in der Burg von Nürnberg oder der Hofburg in Wien findet und die in Turin – wie es die Ansicht von Bernardo Bellotto in der Galleria Sabauda zeigt – bis ins 18. Jahrhundert so geblieben ist. Doch noch wichtiger ist gerade bei Turin der kirchliche Bezug: So, wie die Hagia Sophia in Konstantinopel als Palastkirche Kaiser Justinians erbaut wurde und dementsprechend in Venedig S. Marco an den Dogenpalast angebaut ist, so schließt der freilich erst 1490 aus drei älteren Kirchen zusammengelegte Turiner Dom sich mit seinem Chorschluß unmittelbar an den fürstlichen Palast an. Zwischen Palast und Dom aber schuf Guarini für die Cappella della S. Sindone den höchst eigenartig geformten Kuppelturm, der neben dem nicht ganz vollendeten frühbarocken Campanile emporwuchert in einem Capriccio, das viel eher an den Orient als an abendländische Vorbilder erinnert, und unter dem das Leichentuch Christi als Reliquie aufbewahrt wird. Das Kreuz auf dem Wappen Savoyens überhöht hier in höchst eigener Weise die Fürstenresidenz.

Zwischen zwei Flügelbauten öffnet sich stadtwärts das Schloß. Es beherrscht mit seinem Hof zusammen mit dem nahen, aus einem mittelalterlichen Kastell hervorgegangenen Palazzo Madama die weite *Piazza Castello*, die, obwohl am Rand der Altstadt gelegen, für ganz Turin noch immer das Zentrum ist. Aber auch das Schloß wie das Kastell ordnen sich in ihren rechten Winkeln durchaus in das Koordinatensystem altrömischen Ursprungs ein, das in seiner Logik ganz den Intentionen des barocken Städtebaus entsprach.

Das gleiche gilt für die *Piazza S. Carlo*, zu welcher sich die vom Hauptportal des Schlosses bis zur einstigen Porta Nuova führende große Achse, die heutige Via Roma, erweitert. Die Gewalt dieser Achse war so stark, daß ihr nicht nur die seitlichen Paläste, sondern auch die beiden barocken Kirchen in ihrer Symmetrie Reverenz erweisen. Selbst das 19. Jahrhundert ist noch dieser Achse gefolgt, indem in ihrer Verlängerung an Stelle des früheren Stadttores der Bahnhof – übrigens einer der schönsten seiner Art – errichtet wurde und die Schienenstränge mindestens am Anfang in der gleichen Richtung laufen. Es blieb dem Faschismus vorbehalten, im Turmhaus an der Piazza Castello das Mittelalter zu beschwören und in den Neubauten zwischen Piazza S. Carlo und dem Gartenplatz vor dem Bahnhof sich großsprecherisch darzustellen.

Eine zweite große Achse, die im altrömischen Lagerplan der Porta Praetoria entsprach, wurde in der heutigen Via Garibaldi von der Piazza Castello aus, das Kastell ebenso als Ausgangspunkt wie als Ziel nehmend, nach Nordwesten hin ausgebaut, zunächst durch Vittozzi, der auch die nördliche Seite der Piazza Castello mit einer verhältnismäßig schlichten und strengen Palastfront versah, dann durch Filippo Juvarra, unter dessen

Aufsicht die Piazza Savoia und die Verlängerung der heutigen Via Garibaldi bis zur gegenwärtigen Piazza dello Statuto geschaffen wurde. Während im ausgehenden 16. Jahrhundert Vittozzi der neuen, nach Turin verlegten Hauptstadt der Herzöge von Savoyen zu architektonischem Ansehen verhalf, vollzog sich das gleiche im frühen 18. Jahrhundert unter Juvarra, der, als Hofarchitekt von König Viktor Amadeus II., den Aufstieg zur königlichen Residenzstadt gebührend gestaltete. Damals dehnte sich die Stadt auch gegen Südosten aus, das Gebiet zwischen den bereits im 17. Jahrhundert begonnenen Achsen der heutigen Via Po und Via Roma gegen den Po hin weiter ausfüllend. Hier entstand die große, regelmäßig begrenzte *Piazza Carlo Emanuele* II, im Volksmund zärtlich Piazza Carlina genannt, an deren nördlichem Rand Juvarra die noble Front des *Palazzo d'Ormea* mit der geistvoll rhythmisierten Ordnung balustradengekrönter Pilaster schuf. Juvarra hat auch der Piazza S. Carlo den entscheidenden Akzent gegeben mit der bewegten Säulenfassade von S. Cristina samt der freilich erst im 19. Jahrhundert an S. Carlo ausgeführten Zwillingsfassade.

Spätbarocke Urbanistik. Was in Turin der Barock an Straßen und Plätzen geschaffen hat, vor allem westlich der Piazza Castello im Gebiet der heutigen Via Garibaldi, zeichnet sich durch eine höchst eindrucksvolle Disziplin aus. Erst während des 20. Jahrhunderts wurde die Bausubstanz in größerem Ausmaß zerstört. Vor allem westlich der Piazza Castello sollten die unter Viktor Amadeus II. durch Juvarra geschaffenen Straßen und Plätze den Glanz der neuen Königsresidenz vor Augen führen. Obwohl gerade diese Teile des alten Turin noch nicht ganz von den Schäden des Zweiten Weltkriegs geheilt sind und ihre Einwohner zudem durch den Einstrom einer sich nur schwer assimilierenden Arbeiterschaft aus Süditalien eine Umschichtung erfuhren, liegt über einzelnen Straßen – wie der heutigen Via Garibaldi, der Via Palazzo di Città, der Via Consolata und der Piazza Savoia – der verblichene Glanz des nobelsten Settecento. Schon von den Zeitgenossen bewundert, doch auch angegriffen, wurden damals zu Beginn des aufgeklärten 18. Jahrhunderts urbanistische Probleme gelöst, die in ihrer Vielschichtigkeit gerade heute von höchster Aktualität sind. Es ging und geht um das Zusammenleben verschiedener sozialer Schichten, das sich im Barock im Zeichen patriarchalischer Harmonie vollzog. Der städtische Adelspalast des frühen 18. Jahrhunderts, wie beispielsweise der von Juvarra gegen 1720 erbaute Palazzo Paesana di Saluzzo, unterscheidet sich von seinen Vorgängern in Turin, etwa den noch dem 17. Jahrhundert angehörenden Palazzi Barolo oder Carpano, dadurch, daß der aristokratische Besitzer nicht mehr mit einem großen Troß von Dienern, Angestellten und Gästen das ganze Gebäude, sondern nur noch die durch giebelgeschmückte Fenster ausgezeichnete Beletage allein bewohnte, während darüber das meist gleichwertige, jedoch nach außen weniger betonte Obergeschoß dem gehobenen Bürgertum, die Zwischengeschosse aber neben der Dienerschaft von einfachen Leuten eingenommen wurden. Das Erdgeschoß, in welchem selbst in bescheideneren Häusern sich bis heute einzelne elegant gestaltete Eingangshallen erhalten haben, diente schon damals Läden und Werkstätten. Große, einst meist bepflanzte Höfe, die später gewöhnlich verbaut wurden, boten einen Ausgleich zu den engen, betriebsamen Straßen und machten das Leben angenehm. Auf diese Weise bildete jedes Häusergeviert oder ›insula‹, wie schon der von den Römern geprägte Begriff heißt, eine reichdifferenzierte Einheit, eine Art ›unité d'habitation‹, wie sie später unter freilich ganz anderen Voraussetzungen Le Corbusier zu realisieren suchte und wie sie uns auch sonst in modernen Großwohnblocks mit ihren je nach Lage der Wohnung finanziell oft verschieden gestellten Mietern begegnet. Was indessen in den Versuchen unserer Zeit ästhetisch und sozial oft so problematisch bleibt, ist damals im Turin des Settecento zu einer bewundernswerten Harmonie der Sphären gelangt. Denn das Nebeneinander- oder vielmehr Übereinander-Wohnen verschiedener Schichten, Adeliger, Bürger, Bedienter und Gewerbetreibender, ergab sich hier nicht nachträglich aus dem Zufall, indem verarmte Adelige einen Teil ihres Palastes mehr oder weniger aus Zwang vermieteten. Sondern die Wohngemeinschaft war in ihrer Differenzierung von Anfang an geplant; sie bestimmte den Aufbau sowie die Schmuckverteilung der Fassade, und zwar in nobler Zurückhaltung, die sowohl dem Architekten wie dem adeligen Bauherren und nicht zuletzt auch der städtebaulichen Lage in der Nähe der königlichen Residenz wohl anstand. Wohl war damals schon die bisherige Ordnung durch eine neue Freizügigkeit und Toleranz in Fluß geraten, was als fließendes Linienspiel und räumliches Ineinandergleiten im Stil Juvarras seinen sinnfälligen Ausdruck fand. Dennoch bestand noch eine gewisse Hierarchie der Werte, wovon der Aufbau der Geschosse in ihren Proportionen und der Schmuck des Hauptgeschosses diskretes Zeugnis ablegen.

Auch im Großen bleibt die Rangordnung. Neben dem neuen, so bemerkenswerten Prinzip der ›insulae‹ erhält sich der alte Familienpalast weiter, in dem, wenn auch aus konventionellen Gründen, ebenfalls eine Vielzahl von Menschen zusammenlebt. Palazzo Cavour und Palazzo Della Valle sind dafür Beispiele, und derselbe Juvarra, der den letztgenannten Palast entwarf, schuf das Größte innerhalb des damaligen städtischen Palastbaues, nämlich Fassade und Treppenhaus von Palazzo Madama.

Als Gegenstück zu seinen ›Wohnblöcken‹ begann Juvarra 1716 auf Befehl des Königs die *Quartieri militari* zu bauen, die in der gleichbenannten Straße nordwestlich der Piazza Savoia liegen. Beiderseits der Straße sind hier Kasernen entstanden mit hohen Arkaden und kleinen Fenstern, die durch eine nüchterne dorische Ordnung unter durchgehender Attika zusammengefaßt werden. Hier entstanden für die Garnison der Residenz Unterkünfte, die den Ernst ihrer unmittelbaren Bestimmung mit dem Repräsentationsbedürfnis der neuen königlichen Hauptstadt überzeugend vereinen.

Sein städtebauliches Können hat Juvarra auch in zwei Platzanlagen bewiesen: Da ist einmal die *Piazza Savoia*, in der sich die Via Garibaldi mit der Via Consolata in einer Weise kreuzt, daß – zumindest in den Zeiten vor dem modernen Autoverkehr – die Abmessungen dieses fast quadratischen Platzes ein ruhiges Kommen und Gehen gewährleisteten und zugleich den zurückhaltenden Palastfronten den richtigen Abstand gaben. Der zweite Platz bildet unweit der altrömischen ›Porta Palatina‹ eine Art Atrium zwischen dem eng gebauten Altstadtkern und der großen Piazza della Repubblica, die zu den neueren Vorstädten überleitet. Man wird am Anfang der stadteinwärts führenden Via Milano von einem nach Norden offenen Palastgeviert empfangen, dessen Fronten das von Juvarra auch sonst verwendete Palastschema durch eine Große Ordnung flacher Pilaster zu monumentaler Wirkung steigern. Gerade durch den heutigen Gegensatz zu der allzu weit bemessenen und vom Marktgetriebe überfluteten Piazza della Repubblica gewinnt die Platzgestaltung Juvarras ihr besonderes Gewicht.

Klassizistische Fassaden und künstliche Gärten. Die Architektur des Klassizismus, dessen frühe Phase noch im Ancien Régime beginnt und sich in einzelnen Palastfronten und dem Tempelportikus von S. Filippo Neri dokumentiert, zeichnet sich erst nach den napoleonischen Kriegen langsam und dann immer deutlicher im Stadtbild, in ganzen Straßenzügen und Plätzen, ab. Es sind die Jahrzehnte nach 1814, da das angestammte Herrscherhaus aus der Verbannung zurückkehrt und im nun anbrechenden ›Risorgimento‹ Turin zur Hauptstadt einer schließlich ganz Italien erfassenden Bewegung macht. Im Zeichen der Restauration wurde der dem römischen Pantheon nachgeformte Kuppelbau der Gran Madre di Dio 1814 erbaut, und zwar ausdrücklich zur Erinnerung an die Heimkehr von König Viktor Emanuel I. Der von Säulen getragene Tempelgiebel dieser als Denkmal errichteten Kirche beherrscht über den *Ponte Vittorio Emanuele* I hinweg die heutige *Piazza Vittorio Veneto* und die in gerader Linie zur Piazza Castello führende *Via Po*. Platz und Straße, schon im 17. Jahrhundert angelegt, erhielten ihre Fassaden im Stil eines biedermeierlich-bürgerlichen Klassizismus, der, sparsam knapp in den Formen und mit für Italien eher steilen Dächern, auch in Genf stehen könnte. Die Kirche selbst, auf hohem, vielstufigem Postament, ruht gleichsam auf einem künstlichen Berg und bildet damit das Gegenstück zu dem natürlichen, bewaldeten Hügel des nahen Monte dei Cappuccini. Während sich die Stadt im Laufe des 19. Jahrhunderts um den Tempel der Gran Madre di Dio herum in die Hügellandschaft der Collina fortsetzte bis hinauf zu der in einen Talgrund eingebetteten Villa Reale, erscheint der schon im 17. Jahrhundert durch Vittozzi überbaute Klosterberg der Kapuziner (Monte dei Cappuccini) wie ein Vorposten der Collina.

Ein höchst lobenswerter Beschluß der Stadtverwaltung hat die Collina bis heute im wesentlichen von Bebauung frei gehalten, so daß unmittelbar gegenüber der geschlossenen Häusermasse der Stadt, von dieser nur durch den Po getrennt, sich bereits freie Landschaft auszubreiten scheint. Daß es freilich keine Natur mehr ist, sondern intensiv gepflegte Kultur, davon zeugen die vielen Landsitze, vorab die heute leider vernachlässigte Villa Reale, sowie die schönen Gärten, deren wogende Laubmassen sich in großen Teilen schon von den Ufern des Po die Berghänge und Talgründe hinanziehen, von einzelnen Zedern und Pinien durchsetzt, während die untersten Bäume sich im hier stillen Wasser des Flusses spiegeln. Oberhalb des Ponte Umberto I greift die Parklandschaft auch auf das westliche Ufer hinüber, wodurch das bereits im 17. Jahrhundert errichtete Castello del Valentino in seiner ursprünglichen ländlichen Umgebung erhalten geblieben ist.

Diese künstliche Landschaft des großen Parks zu seiten des Castello del Valentino geht in ihren von unregelmäßigen Baumgruppen bestandenen Wiesen, ihren gebogenen Wegen und ihren über scheinbar wildes Felsgestein schäumenden Kaskaden auf die ›englischen‹ Gärten des 18. Jahrhunderts zurück und ist dennoch höchst bezeichnend für das 19. Jahrhundert. Sie darf durchaus unter die großen Leistungen ihrer Zeit gezählt werden, ähnlich den repräsentativen Wohn- und Geschäftshäusern, wie sie in den Großstädten des mittleren und späteren 19. Jahrhunderts entstanden.

Die großen Corsi. Turin besitzt beachtliche Zeugnisse repräsentativer Corsi, vor allem in der vor dem Bahnhof vorbeiführenden großen West-Ostachse, die ungefähr dem südlichen Stadtrand des barocken Turin entspricht, wo an der Stelle des 1866 bis 1868 errichteten Hauptbahnhofs die Porta Nuova stand. Schon diese Lage des damals angelegten großen Corso entspricht durchaus den Pariser großen Boulevards. Das Vorbild der französischen Hauptstadt war ja auch politisch aktuell durch das von Cavour erreichte Bündnis mit Napoleon III., dessen militärische Hilfe dann nicht unwesentlich zum Sieg über die Österreicher im Jahre 1859 beitrug.

Im einzelnen aber unterscheidet sich der Corso Vittorio Emanuele II deutlich von Pariser Boulevards. Die Architektur hält sich in einem gewissen Beharrungsvermögen an den Mailänder Klassizismus des Jahrhundertanfangs. Dazu kommen als spezifisch oberitalienische Elemente die Arkaden, die sich in der Art des schon in der Einleitung erklärten Palladiomotivs aus wandartig flachen Pfeilern entwickeln, wodurch die Fassaden verhältnismäßig ruhige Flächen bleiben. Das oberste Geschoß hebt sich als eine Art säulen- und rundbogengeschmückte Attika von den sonst durch regelmäßige Fugen belebten übrigen Stockwerken ab. Nicht an Paris, sondern allenfalls an Südfrankreich erinnern die Platanenreihen, die zusammen mit dem Blick auf einzelne Gipfel der Alpen im Westen und auf einen schmalen Ausschnitt der Collina im Osten diese wie auch andere Straßen Turins der Natur naherücken. Vergleicht man ihn aber mit den Hauptstraßen von Marseille, Arles, Avignon und Aix-en-Provence, so ist der Turiner Corso architektonisch ungleich großartiger, wie es der Hauptstadt eines jungen, noch im Aufstieg begriffenen Reiches entsprach. Die übrigen, ebenfalls den Namen Corso tragenden Avenuen, die im Laufe des 19. Jahrhunderts am Rande oder außerhalb des älteren Stadtkerns entstanden, zeichnen sich zwar ebenfalls durch Baumreihen aus und sind zum Teil sogar noch breiter, doch erreicht keine dieser Straßen die architektonische Geschlossenheit und damit auch die Würde, die der Corso Vittorio Emanuele II zumindest westlich des Bahnhofs ohne Zweifel besitzt.

Der *Bahnhof* ist nach den Zerstörungen des Zweiten Weltkriegs wenigstens im Außenbau wiederhergestellt worden, und die Sorgfalt, mit der dies geschah, erweist sich als durchaus gerechtfertigt, handelt es sich doch um eine der baukünstlerisch besten Lösungen dieser für das 19. Jahrhundert so bezeichnenden Aufgabe. Die Arkaden des Corso werden hier aufgenommen und im Zentrum der Fassade durch ein mächtiges Fenster überhöht. Auch dieses ist im Rundbogen geschlossen, so daß eine eigentümliche Abwandlung jenes ›Rundbogenstils‹ entsteht, der in romantischer Anlehnung an romanisch-byzantinische Elemente wie auch an solche von Brunelleschis Frührenaissance in verschiedenen Teilen Europas zu finden ist, so zum Beispiel auch in München, wo er bereits unter Ludwig I. beginnt. Seine piemontesische Eigenart gewinnt dieser leicht archaisierende Stil an dem genannten Fenster durch die feine Gitterfüllung, die das neugotische Maßwerk in den Domen von Biella, Saluzzo und anderen Orten weiterentwickelt.

Gegenüber der Bahnhofsfront gibt der Corso einer kleinen Parkanlage Raum. Dieser an Paris und London erinnernde Square mit seinen frei gruppierten Bäumen und den hohen Springbrunnen verfremdet dem von der Piazza S. Carlo Kommenden den Blick auf den Bahnhof durch seinen Garten in romantischer Weise, verheißt ihm jene Fernen, die das Reisen in sich schließt. Doch für Turin und ganz Italien hatte dieser Bahnhof noch eine andere Bedeutung. Hier kamen jene Patrioten an, die dem nach der vorübergehenden Erhebung von 1848/49 sich erneuernden Druck von seiten Österreichs entflohen waren, um in Turin bessere Zeiten abzuwarten. Im Fortgang des Risorgimento betrat von demselben Bahnhof aus Napoleon III. als Verbündeter Viktor Emanuels Piemont, um mit seiner – über die Mont Cenis-Bahn herbeigeführten – Truppenmacht die piemontesische Armee in ihren Siegen von 1859 zu unterstützen. Doch nach den Militärzügen der Jahre 1859 und 1866 waren es bald auch Züge mit den Angehörigen des

Hofes, die in Richtung Florenz die Stadt verließen, von der herbeigeeilten Bevölkerung mit gemischten Gefühlen verabschiedet.

Die von der Piazza S. Carlo zum Bahnhof führende Via Roma ist bis zu dem erwähnten, von klassizistischen Fassaden mit Bogenhallen gesäumten Gartenplatz ein Beispiel faschistischer Architektur, in der sich der damals auch Rom und andere Städte ›verschönernde‹ Architekt Marcello Piacentini wieder einmal als von allen guten Proportionen verlassen erwies. Zugleich frönt er einem auch nach dem Zweiten Weltkrieg anhaltenden Übel, nämlich mit teueren Materialien wie Marmor dröhnend zu prunken und eine sinnvolle Formensprache nicht aufkommen zu lassen.

Die Hybris der modernen Zeit äußert sich schon im Riesenturm der *Mole Antonelliana*, die mit ihrem säulengeschmückten Aufbau eine Höhe von 167,50 Metern erreicht, das ist mehr als die halbe Höhe des Eiffelturmes. Im Unterschied zu dessen Eisenkonstruktion ist jedoch das Werk des Alessandro Antonelli überwiegend aus Stein gemauert. Wie im Kuppelturm von San Gaudenzio und im Außenbau des Domes in Novara, beides Werke, die Antonelli in seiner Heimatstadt errichtete, herrscht auch in seinem Turiner Monument fast bis zum Übermaß die Säule, die sich in immer neuen Geschossen wiederholt und dadurch letzten Endes eine monotone Wirkung zeitigt. Der Bau wurde 1863 als Synagoge begonnen, später von der Stadt übernommen und 1897 zu Ende geführt, worauf er verschiedenen Zwecken diente. Nachdem er die besonders schweren Bombardierungen Turins im Jahre 1943 einigermaßen heil überstanden hatte, verkürzte zehn Jahre später ein Orkan die Spitze um 47 Meter, die inzwischen wieder in der alten Form hergestellt worden ist. Nach außen stellt das Bauwerk kraft seiner monströsen Formen und Maße das spektakulärste Wahrzeichen Turins dar, jedoch schon sehr im Sinne des 19. Jahrhunderts als Monument für sich, gleichsam als Griff ins Leere. Doch solche Erwägungen spielen eigentlich nur in der Ansicht von unten oder aus der Ferne eine Rolle. Genießt man die Aussicht, so ist man überwältigt von dem Stadt und Landschaft samt dem Gebirge umfassenden Panorama.

Bestes 19. Jahrhundert dagegen findet sich in dem um 1860 als Villenviertel zwischen Corso Vittorio Emanuele II, Corso Re Umberto und Corso Stati Uniti angelegten Bezirk, wo sich ein sympathisch zurückhaltender Spätklassizismus in vielen gartenumgebenen Herrschaftshäusern erhalten hat.

Ebenfalls dem 19. Jahrhundert gehört auf der entgegengesetzten Seite der Stadt der sog. *Cottolengo* an, dessen klassizistische Gebäude ein größeres Gebiet nördlich der Piazza della Repubblica einnehmen, zusammen mit der um 1895 geweihten Kirche. Giuseppe Benedetto Cottolengo, der von 1786 bis 1842 lebte und 1934 heiliggesprochen wurde, gründete 1828 ein auf christlicher Mildtätigkeit beruhendes Hospiz, das sich aus ganz kleinen Anfängen zu einer der größten karitativen Organisationen entwickelte, wo heute täglich über tausend Arme allein am Turiner Hauptsitz verpflegt werden.

Im Turin des späten 19. Jahrhunderts, das im Corso Vittorio Emanuele II und den benachbarten Vierteln bis heute in hohem Maße bestehen blieb, das aber auch im Habitus mancher Geschäftsstraßen der noch älteren Innenstadt weiterlebt, hat Friedrich Nietzsche letzte glückliche Monate verlebt. Nach einem unbefriedigenden Winter in Nizza kam er im April 1888, seinem letzten Schaffensjahr, zum ersten Mal nach Turin, um im September nach einem verregneten Sommer in dem sonst so lichtvollen Sils Maria zurückzukehren. Es war der schönste Herbst, den er je erlebt hatte. Wie ihm damals die Stadt begegnete, zeigen seine Briefe. Schon bei seinem ersten Aufenthalt im Frühling ist er in seinem Brief an Peter Gast des Lobes voll über die ihm von diesem nach seinem Herzen empfohlene Stadt, die er als »würdig und ernst« erlebt, als »gar nicht die Großstadt, gar nicht modern«, wie er gefürchtet hatte, sondern als *eine Residenz des 17. Jahrhunderts, welche nur einen kommandierten Geschmack hatte, den Hof und die Noblesse; es ist die aristokratische Ruhe in allem festgehalten.* Nietzsches Begeisterung geht bis zu den damaligen öffentlichen Verkehrsmitteln, bis zu »Omnibus und Tram, deren Einrichtung hier bis ins Wunderbare gesteigert ist«. Und im selben Brief vom 7. April 1888 heißt es: *Nein, was für ernste und feierliche Plätze! Und der Palaststil ohne Prätension; die Straßen sauber und ernst – alles viel würdiger, als ich es erwartet hatte! Die schönsten Cafés, die ich sah. Die Arkaden haben bei einem solchen Wechselklima etwas Notwendiges; nur sind sie großräumig, sie drücken nicht. Abends auf der Pobrücke: herrlich! Jenseits von Gut und Böse!* In dieser Stadt, die er klimatisch und menschlich als den ihm »sympathischsten Ort« bezeichnete und in der er sich bis in die Prosa des Alltags hinein, wie »Kost und Luft, Wasser und Speisegänge«, ja bis zu den »grissini, den ganz dünnen Brotröhrchen, die Turinischer Geschmack sind«, ausnehmend wohl fühlte, erreichte ihn in dem nun folgenden Winter sein Schicksal. An einem der ersten Januartage des Jahres 1889 brach er unweit seiner Wohnung in der Via Carlo Alberto zusammen, wie es heißt, als er einem brutal auf sein Pferd einhauenden Kutscher in die Zügel fallen wollte. Man glaubte zuerst an einen Schlaganfall, doch sehr bald zeigten sich eindeutig die Zeichen des Wahnsinns, in welchem er in Deutschland noch elf Jahre leben sollte. Seine Hoffnung war gewesen, im Wechsel mit Sils Maria und der Riviera in Turin eine seiner Arbeit gemäße Stätte zu finden.

Die moderne Zeit präsentiert sich nicht nur in den auch in Turin eher gesichtslosen Wohn- und Industrievierteln des späten 19. und des 20. Jahrhunderts, sondern auch in einzelnen interessanten Versuchen moderner Arbeitersiedlungen, wie sie seit 1950 entstanden sind, jedoch am eindrucksvollsten in den ausgedehnten Autofabriken in Lingotte und Mirafiori oder in den großen, von Luigi Nervi, einem der Genies der modernen Architektur, geschaffenen Ausstellungshallen mit ihren ebenso kühnen wie dem Auge angenehmen Konstruktionen. Fast gespenstisch mutet der im Vergleich dazu nah gelegene *Borgo feudale* an, jene Nachahmung mittelalterlicher Häuser, entstanden anläßlich einer großen Ausstellung und geschart um eine künstliche Burg, deren Hof jenen des Schlosses Fenis im Aostatal beschwört.

II BERNARDO BELLOTTO
Turin: Blick auf das
Königliche Schloß
und die Kuppel
der Santissima Sindone
Ölgemälde, 1745
Turin, Galleria Sabauda

Eine durchaus glückliche Verbindung gehen demgegenüber Alt und Neu in dem 1970 abgeschlossenen Wiederaufbau der kurz vor dem Zweiten Weltkrieg ausgebrannten *Oper* an der Piazza Castello ein. Die Fassade, die sich in nichts von den strengen Arkadenfronten der benachbarten Platzwände unterscheidet, blieb erhalten, doch um so eindrucksvoller ist die kühne, aus armiertem Sichtbeton und unverputztem Backstein konstruierte Architektur, die den Besucher bereits im Foyer empfängt. Als Königliche Oper war das Haus, Teatro Regio, seit jeher mit dem Hof verbunden, was bis heute durch den architektonischen Zusammenhang zum Ausdruck kommt. Ihre Glanzzeit hatte die Turiner Oper unter dem ersten König der savoyischen Dynastie, Viktor Amadeus II., dessen Hofarchitekt Juvarra sich auf das intensivste auch mit der Architektur des Bühnenbildes befaßte. Seine dazu erhaltenen zahlreichen Skizzen gehören zum Besten auf diesem im 17. und 18. Jahrhundert in Oberitalien so gepflegten Gebiet; sie entwickeln in einer besonders sublimen Form die gleichen szenographischen Prinzipien, die Juvarra in so vielen seiner Bauten, und zwar in Schlössern wie in Kirchen, verwirklichte.

Die Theaterkultur Turins hat außer in der Oper auch im Schauspiel ihren Niederschlag gefunden, und zwar insbesondere im *Teatro Carignano* gegenüber der von Guarini errichteten Front des gleichnamigen Palastes. In diesem nach außen wenig in Erscheinung tretenden Haus ging 1775 die ›Kleopatra‹ von Vittorio Alfieri über die Bühne. Graf Alfieri (1749-1803), Sohn des bedeutenden Architekten Benedetto Alfieri, von dessen Bauten in Turin, Asti und Carignano wir noch hören werden, fiel zwar mit diesem seinem Erstling im Teatro Carignano durch, doch wurde er nichtsdestoweniger später einer der größten italienischen Tragödiendichter des 18. Jahrhunderts. Vor allem seine politischen, der nationalen Freiheitsbewegung entgegenkommenden Dramen fanden begeistertes Echo. Einigen Gestalten seiner Werke wurde die Ehre zuteil, von keiner geringeren als der großen Eleonora Duse verkörpert zu werden – an diese Triumphe erinnert die Büste der Schauspielerin im Foyer des Theaters.

Rundgänge durch Turin

Da unsere Darstellung von Turin nicht der Konzeption eines Reiseführers folgt, sondern nach städtebaulichen und architekturgeschichtlichen Gesichtspunkten aufgebaut ist, sei als Ergänzung ein zusammenfassender Überblick über die wichtigsten Sehenswürdigkeiten in Form zweier Rundgänge durch die Innenstadt geboten. Die Wegbeschreibung anhand der Straßen und Plätze ermöglicht ein schnelles Auffinden der Objekte, auch wenn gerade kein Stadtplan zur Hand sein sollte. Mit Hilfe des Registers kann die ausführliche Beschreibung der Objekte nachgeschlagen werden.

Erster Rundgang

Der erste Rundgang beginnt in der großen historischen Mitte Turins, der *Piazza Castello*. Wir widmen uns der ausgedehnten Anlage des einstigen Königlichen Schlosses, *Palazzo Reale*, das in seinem etwas nüchternen Außenbau dem Frühbarock des 17., in seinen Schauräumen zum Teil auch dem 19. Jahrhundert angehört. Durch den Innenhof gehen wir auch in den großen, baumbestandenen Garten, der auf den einstigen Bastionen angelegt ist. In den Ehrenhof zurückgekehrt, wenden wir uns westwärts durch einen Durchgang zum *Dom*, einem schlichten Renaissancebau, hinter dessen Hochaltar sich die *Cappella della SS. Sindone* befindet, berühmt durch die hochverehrte Reliquie des Leichentuches Christi wie auch durch die Architektur Guarinis. Vom Dom aus ist es sehr nahe zum Römischen Theater, *Teatro Romano*, und nicht weit davon steht die ebenfalls altrömische *Porta Palatina*. Von dieser gehen wir, indem wir eine glasüberdachte Einkaufspassage des 19. Jahrhunderts kreuzen, zur großen, schon außerhalb der Innenstadt liegenden *Piazza Repubblica*, von der aus man zum ›Cottolengo‹, einer berühmten wohltätigen Stiftung des 19. Jahrhunderts, gelangen kann. Das für Turin so wichtige 18. Jahrhundert nimmt uns auf in Juvarras atriumhafter Platzanlage am Anfang der Via Milano, an der in Richtung Stadtmitte linker Hand die hochbarocke Kirche

SS. Maurizio e Lazzano liegt. Etwas weiter stoßen wir rechter Hand auf den gotischen Ziegelbau von *S. Domenico*, die einzige Kirche, die sich aus dem mittelalterlichen Turin erhalten hat.

Wo die Via Milano die wichtige Via Garibaldi erreicht, erhebt sich an einem kleinen Platz das im 17. und 18. Jahrhundert erbaute Stadthaus, der *Palazzo di Città*. Wir gehen von der Front des Stadthauses einige Schritte in die Via Palazzo di Città bis zur Kirche *Corpus Domini* mit frühbarocker Fassade und spätbarockem Innern. Wir kehren zum Palazzo di Città zurück und gehen stadtauswärts durch die Via Garibaldi, die gleich den eben durchwanderten Straßen von den Fronten jener spätbarocker ›Wohnblöcke‹ gesäumt ist, in denen Juvarra schon im frühen 18. Jahrhundert Probleme moderner Urbanistik löste. An der Via Garibaldi liegt auf der linken Seite die stattliche Kirche *SS. Martiri*, die den mailändischen Frühbarock nach Turin verpflanzte. Von SS. Martiri aus lohnt sich der Abstecher durch die Via S. Francesco d'Assisi und bei der zweiten Kreuzung nach rechts durch die Via S. Maria zur Kirche *S. Maria di Piazza* mit ihrem von Vittone in kapriziösem Spätbarock geformten Inneren.

Wir kehren in die Via Garibaldi zurück, wo wir auf derselben Seite, auf der SS. Martiri liegt, in das Haus Nr. 25 eintreten, um hinter einer der spätbarocken Straßenfronten in der *Cappella dei Banchieri e Mercanti* eines der reichsten Gesamtkunstwerke des Spätbarock zu entdecken. Zwischen den palastartigen Wohnhäusern Juvarras geht es weiter bis zur Via Consolata, in der wir, nordwärts einbiegend, auf die *Piazza Savoia* mit den spätbarocken Palästen *Paesana* und *Martini* gelangen. Beide Paläste sind durch Eingangshalle, Treppenhaus und Arkadenhof bemerkenswert. Ganz in der Nähe liegt Juvarras raumschöne *Karmeliterkirche*, vom selben Architekten stammen auch die *Quartieri militari*, die der königlichen Garnison als Kaserne dienten und die wir von der Karmeliterkirche aus stadtauswärts gehend, durch die Via del Carmine erreichen.

Wir kehren zur Piazza Savoia zurück und gelangen von hier durch die Via Consolata zur Wallfahrtskirche *La Consolata*, einem vor allem spätbarocken Baukomplex mit prunkvoller Innenausstattung. In Richtung auf die Stadtmitte finden wir in der engen Via di Orfane in der von Vittone erbauten Nonnenkirche *S. Chiara* ein kleines architektonisches Juwel an Raumgestaltung. An derselben Gasse öffnet sich das Portal des *Palazzo Barolo* zu einem der schönsten barocken Treppenhäuser, während der nahe *Justizpalast*, Palazzo di Giustizia, schon die Kühle des Klassizismus spüren läßt.

ZWEITER RUNDGANG

Wir beginnen auch den zweiten Rundgang auf der *Piazza Castello* und widmen uns hier im besondern dem nach allen Seiten frei stehenden *Kastell* mit seinen mittelalterlichen Türmen sowie dem angebauten *Palazzo Madama*, dessen prächtige Schauseite samt dem Treppenhaus Juvarra errichtete. Das Innere birgt ein an Gemälden, Skulpturen und Kunstgewerbe aus den verschiedensten Epochen reiches Museum. An der Ostecke des Platzes liegt hinter frühbarocken Fronten verborgen das *Opernhaus*, Teatro Regio, von dessen moderner Architektur man schon in den Vorsälen und Treppenanlagen einen Eindruck gewinnt. Auf der anderen, der westlichen Seite der Piazza Castello finden wir, ebenfalls hinter gleichmäßigen Palastfassaden verborgen, eine der bedeutendsten Raumschöpfungen des gesamten Barock, nämlich Guarinis Kirche *S. Lorenzo*.

Wir biegen in die Via Garibaldi ein und betreten rechter Hand den frühbarocken Kreisraum von *SS. Trinità*. Von hier aus gehen wir auf den Hauptplatz zurück und durch die Hauptachse der Innenstadt, die Via Roma, zu der durch Kirchen und Paläste regelmäßig geformten *Piazza S. Carlo*. Hier angelangt, biegen wir schon am Anfang des Platzes nach rechts in die Via S. Teresa ein und besuchen hier die Kirche *S. Teresa*, die durch ihren barocken Raum wie durch ihre Altäre ausgezeichnet ist. Schräg gegenüber birgt der nach außen zurückhaltende *Palazzo Compans* eines der geistvollsten Vestibüle. Durch die Via del Arsenale gehen wir südwärts bis zur Via Alfieri, in der wir, rechts einbiegend, Fassade und Hof des barocken *Palazzo*

Lascaris besichtigen. Wir gehen in die Via del Arsenale zurück, die mit Fassaden des 18. und 19. Jahrhunderts prunkt, und sehen rechter Hand den auf Guarini zurückgehenden Bau der *Immacolata-Kirche*. Indem wir bei der nächsten Kreuzung links einbiegen und an der Via XX Settembre bis zur Ecke weitergehen, treffen wir auf den frühbarocken Zentralbau der *Chiesa d. Visitazione*. Von hier aus gehen wir durch die Via dell'Arcivescovado und dann durch die Via Roma zurück zur Piazza S. Carlo mit ihren beiden, vor allem in den spätbarocken Fassaden bedeutenden Kirchen *S. Cristina* und *S. Carlo*. Wir verlassen den in seiner Gesamtwirkung sehr schönen Platz durch die Via Giolitti, biegen bei der ersten Kreuzung nach rechts in die Via Lagrange und erreichen bei der nächsten Kreuzung *Palazzo Cavour*, den durch Hof und Treppenhaus architektonisch hervorragenden Familienpalast des berühmten Staatsmannes.

Wir gehen durch die Via Cavour ostwärts weiter, um bei der nächsten Kreuzung in dem durch seine Rechtwinkligkeit so übersichtlichen Turiner Stadtplan nach links in die Via Carlo Alberto einzubiegen, auf deren linker Seite wir eine Kreuzung weiter nicht nur die Fassade, sondern vor allem Eingangshalle und Hof des spätbarocken *Palazzo Della Valle* besichtigen. Bei der nächsten Kreuzung nach links abbiegend, gelangen wir zum *Palazzo Carpano* mit einem besonders schönen Vestibül des reifen piemontesischen Barock. Gegenüber liegt die von Guarini begonnene, jedoch durch Juvarra und andere Baumeister stark veränderte Kirche *S. Filippo Neri*. Von Guarini stammen die beiden nächsten, an der Via Accademia delle Scienze gelegenen Paläste, zunächst, gegenüber der Längsseite von S. Filippo Neri, der mächtige Ziegelbau des *Collegio dei Nobili*, das heute das Ägyptische Museum und die Gemälde der Galleria Sabauda birgt, und schräg gegenüber die bewegte Ziegelfassade des historisch ebenfalls wichtigen *Palazzo Carignano*. Unmittelbar gegenüber sehen wir das *Teatro Carignano*. Wir durchschreiten Vorhallen und Hof des Palazzo Carignano, in dem sich heute das für die Geschichte Italiens so wichtige Museo del Risorgimento befindet, und kommen über die Piazza Carlo

Alberto, in deren Nähe Nietzsche wohnte, in die Via Principe Amedeo und durch diese auf die Piazza Carlo Emanuele II, genannt ›Piazza Carlina‹, auf deren Südseite die spätbarocke Kirche *S. Croce*, auf deren Nordseite *Palazzo d'Ormea* stehen, beides Werke von Juvarra. Nördlich der Piazza Carlina liegt die *Accademia Albertina di Belle Arti* mit ihrer Gemäldesammlung, und noch weiter nördlich, jenseits der Via Po, die *Universität* mit ihrem schönen barocken Innenhof. Wir beschließen den Rundgang mit dem im 19. Jahrhundert errichteten Turmbau der *Mole Antonelliana*.

Kirchen

Wer Turin durchwandert, findet immer wieder auf ursprünglich römischem Grundplan eine Stadt des Barock. Mittelalterliche Baudenkmäler sind, abgesehen von den Türmen des Kastells im Zentrum der Stadt, zunächst schwer zu finden und dann rasch besichtigt. Selbst die für andere Städte oft so wichtige Renaissance hat hier sehr wenig hinterlassen, vor allem den *Dom*, der jedoch keineswegs zu den bedeutenderen Werken seiner Epoche gehört. Sein Standort ist, wie bereits erwähnt, durch die unmittelbare Nachbarschaft des königlichen Schlosses bedingt, das an der Stelle des mittelalterlichen Bischofssitzes in mehreren Bauphasen, vor allem im 17. Jahrhundert, errichtet wurde. Dadurch wurde der schon seit dem Ende des 15. Jahrhunderts in seiner heutigen Form bestehende Dom auf die Rückseite der Residenz gedrängt, eine Lage, die durch den erst im 20. Jahrhundert bis zur Porta Palatina freigelegten Platz nicht aufgewertet wurde. Die wesentliche Korrektur dieser städtebaulich nicht sehr glücklichen Situation gab im späten 17. Jahrhundert Guarini, indem er den hohen, bizarr geformten Kuppelturm der Cappella della Santissima Sindone, der auch das Schloß noch überragt, zwischen diesem und dem verhältnismäßig niedrigen Dom zum Bindeglied machte.

Das Äußere des Domes verleugnet nicht die Florentiner Herkunft seines Baumeisters Meo del Caprina aus Settignano. Die Kreuzform mit erhöhtem Mittelschiff samt Vierungsturm zeichnet sich klar und etwas nüchtern ab. Flache Pilaster gliedern sämtliche Wände. Als wohlgeformte Einzelheiten heben sich mit ihren Rundbogen die nach der Mitte emporgestaffelten Portale von der Fassade ab. Das Innere dagegen erinnert weniger an Florenz als an die nahen Alpentäler. Denn für toskanische Verhältnisse allzu schwer und rustikal sind die Pfeiler gebildet, denen die bogentragenden Säulen angeschlossen sind. Altertümlich wirkt auch das dünne Maßwerk in den Fenstern. Eine gewisse dumpfe Nüchternheit, zumindest eine fast noch mittelalterliche Stimmung herrscht in dem weder durch Stuck noch Fresken belebten Raum, der Schmuck einzig in einzelnen Seitenkapellen und in der Ausstattung der Querschiffe trägt. Beachtenswerter als die vielen, erst im 19. und 20. Jahrhundert entstandenen Altarbilder sind die beiden vorderen Kapellen im rechten Seitenschiff: in der ersten sieht man ein reich geschnitztes Retabel des Frühbarock, in der zweiten ein Polyptychon von Defendente Ferrari, einem piemontesischen Maler des 16. Jahrhunderts. Das linke Querschiff ist durch eine Fürstenloge, das rechte durch eine eigene Kapelle abgeschlossen, die beide in reichstem Frühbarock dekoriert sind. Der Hochaltar, den über der Mensa nur eine Kerzenbank überhöht, ist schon ganz auf den über dem Chor gelegenen Kuppelraum hin komponiert, auf die Cappella della Santissima Sindone, die das Leichentuch Christi birgt. Durch ein großes Glasfenster, das die ganze Breite und Höhe des eher dunklen Chores ausfüllt, blickt man in einen hohen, nach oben heller werdenden Kuppelraum, der Außerordentliches ahnen läßt. Bevor auf diese so besondere Stätte im Zusammenhang mit dem Schaffen von Guarini eingegangen wird, soll, an einzelnen Beispielen faßbar, die Entwicklung der Turiner Kirchen des 16. und frühen 17. Jahrhunderts, d.h. des Frühbarock, betrachtet werden.

Die Kirchen des Frühbarock. Der bauliche Aufschwung, den Turin als die neue Hauptstadt der Savoyer in der zweiten Hälfte des 16. Jahrhunderts nahm, manifestiert sich am frühesten und zugleich am großartigsten in der *Chiesa dei Santi Martiri*, die Tibaldi 1577 an der damals eben neu angelegten Hauptachse, der heutigen Via Garibaldi, zu bauen begann. Pellegrino Tibaldi war einer der bedeutenden Maler und Architekten des lombardischen Frühbarock. Von ihm stammt der Innenraum von S. Gaudenzio in Novara und S. Fedele in Mailand, woran sich SS. Martiri aufs engste anlehnt. Im Inneren dieser Kirche schließt sich an den von je drei Seitenkapellen begleiteten Saalraum ein von einer Tambourkuppel überhöhter Chor an, der damit das venezianische Motiv der Chorkuppel übernimmt. Die Fassade ist gegenüber S. Fedele einfacher, indem die dortigen Säulen jetzt zu Pilastern zurückgebildet sind. Der Innenraum wirkt nicht ganz so mächtig wie in Mailand, was die reiche Marmorinkrustation der korinthischen Pilasterordnung sowie die als Palladiomotiv zu den Seitenkapellen überleitenden Säulen auszugleichen suchen. Von der reichen Ausmalung geht trotz einzelner späterer Ergänzungen als Ganzes der Eindruck schwerer frühbarocker Pracht aus.

Die nun folgenden Kirchen sind Werke von Ascanio Vittozzi, von dem, wie von Tibaldi, bereits in der Einleitung die Rede war. Seine Kirchen sind Zentralbauten, für die der mit pedantischem Ernst in strengen Vertikalen errichtete Kuppelturm von *Santa Maria del Monte* auf dem Monte dei Cappuccini jenseits des Po das am weitesten sichtbare Beispiel ist. Hier wird die Nachfolge Vignolas mit dessen akademisch strengen Übergängen vom Manierismus zum Frühbarock besonders deutlich.

Der zwischen 1585 und 1596 entstandenen Kirche auf dem Monte dei Cappuccini folgt in der Stadt die *Chiesa della Trinità*. Um die hier verehrte Dreifaltigkeit sinnfällig zu machen, sind Grundriß und Aufbau nicht nur durch Kreis und Zylinder, sondern auch durch die Dreizahl bestimmt. So wechseln im Unterschied zu den vier Achsen des sonst als Vorbild dienenden Pantheon in Rom je drei große Altarnischen mit drei Sekundärachsen, akzentuiert durch Sakristeitüren samt darüber liegenden Balkonen und durch den Eingang. Darüber bringt der Tambour mit seinen Fenstern eine Vereinfachung, bis schließlich in der Kuppelschale der völlige Ausgleich erreicht ist. Als weiterer Unterschied zum Pantheon herrscht in den Proportionen nicht mehr die klassische Harmonie des goldenen Schnitts, sondern Hauptgeschoß und Kuppeltambour sind spannungsvoll aufeinander bezogen, worin Wucht und Schwere von Vittozzis Frühbarock zum Ausdruck kommt. Diesem gegenüber zeigen die erst zu Beginn des 18. Jahrhunderts von Juvarra eingebauten Altäre und Balkone die geschmeidige Eleganz des Spätbarock. Damals, um 1720, ist wohl auch in Anlehnung an die SS. Sindone die große Glaswand hinter dem Hochaltar eingebaut worden.

Vittozzi schuf auch 1607 an der Via Palazzo di Città die Fassade von *Corpus Domini*, an der Stelle, wo sich hundertfünfzig Jahre zuvor ein Hostienwunder ereignete. Mit den um das Portal geschachtelten Rahmenformen, dem Palladiomotiv im Obergeschoß und der gedrängten Fülle des plastischen Dekors bewahrt die als Ganzes frühbarocke Front im einzelnen noch durchaus Elemente des lombardischen Manierismus. Das einschiffige Innere wurde 1753 von Benedetto Alfieri mit reicher Marmorverkleidung und entsprechenden Altären in einem Barock ausgestattet, der sich von der durchgeistigten Enthaltsamkeit seiner Zeitgenossen Juvarra und Vittone deutlich unterscheidet. Es klingt darin noch die mystische Stimmung des Wunders nach, zu dessen Gedächtnis die Kirche neu geweiht und mit ihrem jetzigen Namen bedacht wurde. Das wunderbare Geschehen ereignete sich am 6. Juli 1453, als eine mit dem Leib des Herrn versehene Monstranz, die ein Soldat bei der Plünderung von Exilles im Tal der Dora Báltea geraubt und nach Turin gebracht hatte, sich an dieser Stelle – wo bereits eine Kirche stand – in Luft auflöste, während die geweihte Hostie so lange in der Luft schwebte, bis ihr der mit der Menge herbeigeeilte Erzbischof ein neues Gefäß gab.

Von den Kirchen, die der die ersten beiden Drittel des 17. Jahrhunderts in Turin bestimmende Hochbarock hinterlassen hat, ist *Santa Teresa* in der gleichnamigen Straße, unweit der Piazza S. Carlo gelegen, eine der stattlichsten. Die erst im 18.

Jahrhundert vollendete Fassade zeigt die spätbarocke Einschwingung in großem Maßstab. Das Innere folgt als längsgerichtete, kreuzförmige Basilika dem während des ganzen 17. Jahrhunderts verbreiteten Schema des römischen Il Gesù, wobei auch die prunkvolle Ausstattung mit farbigem Marmor, Fresken und reichen Altären römisches Pathos entwickelt. Bei der durch wohlabgewogene Verhältnisse bestimmten Raumwirkung ist der Blickwinkel vom Eingang aus von besonderem Reiz; von hier aus scheint sich das Querschiff in sehr barocker Weise nach den Seiten hin ins Unendliche auszudehnen. Höhepunkte der Ausstattung bilden die beiden Querschiffaltäre: den linken errichtete Juvarra als säulengefaßte Figurenbühne, der rechte zeichnet sich durch ein in den Farben delikates Altarbild des neapolitanischen Malers Sebastiano Conca aus.

Eine sehr wesentliche Rolle im Turiner Barock des 17. Jahrhunderts spielt der schon von Vittozzi gepflegte Zentralbau. Im Unterschied zum reinen Kreiszylinder in Vittozzis SS. Trinità, doch grundsätzlich auch verschieden von den ungleich komplizierteren Schöpfungen Guarinis entwickelte Francesco Lanfranchi 1679 in *SS. Maurizio e Lazzaro* stadteinwärts der Piazza della Repubblica die Kuppel aus einem in den inneren Ecken zum Achteck abgeschrägten griechischen Kreuz. Die Kuppel über einem modifizierten griechischen Kreuz hat Lanfranchi auch in der *Chiesa della Visitazione*, westlich der Piazza S. Carlo, unweit der Hauptpost, gestaltet und die Bewegung der Fassade wirkungsvoll aus der abgeschrägten Straßenecke entwickelt.

Die Kirchen Guarinis. Weit über alles, was zur gleichen Zeit in Turin entstand, erheben sich die beiden Kirchen von Guarino Guarini, nämlich S. Lorenzo und SS. Sindone. Es sind Spitzenleistungen nicht nur des italienischen, sondern des europäischen Barock, die deshalb eine eingehendere Würdigung verdienen.

Das Portal von *S. Lorenzo* fügt sich unauffällig in die in zurückhaltendem Palaststil gestaltete Südseite der Piazza Castello ein, und man muß weit zurücktreten, um über den profanen Dächern den kapriziösen Kuppelturm zu erblicken. Dieser freilich läßt Kühnstes ahnen, und in dem 1667 begonnenen Innern werden denn auch die hochgespanntesten Erwartungen nicht enttäuscht. Aus einer neutral gehaltenen, quergelagerten Vorhalle betritt man den eigentlichen Raum und ist verwirrt und gefesselt zugleich. Dann, bei näherem Ein-Sehen, legt sich die Verwirrung, und der Bann weicht dem Erlebnis einer eigentümlich spirituellen Klarheit, das freilich mit Zeit und Anstrengung erworben werden will. Denn noch mehr als in der später entstandenen SS. Sindone offenbart sich hier die rational-geometrische Welt Guarinis, der mit der ganzen Kraft des Intellektes eine eigene Welt geometrischer Formen schuf. Diese Welt erweist sich in ihrer Konstruktion aus Zirkelschlägen zwar dem Verstande nachvollziehbar und erscheint damit als ein Triumph menschlichen Könnens, und doch ist sie letztlich ein Symbol des göttlichen Kosmos, in welchem das Ingenium des Menschen in jenem des Schöpfers aufgeht. Wer als Betrachter diese Stufe erreicht hat, für den fällt nicht nur die Verwirrung, sondern auch der Bann. Aus der Fesselung wird Befreiung: Der Beschauer geht ganz auf in einer sublimen Sphärenharmonie.

In zwei Blickrichtungen sind die Turiner Kirchenräume Guarinis zu erleben: zunächst in der Horizontalen des über die Sitzreihen der untersten Raumzone hinweggehenden Blicks. Der trifft in S. Lorenzo auf Säulen, die in der Art des schon früher von Vittozzi in Piemont so häufig abgewandelten Palladiomotivs Gebälkstücke und Bogen tragen, nun aber in eine eigentümliche Bewegung gesetzt werden. Die Gebälkstücke entsprechen Kreissegmenten. Der Grundriß zeigt ein System von Zirkelschlägen, die gegen den Raum geführt sind, so daß die Säulen wie auf Schienen zu laufen scheinen. Die Säulen treten damit nach geometrisch festgelegten Gesetzen an; sie sind nicht mehr ganz Architektur, sondern bilden eine Art von Choreographie, sie tragen nicht nur Gebälk und Bogen, sondern führen diese gleichsam vor, halb an menschliche Akteure, halb an

Puppen erinnernd, die sich auf festgelegten, doch unsichtbaren Geleisen bewegen. Die Säulen treten aus der Wand heraus wie die Figuren einer astronomischen Uhr zum Stundenschlag, oder wie eine Ehrenwache, die sich um den hinter einem querovalen Chor sichtbar werdenden Altar gruppiert und diesen ebenso dem Blick enthüllt wie sie ihn vor ihm behütet.

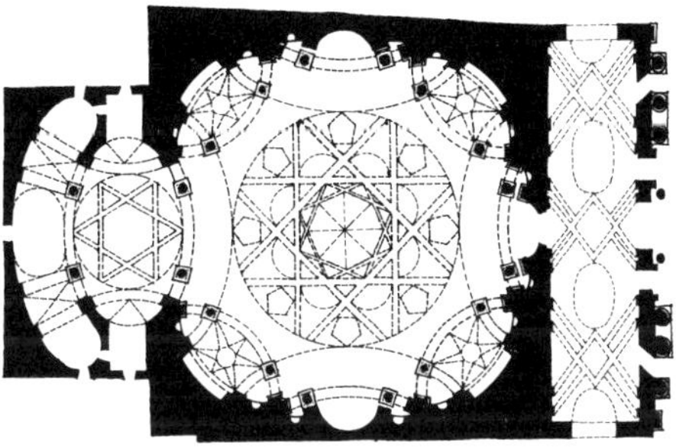

San Lorenzo in Turin: Grundriß mit Projektion der Kuppelgliederung

Schon diese szenographische Enthüllung des Hochaltars zeigt, wie wirkungsvoll Guarini Räume in Bewegung zu setzen vermag. Die Bewegung steigert sich zur Verwandlung, wenn sich der Blick von der Horizontalen nunmehr in die Vertikale wendet. Über den acht Palladio-Bogen, die ein kompliziert gekurvtes und gebrochenes Achteck markieren, entwikkelt sich ein ebensolches Gebälk; darüber leiten Zwickel zu einem Kreisring über. Zwischen den Zwickeln tritt in den Hauptachsen nochmals das Palladiomotiv, und zwar nun als Fenster, auf. Normalerweise würde jetzt ein Tambour oder bereits eine Kalotte den oberen Abschluß bilden. Hier jedoch sind Tambour und Kalotte bereits vereint. Wir sehen zwar die schon im Außenbau bemerkbaren hochovalen Tambourfenster, aber davor wölbt sich bereits die Kuppel, nicht als geschlossene Schale, sondern als sublim durchbrochenes Gebilde aus Gurten, die sich gleich Zirkelschlägen kreuzen und in ihrem Scheitel einen Stern aussparen. In dessen offener, von Licht durchbrochener Form, die an den Rost des heiligen Laurenzius anspielt, klingt nochmals das Achteck auf, als unterer Rand einer inneren Laterne, über deren Fenstern neue Gurte giebelartig aufsteigen, um das Achteck zum letzten Mal, nun aber in höchster Höhe und in versetzter Form zu wiederholen.

Der Zirkelschlag, aus dem schließlich als Schmuck und als Symbol zugleich die Form des Sterns entsteht, weist auf die Baukunst des spanischen Islam, die Guarini gekannt hat. An Stelle jener eigentümlichen, gleichsam lautlosen Ruhe, die beispielsweise im Mirab – der Gebetsnische – der später zur Kathedrale verwandelten Moschee von Córdoba waltet, herrscht in S. Lorenzo dynamische Bewegung, die zugleich Verwandlung und Offenbarung bedeutet und damit christlich-abendländisch ist. Was sich sonst im Barock vorwiegend mit den Mitteln der Skulptur und Malerei vollzieht: die Vision einer mystischen Verwandlung, bewirkt der gelehrte Theatinermönch hier mit fast rein architektonischen Mitteln auf der Basis einer auch der Vernunft zugänglichen Mathematik. Doch bleibt auch diese – wie so vieles für Guarini – nur etwas Vorläufiges, ein Mittel zur Offenbarung des Göttlichen, das hier, im Jahrhundert Pascals, eben Geometrie geworden ist.

Die Kirche ist aus einem im Angesicht des Feindes abgelegten Gelöbnis enstanden. So wie später Viktor Amadeus die Superga erbauen ließ, so war es Emanuel Philibert, der damals, mit Spanien verbündet, zum Dank für den Sieg bei St. Quentin eine Kirche gelobte, die freilich erst ein Jahrhundert später errichtet wurde. Die Schlacht bei St. Quentin in Nordfrankreich fand am 10. August 1557 statt, dem Tage des heiligen Laurentius. Ihm zu Ehren ließ auch der von Savoyen unterstützte König Philipp II. von Spanien den Escorial auf einem Grundriß errichten, dessen viele, sich rechtwinklig kreuzende Trakte die Form eines Gitters darstellen und damit an den Rost erinnern, auf dem Laurentius sein Martyrium erlitt. Die gleiche Symbolik hat, ins Räumliche sublimiert, auch Guarini gestaltet, wenn in den vom Licht durchstrahlten Bogen seiner Kuppel ein Gitter sichtbar wird.

Der zweite Kirchenbau Guarinis in Turin ist die *Cappella della Santissima Sindone*, in der eine der merkwürdigsten und bedeutsamsten Reliquien aufbewahrt wird. Es ist nichts geringeres als das Grabtuch Christi, das die Eindrücke des Leichnams aufgenommen und in einem der Photographie vergleichbaren chemischen Prozeß festgehalten hat. Auf einem originalgroßen Abdruck ist der flach ausgestreckte Körper von beiden Seiten sichtbar, der Rumpf wie die in ihren Gelenken artikulierten Gliedmaßen, und namentlich auch das strenge Antlitz, das der Christus-Vorstellung der italienischen Hochrenaissance entspricht. Man sieht ein Gesicht mit schmalen Wangen, einer hohen Stirne; streng sind Augen, Nase und Mund gezeichnet, in geometrischer Symmetrie; alles ist erfüllt von tiefstem Ernst. Man ist erschüttert von solcher Gegenwärtigkeit des Heilands.

Von den rund vierzig überlieferten Grabtüchern, ›Sindone‹ genannt, genießt das Turiner die größte Verehrung. Es befand sich der Überlieferung nach zunächst in Jerusalem, dann in Syrien, darauf wieder in Jerusalem, kam 1087 nach Zypern und von dort spätestens 1430 nach Savoyen, deren Herrscher durch Erbverbindungen in den kostbaren Besitz gelangten. Nachdem in Chambéry ein Brand das Tuch beschädigte, wovon die Spuren der Wiederherstellung noch deutlich sichtbar sind, ließ Emanuel Philibert im Zuge der Machtverlagerung von Savoyen nach Piemont das Tuch 1578 nach Turin bringen, wo ihm von 1668 bis 1694 nach den Plänen Guarino Guarinis die Kapelle errichtet wurde. Der Bau, während dessen Fertigstellung 1683 Guarini starb, bekundet schon durch seine Lage zwischen Dom und Schloß die enge Verbundenheit des Hauses Savoyen mit der hochheiligen Reliquie. Darüber hinaus gewinnt der Dom durch diese sakrale wie auch architektonische Verbindung noch mehr den Charakter einer Palastkirche im byzantinischen Sinn.

Zwei Treppen, deren dunkle Stufen sich gleich einem Lavastrom dem Eintretenden entgegenwölben, führen seitlich des Hochaltars zum Kuppelraum der SS. Sindone empor, der durch diese Erhöhung zu einer Art Bergheiligtum wird, gleich den vielen Sacri Monti in Piemont. Auch der Außenbau mit seinem überaus kapriziös gestalteten Kuppelturm ist in solchem Sinne ein aus Stein geformter Berg. Im Innern der Kapelle aber wird durch den schwarzen Marmor und das gedämpfte Licht das Sepulkrale im Sinne einer Gruft betont, so daß sich, wie in der Sagra di S. Michele, Berg und Höhle seltsam vereinen. Man möchte nun, die Symbolik weiterführend, einen kreuzförmigen Raum erwarten. Hier hingegen ist der reine Kreis, der schon in der griechisch-römischen Antike herrschte – vom Grab des Atreus in Mykene bis zu den römischen Mausoleen Hadrians und der heiligen Konstanze – mit dem Dreieck der heiligen Dreifaltigkeit verbunden, deren Symbol hoch oben im Kuppelscheitel über dem die Reliquie bergenden Altarbau schwebt.

Dieser von Antonio Bertola gleichzeitig mit dem Bau errichtete Altar in Form eines monumentalen Tabernakels enthält das Leichentuch, das dreifach geschützt hinter einem Gitter in einem von einem Holzsarg umschlossenen Silberschrein ruht, wobei auch hier Gegensätze, nämlich Ausstellen und zugleich Verbergen, vereint sind. Auf der Balustrade, welche den achteckigen Sockel umzieht, stehen klagende Engel, den Pleureusen burgundischer Grabdenkmäler als Motiv verwandt. Der ganze Raum ist gleich einer Grabeskirche auf höchste Trauer abgestimmt: Das Graphitschwarz des Marmors ist nur durch die vergoldeten Balustraden der als Segmentbogen in den Raum vorspringenden Balkone über den Säulenvestibülen sowie durch das Gold am Hochaltar unterbrochen. Das kalte Weiß der königlichen Marmorgräber, das diese Stimmung mindert, hat erst der Friedhofsprunk des 19. Jahrhunderts in den Raum gebracht. Zur Trauerstimmung gehört auch das düstere Licht, dessen Quellen in die Höhe der Kuppel entrückt sind. Doch das Höhlenartige bleibt auch noch dieser Zone erhalten, im Unterschied zu den Lichtdomen, wie sie der Barock in Sankt Peter, in Il Gesù und zahllosen anderen Kirchen des 16. bis 18. Jahrhunderts geschaffen hat, wofür die Superga über Turin eines der strahlendsten Beispiele darstellt. Hier aber in der Sindone denkt man eher an die künstlichen Tropfsteinhöhlen des Islam, auch wenn sich, ähnlich wie in der Sagra di S. Michele, diese Höhle auf einem Berg befindet, nur daß dieser hier künstlich zwischen Dom und Schloß emporgetürmt ist.

Über dem als Grabmonument stilisierten Altarbau von Bertola entwickelt Guarini noch stärker als in S. Lorenzo den Raum zur Höhe hin als Aufstieg nicht nur vom Dunkeln zum Hellen, sondern zugleich als eine Folge von Räumen, die sich in reichster Kontrapunktik kontrastvoll ergänzend übereinanderschichten. Der unterste Raum hat kraft seines Dreiecksgrundrisses keine horizontale Perspektive. Sofern von einer solchen gesprochen werden könnte, so kommt sie aus dem Mittelschiff des Domes, wird durch das große, Dom und Kapelle verbindende Glasfenster weitergeführt und endet im Tabernakel-Altar, der genau die Mitte der Kapelle einnimmt, die als reinster Zentralbau gestaltet ist. Man kann, will man über Architektur meditieren, feststellen, daß jede Andeutung eines Achsenkreuzes dem in sich selbst ruhenden Charakter des Zentralraumes widerspricht. In diesem Sinn kommt die zur Neunzahl potenzierte Dreizahl dem Ideal des reinen Kreises am nächsten. Guarini hat solches bereits in der unteren Raumzone der SS. Sindone in hohem Grad verwirklicht, indem er zuerst das Dreieck markiert, und zwar durch die beiden ihrerseits kreisrunden, als Monopteroi gestalteten Vestibüle, aus denen man von den Treppen her in den Hauptraum tritt, während die Spitze des Dreiecks durch das Segment eines solchen Monopteros angedeutet wird. Zwischen diese von Balkonen bekrönten Säulenrundungen sind je zwei flache Pilasterbogen-Nischen gesetzt, die heute durch die störenden Grabmäler des 19. Jahrhunderts verstellt werden. Die neun Intervalle der Nischen und Säulenbalkone einfassenden Pilasterordnung werden durch ein Gebälk zusammengefaßt, das nun in großem Maßstab den reinen Kreis verwirklicht. Darüber entwickelt sich, von sechs Rundfenstern durchbrochen und durch sphärische Gurte gegliedert, eine Übergangszone zu einem oberen, engeren Ring, auf den der Tambour folgt. Dieser wird von sechs Fenstern beleuchtet, deren von Säulen getragene Rundbogen sich aus einem von Statuennischen plastisch durchsetzten Zweischalensystem formieren. Über die sechs Statuennischen hinweg schwingen sich von Bogenscheitel zu Bogenscheitel Kreissegmente, von denen jedes ein kleines querovales Fenster überspannt. Und dieses Spiel setzt sich fort von Bogenscheitel zu Bogenscheitel, sowohl maurische wie spätgotische Elemente verbindend, bis zu einem dritten Horizontalring empor, der sich nun plötzlich in eine klassisch einfache Laterne öffnet. Diese höchste Zone nimmt mit der Achtzahl ihrer Rundbogen-Öffnungen wieder Rücksicht auf den tief unter ihr stehenden Reliquien-Altar mit den vier Ecken seines Schreins. Dann aber leuchtet in höchstem geistigen Pathos das für den untersten Raum maßgebende Dreieck nochmals auf, nämlich im Scheitel der Laterne als Symbol der Dreifaltigkeit.

Das Erlebnis des Aufblicks wird nicht nur durch den wechselnden Rhythmus der Gliederungen bestimmt, sondern auch durch den ebenso faszinierenden wie irritierenden Wechsel zwischen der traditionellen Formensprache der Säulen, Bogen und Gesimse und gänzlich anderen, einer von Grund auf unklassischen Welt entstammenden Formen. In den Kugelsegmenten, die vom ersten zum zweiten Kreisring überleiten, herrscht ein Ornament, das in seiner Abstraktion ebenso ins Islamitische zurückweist wie die Moderne vorwegnimmt. Das straff gespannte Bogenspiel nimmt seinerseits moderne Betonkonstruktionen voraus, bei der traditionellen Steinbautechnik besonders erstaunlich. Über dem nach oben sich verengernden Formenspiel des Kuppelinnern folgt eine Laterne, deren Bogengliederung wieder Formen der traditionellen Architektur aufnimmt. Doch diese Formen sind von unten her nicht mehr zu erkennen. Man sieht nur noch den obersten Ring, auf welchem die Laterne zwar aufsitzt, auf dem sie jedoch für den unten im Raume Stehenden gleich einem Astralgebilde bereits im Überirdischen zu schweben scheint.

Zwar spielen im Unterschied zu S. Lorenzo hier konventionelle Bauformen eine größere Rolle. Aber der reine Kreis und Halbkreis sowie die auch in den oberen Zonen auftretenden

Säulen sind eingespannt in eine Architektur, die weit darüber hinausgeht, was Borromini in seinem Dreiecksraum des römischen S. Ivo erreichte, und die in den Evolutionen der durchfensterten oberen Kuppelschale in letzter Kühnheit jede Beziehung zur klassischen Baukunst verläßt.

Mit dem Namen Guarini verknüpft ist auch die Kirche *Santa Maria Consolatrice*, kurz *La Consolata* genannt. Das von vielen Wallfahrern besuchte Heiligtum der trostspendenden Muttergottes unterscheidet sich von jenem der mit Dom und Palast so eng verbundenen Sindone durch seinen ungleich volkstümlicheren Charakter. In einem heute eher ärmlichen Viertel nordöstlich Piazza Savoia gelegen, bildet der Gnadenort ein seltsames Konglomerat von zwei eng zusammengebauten Kirchen. Die vordere ummantelt den kuppelgekrönten Hauptraum in schlichtem Frühbarock auf lombardische Art nach außen wie einen Turm. Die rückwärtige aber zeigt eine reiche Tambourkuppel römischen Musters, die von einem Kranz niedriger Nebenkuppeln umgeben ist. Um die Gegensätze noch zu verstärken, steht neben der Tempelfront der klassizistischen Fassade ein romanischer Glockenturm.

Noch verwirrender ist das Innere: An die beiden eigentlichen Kirchen schließen sich hier auf verschiedenen Ebenen Kapellen, Sakristeien und ein Kreuzgang an, voll von trostsuchenden Gläubigen, für die fast immer an einem der zahlreichen Altäre eine Messe zelebriert wird. Als Dank und Anerkennung für erlangte Hilfe schmückt eine Fülle von Votivtafeln die Wände insbesondere des Kreuzgangs. Es sind meist rührend naive Darstellungen, die oft sehr drastisch von den Bombentreffern des Zweiten Weltkriegs, von Bergunglücken und Unfällen mit Motorfahrzeugen berichten und dafür danken, daß sie glimpflich abgelaufen seien.

Der Ursprung dieses Gnadenortes geht bis in die römische Spätantike zurück, nämlich in das 4. Jahrhundert Kaiser Konstantins. Doch entstammt die heutige Erscheinung, zumindest des Innern, erst dem Spätbarock des 17. und 18. Jahrhunderts. Guarini begann 1679 einen Umbau, der im 18. Jahrhundert weitergeführt und in seinem Dekor noch zu Beginn des 20. Jahrhunderts ergänzt wurde, so daß in der von farbigem Marmor und vergoldeten Stukkaturen schimmernden Erscheinung die ursprünglichen Intentionen des asketisch-spirituellen Architekten nicht mehr ohne weiteres zu erkennen sind. Auf Guarini geht im wesentlichen die dem eigentlichen Heiligtum vorgelagerte Kirche S. Andrea zurück. Rhythmisch miteinander wechselnde Kapellen umschließen und erweitern zugleich den ersten querovalen Kuppelraum. Aus diesem steigt man einzelne Stufen zu einem zweiten Raumkomplex empor, dessen Mitte nunmehr von einer Sechseck-Kuppel über hohem Tambour überwölbt ist. Ein Kranz von niedrigen Nebenräumen umgibt diese Mitte nach den Seiten und nach hinten, wobei einzelne der Nebenräume dank ihrer von Guarini eingeführten windschiefen Deckengurte als elastische Zwischengelenke fungieren.

Keiner dieser Räume ist besonders groß, aber ihr kompliziertes Zusammenspiel, das bewegte Ineinandergreifen der einzelnen Kompartimente, bewirkt einen unerschöpflichen Reichtum an kostbarem Dekor und an Vielfältigkeit im räumlichen Organismus. Aus der Fülle ineinanderwogender Erscheinungen läßt sich schließlich der erste, querovale Hauptraum herausschälen, aus dem man wie aus einem Atrium in das leicht erhöhte Sechseck des Sanktuariums blickt, und dieses wiederum zielt ebenso wie seine vorerst mehr zu ahnenden als genau zu erkennenden Nebenräume zu einem letzten Höhepunkt: dem nur durch einen verhältnismäßig engen Durchblick sichtbaren Hochaltar mit dem wundertätigen Madonnenbild. Die Nebenräume scheinen in ihrem rhythmisch reichen Wechsel den Kuppelraum in dynamischer Bewegung zu umfließen und leiten damit ihrerseits den sie Betretenden von der Seite her zum Gnadenbild. Zwischen den von flachen guarinesken Gurten überspannten Gelenkstücken steigen Laternenkuppeln empor, die unten von schmalen, gittergeschmückten Laufgängen umzogen sind. Schon die Hauptansicht vom Eingang her zum Hochaltar zeigt eine Folge von sich weitenden und verengenden Räumen. Doch steigert sich die architektonische Dramatik noch in den Nebenräumen, von denen jeder zunächst mit dem Anspruch seiner Vorherrschaft auftritt, um alsbald diesen Primat an einen noch höheren weiterzugeben. Vor allem in dem um den sechseckigen Kuppelraum gelegten Umgang schiebt sich alles derart gegeneinander, daß nicht nur die einzelnen Säulen, Gesimse und Wände, sondern ganze Räume auf das lebhafteste gegeneinander zu agieren scheinen. Die gesamte Raumkomposition ist dermaßen in Bewegung gesetzt, daß sie für das Auge zum Teil schon aus den Fugen geraten erscheint. Damit aber wird das Innere einer solchen Kirche zum mystischen Gleichnis eines zerbrechenden Weltgebäudes, das sich gerade in seiner Auflösung einer vom Jenseits her alle Grenzen überflutenden Gnade öffnet.

Guarini schuf schließlich auch die Pläne für die Kirche der Unbefleckten Empfängnis, der *Chiesa della Immacolata Concezione*, deren wellenförmig bewegte Fassade neben dem erzbischöflichen Palast an der Via dell'Arsenale steht. Die Kirche wurde 1673 begonnen, doch erst 1695 geweiht, weil dazwischen der Bau aus Mangel an Mitteln stockte. Ausgestattet wurde das Innere um die Mitte des 18. Jahrhunderts mit Fresken des auch anderswo in Piemont tätigen Venezianers Giovanni Battista Crosato und mit Altären, an denen Vittone beteiligt war. Der Raum stellt sich in raffinierter Bühnenperspektive dar, in welcher eine Art Vorchor durch diagonal gegen die Mitte laufende Spangen wie ein Baldachin überwölbt wird. Dies geschieht ganz in der Art Guarinis und des von ihm später im fränkischen Vierzehnheiligen beeinflußten Balthasar Neumann. Überaus reizvoll ist, wie der Hochaltar vor einem tiefen Retrochor steht, der in seinen Grenzen nicht mehr genau faßbar bleibt, ein Motiv, das auf Vittone zurückgehen dürfte, der es ähnlich in Alba und anderen Orten verwendet hat.

Bevor wir zu den Kirchen Juvarras und seiner Nachfolger übergehen, sei noch ein kleines Juwel sakraler Kunst betreten, das sich an Stimmungsdichte dem Wallfahrtsheiligtum der Consolata anschließt. Es ist die Hauskapelle der *Pia Congrega-*

zione dei Banchieri e Mercanti, und weil es sich bei dieser frommen Bruderschaft um Bankiers und Kaufleute handelte, so empfängt uns der mäßig große, leicht gewölbte Saalraum mit einem Reichtum, den die eher schlichte Spätbarock-Fassade des heutigen Mietshauses an der Via Garibaldi kaum erwarten ließ. Durch gewölbte Hallen, die einen Hof begleiten, betritt man den Betsaal, der eines der eindrucksvollsten Gesamtkunstwerke des piemontesischen Barock darstellt. Die schon 1697 vollendeten Deckenfresken, die übrige, den ersten Jahrzehnten des 18. Jahrhunderts entstammende Ausstattung, nämlich die auf Leinwand gemalten Bilder, zum Teil von dem als Malerarchitekt berühmten Jesuitenpater Andrea Pozzo, deren biblische Szenen in reicher Stuckeinfassung die Wände schmücken, das intarsiengezierte Gestühl, und, als Blickpunkt, auf den sich das ganze Gepränge hinordnet, der von Juvarra entworfene Hochaltar mit der ebenfalls von Pozzo gemalten Anbetung der Könige – überhaupt spielt das Thema der Heiligen Drei Könige eine den reichen Stiftern der Kapelle entsprechende Rolle – dazu bewegte Holzfiguren, reichvergoldete Leuchter, funkelnde Reliquiarien – aus dieser beinahe schon bedrängenden Fülle setzt sich das aufwendige Gesamtkunstwerk zusammen. Darüber hinaus verwandelt diese Fülle den künstlich beleuchteten Raum zu einer Schatzhöhle durchaus magischer Art, auch darin den Heiligen Drei Königen und den sich in ihnen erhöhenden Stiftern entsprechend.

Die Kirchen Juvarras und Vittones. Schon das Innere der Consolata zeigte, wie die spirituelle Höhe Guarinis, seine exzentrische Kunst, die schon geographisch mehr ins maurische Spanien als in die klassischen Bereiche des Mittelmeers zurückweist, keine direkte Nachfolge finden konnten, so reich ihre Anregungen auch waren. In der Sakralarchitektur waren es zunächst Juvarra, dann vor allem Vittone, die in Turin während des 18. Jahrhunderts bestimmend wurden.

Filippo Juvarra erhielt als Hofbaumeister von Viktor Amadeus II. den Auftrag zum Bau der Basilika La Superga in der

Nähe Turins, deren Vorstudien zum Teil mit jenen für einen nie verwirklichten Neubau des Turiner Domes zusammengehen. Von Juvarra ausgeführt wurde zwischen 1732 und 1735 die Karmeliterkirche *del Carmine*, die westlich der Piazza Savoia, also in dem vor allem von Juvarra regularisierten Viertel, liegt. Die Räume dieses im 12. Jahrhundert gegründeten und später für die Gegenreformation wichtig gewordenen Ordens sind in ganz Europa durch ihre betonte Schlichtheit gekennzeichnet. So schließt sich auch in Turin im Sinne eines ausgesprochenen Längsbaues ein tiefer Chor an ein saalartiges, von Kapellen begleitetes Schiff. Doch die Kapellen verselbständigen sich zu eigenen Ovalräumen mit in die Hauptgewölbe emporgeführten hohen Laternen. Sie sind in ihrer unteren Zone durch phantasievoll geformte ›Vorhangbogen‹ weniger vom Hauptraum abgesondert als mit diesem verbunden, und sie empfangen in ihrer oberen Zone eine Fülle von Licht, das sie dem Hauptraum weitergeben. Dazu kommt das überaus elegante Spiel der Bogen verschiedenster Art und Richtung, wodurch Kapellen und Hauptraum, vor allem in der Wölbungszone, miteinander in Beziehung treten. So zurückhaltend der helle, freskenlose und nur sparsam ornamentierte Raum in seiner Ausstattung ist, so reich und geistvoll wirkt seine architektonische Gestaltung. Dies gilt auch für die Außenansicht, die Fassade und den in elegantem Kurvenspiel aus dem übrigen Baukörper entwickelten Campanile.

Juvarra hat sich vor allem der Profanarchitektur gewidmet, doch ist er – abgesehen von der Superga, die einen der ganz großen Sakralbauten darstellt – noch an einem zweiten großen Kirchenbau beteiligt: *San Filippo Neri*. Der langgestreckte Bau an der Ecke zwischen Via Accademia delle Scienze und Via Maria Vittoria schließt sich südlich an den Palazzo Carignano an, einem Werk Guarinis, und liegt gegenüber dessen Collegio dei Nobili, dem heutigen Museum für Ägyptische Kunst und der Gemäldegalerie. Begreiflich, daß in dieser Nachbarschaft Guarini die ersten Pläne auch für die nahe gelegene Kirche schuf. Aber nach dem Einsturz einer Kuppel um das Jahr 1714, also lange nach dem Tod des Meisters, wurde der auch sonst noch unvollendete Bau Juvarra übertragen, der an Stelle der komplizierten Kuppel-Folge das System vereinfachte, und in dieser schlichteren Form wurde der Bau erst 1772 vollendet. Das Ergebnis der Reduktionen ist ein großer, etwas öde wirkender Saalraum, dessen durch eine Pilasterordnung rhythmisch gegliederte Wände von Säulenbogen im Palladiomotiv durchbrochen sind, hinter denen Kapellen liegen. Der Hauptraum rundet sich gegenüber dem Eingang zu einer Art von Bühnenportal, hinter welchem sich der von einer Kuppel überwölbte Chor samt dem noch ganz barocken Hochaltar in szenographischer Wirkung präsentiert. Sonst aber läßt sich ein gewisses Nachlassen der raumzusammenfassenden Kraft verspüren, worin der Klassizismus sich verrät. Diesem gehört auch die an sich edle Tempelfront der Eingangsseite an, die als Motiv bereits auf Juvarras Entwürfen figuriert.

Ebenfalls von Juvarra stammt *Santa Croce* auf der Piazza Carlo Emanuele II, dessen Äußeres gerade durch seine Zurückhaltung eine eigene Eleganz gewinnt. Die Fassade, die in flachem Relief von Pilastern gegliedert und von einem durch Nischen flankierten Portal akzentuiert wird, ist in weicher, doch gleichfalls sehr flacher Wellenlinie bewegt, zu der das Ovalrund der Kuppel ebensosehr im Verhältnis der Angleichung wie des Kontrastes steht. Das Innere verstärkt das Wandrelief durch reichgerillte Säulen, die einen ebenfalls reichgeschmückten Fries tragen. Das zum Fries gehörende Gebälk wird nur in der sich vom Eingang zum Chor ziehenden Tiefenachse von Bogen durchbrochen, die in die Wölbung emporsteigen und dort den Rhythmus der Tambourfenster in der einen Richtung unterbrechen.

Juvarra errichtete 1715-1718 auch die giebelgeschmückte Säulenfront von *Santa Cristina*, der linker Hand gelegenen der beiden Kirchen an der Piazza S. Carlo. Die Doppelgeschossigkeit, das Ausklingen der Senkrechten in den den Giebel schmükkenden Fackeln und namentlich das nischenartige Einschwingen des Ganzen sind samt dem großen Hochovalfenster im

Obergeschoß die noch ausgesprochen barocken Qualitäten dieses Baues, dessen eng benachbartes Gegenstück jedoch erst im 19. Jahrhundert, und zwar in vereinfachten Formen, vollendet wurde.

Der Kirchenbau des ausgehenden Barock ist in Turin wie auch in einem großen Teil der piemontesischen Landschaft durch Bernardo Vittone gekennzeichnet, dessen Bedeutung sich jedoch keineswegs in den Grenzen von Piemont erschöpft. Auf seinem eigenhändigen Entwurf beruht die kleine, unweit des heutigen Justizpalastes gelegene Nonnenkirche *Santa Chiara*, die vor noch nicht allzu langer Zeit profaniert und zum Abbruch verurteilt war, heute jedoch sorgfältig wiederhergestellt ist. Der 1749 vollendete Bau fällt bereits durch seine Fassade auf, die an enger Gasse ihr Spiel der gegeneinander geführten Kurven entfaltet. Das architektonisch sehr bedeutende Innere ist von Guarinis S. Lorenzo her inspiriert, von dessen unterster Zone das rhythmisierte Achteck etwas vereinfacht übernommen wurde. So schwingen nur die schmalen Diagonalseiten in konvexen Kurven vor, während, ähnlich wie in S. Lorenzo in Mailand, drei der Hauptachsen sich zu flachen Nischen ausweiten, die vierte aber in einen eigenen querovalen Altarraum mündet. Hinter den acht pilastergeschmückten Pfeilern umzieht den Hauptraum eine periphere Raumschicht, die in einer oberen Zone durch Emporen mit Balkonen, sogenannten ›Coretti‹, modifiziert wird. In den Hauptachsen steigen Bogen in eine obere Zone empor, die ihre größere Helligkeit aus einem reichen Kranz von Fenstern gewinnt. Nierenförmige Fenster, phantasievoll dekoriert, bilden mit steilen Rundbogenfenstern einen lebhaften, doch nicht allzu brüsken Wechsel. Eine Gurtenkuppel, die in ihrem Scheitel vom Lichtkreis einer Laterne gekrönt ist, schließt den Raum nach oben ab, dessen Entwicklungen und Verwandlungen sich wie in S. Lorenzo von unten nach oben vollziehen, weniger dramatisch als bei Guarini, vielmehr ins Lyrisch-Zarte abgedämpft. Genial zu nennen ist die Verbindung des komplizierten Details mit dem einfachen Ganzen, das von unten bis oben durch ein rhythmisiertes Achteck bestimmt ist, sowie der ebenso geistvoll wie künstlerisch notwendige Wechsel zwischen Auflösung und Vereinheitlichung, Bewegtheit und Verfestigung. Wie dabei die Entwicklung von der noch betretbaren Räumlichkeit des Umgangs zu der nur noch dem Auge erreichbaren Flächigkeit des lichtdurchspielten Kuppeltambours verläuft, offenbart schon die Zurückhaltung eines auf diskrete Wirkungen bedachten Rokoko.

Eine andere, 1751 durch Vittone zumindest durch einen radikalen Umbau gestaltete Kirche ist *Santa Maria di Piazza*, an der Via S. Maria unweit der Piazza Solferino am südlichen Rand des von Juvarra geprägten Stadtteils gelegen. Das Innere geht hier im Unterschied zu S. Chiara von einem Längsbau aus, der aber in sehr schöpferischer Weise in eine Folge szenographisch sich ergänzender Zentralräume abgewandelt wird. Diese Ergänzung – das Wort im eigentlichen Sinn als Vollendung eines Ganzen genommen – vollzieht sich jedoch keineswegs als einfache Reihung von zwei gleichen Räumen, sondern der erste als Laienhaus dienende Raum zeigt noch die Längsform, jedoch durchsetzt von zentralisierenden Elementen in den abgerundeten Ecken und der die Mitte krönenden Kuppel. Dieses auf eine eigene Mitte bezogene Langhaus aber ist zugleich schon Vorbereitung für den Chor, der sich aus dem Quadrat in ein Achteck entwickelt, das schließlich zum reinen Kreis einer reichdurchfensterten Tambourkuppel mit Laterne emporsteigt. Im Laienhaus bleiben die Kapellen in den abgerundeten Ecken unter dem Gebälk, das in die drei kurzen, die Hauptachsen markierenden Kreuzarme hineingeführt ist und hier die Orgelemporen sowie die beiden großen, aus der Wandordnung heraustretenden Seitenaltäre einfaßt; der vierte Arm dieses gestreckten griechischen Kreuzes endet frei im Choreingang. Die in rhythmischen Kontrasten wechselnden Nebenräume sind durch niedrige Türen zu einer Art Umgang verbunden, so daß auch hier das für Vittone so wesentliche Zweischalensystem entsteht. Dieses schließt sich in den von rhythmisch wechselnden Fenstern durchbrochenen und durch Zwickel und Gurten gegliederten Wölbungen zu einer reichdifferenzierten, nur noch dem Auge faßbaren Lichtzone zusammen, wobei das damit dem Auge gegebene Schauspiel seine folgerichtige Krönung in der reichdurchfensterten querelliptischen Kuppel gewinnt. Doch diese Kuppel über dem Laienhaus ist, wie gesagt, nur der Vorläufer jener zweiten Kuppel, die über dem seitlich sich ins scheinbar Ungewisse ausweitenden Chor emporsteigt. Hier höhlt Vittone, ähnlich wie in Chieri und Mondovì, die Diagonalen über den Kuppelzwickeln zu fragmenthaften Kreisräumen aus, die dann aber von den gleichen Bogen überbrückt werden wie die Hauptachsen. Die Zwickelbildung ist durch diese Kreisräume auf das eleganteste überspielt, wobei das hier noch dem Rokoko verpflichtete und verhältnismäßig reiche Ornament den Raum nicht nur auf das anmutigste schmückt, sondern auch auf das geistvollste ausdeutet. Der den römischen Rezepten folgende Hochaltar bildet eine skulpturenbesetzte, von Säulen geformte Bühne, die von einer Fülle von in Goldbronze dargestellten Lichtstrahlen übergossen ist. Was dem Raum noch sein besonderes Leben schenkt, sind die Illusionen, die sich das Auge über die Maßverhältnisse macht und die erst durch Riß und Schnitt widerlegt werden: Man wähnt die Joche, welche die erste Kuppel einfassen, tiefer, als sie in Wirklichkeit sind, und vermutet unter der Chorkuppel einen nach den Seiten sich ausweitenden Rechtecksraum statt des das Achteck umschließenden Quadrates.

Paläste

Noch deutlicher als die Kirchen erweisen sich die meisten Paläste in Turin von der regelmäßigen Ordnung des Stadtplans abhängig. Doch um so ausgesprochener sind dafür die Ausnahmen, nämlich das herzogliche Schloß, das 1713 zum Palazzo Reale wurde, ferner Palazzo Carignano und Palazzo Madama, die alle drei, doch jeder wieder anders, mit ihren Fronten einen Platz beherrschen.

Palazzo Reale. Am frühesten gelangte das einstige Stadtschloß der Savoyer, das noch immer Palazzo Reale genannt wird, zu seiner heutigen Form. Amedeo di Castellamonte begann 1676 den Bau, dessen Inneres im wesentlichen jedoch erst dem 18. und 19. Jahrhundert angehört. Der Bau legt sich um einen zur Eingangsachse quergelagerten Hof mit verschieden hohen Flügeln, von denen die gegen die Stadt gerichtete Schauseite durch ein wenig höhere Eckpavillons eingefaßt wird. Von diesen gehen stadtwärts etwas niedrigere Flügel aus, die zunächst den hufeisenförmigen Vorplatz vor der Schloßfassade, die Piazzetta Reale, säumen und im weiteren mit ihren schon 1584 von Ascanio Vittozzi geplanten Arkaden in teilweise erneuerter Form die gesamte Piazza Castello umziehen. In deren Mitte steht als Gegenstück zum königlichen Schloß das mittelalterliche, auf den Resten der römischen Porta Praetoria entstandene Kastell mit der ihm von Juvarra vorgebauten Prunkfassade des Palazzo Madama.

Als 1660 Amedeo di Castellamonte das im Auftrag der Herzoginwitwe Madama Maria Cristina begonnene Schloß für Karl Emanuel II. vollendete, besaß Turin noch nicht den Rang wie ein halbes Jahrhundert später. Es stand damals – um von Rom zu schweigen – hinter Genua, Mailand, Bologna und Venedig zurück. So ist denn auch die Stadtfront seines Schlosses nur wenig gegliedert und fast ganz der Fläche verpflichtet, was zunächst noch kein Nachteil sein muß. Doch diese Zurückhaltung sollten erst die Architekten des Settecento, voran Juvarra, ins Positive wenden. Der Bau der Castellamonte jedoch blieb dagegen noch im Provinziellen stecken, was heißen will: in einer gewissen unbeholfenen Rückständigkeit namentlich der Proportionen in den zweimal anderthalb Geschossen, die wie aufeinandergestellt wirken. Hof und Gartenseiten zeigen den rötlich-grauen Ziegel, den, wirkungsvoll durch Hausteindetails unterbrochen, auch der neubarocke Flügel des Schlosses aufweist, der 1900 zwischen Garten und römischem Theater angelegt wurde. An den alten Teilen aber gewinnt durch den dunkeln Ton des Backsteins die auch hier sehr schlichte Flächenteilung ihre sinnfälligere Rechtfertigung als in der verputzten Schauseite gegen die Stadt.

Die dem Publikum heute zugänglichen Schauräume umfassen den Thron- und Audienzsaal und das historische Beratungszimmer von König Karl Albert, ferner die verschiedenen Speisezimmer und Salons der königlichen Familie, zwei Kapellen und den Ballsaal. Sie gehen nur zum kleinen Teil auf die Entstehungszeit des von Amedeo di Castellamonte errichteten Baues zurück. Anziehender als die damals geschaffenen Decken, deren schwerflüssige Goldschnitzereien einzelne Bilder durchsetzen, sind die Räume des 18. Jahrhunderts, doch auch hier scheint der moussierende Charakter des Louis XV.-Dekors einen eigentümlichen Gerinnungsprozeß durchzumachen. Eindeutig eine Meisterleistung ist das ungemein flüssig modellierte kleine Treppenhaus Juvarras, die Scala delle Fòrbici. Juvarras Genie hat hier auf engstem Raum mittels einzelner, gleich schmalen Brücken frei durch den Raum geführten Läufen das Leichteste und Flüssigste gestaltet, und zwar in Formen, die wie aus freier Hand gleichsam aus weichem Stuck modelliert zu sein scheinen und doch betretbare Architektur sind. Die zwischen 1835 und 1842 von Pelagio Palagi im späten Klassizismus ausgestatteten Großräume fallen dann freilich wieder ins Schwerfällige zurück.

Castello del Valentino. Dieselbe Madama Reale Maria Cristina, die den Bau des Stadtschlosses befahl, ließ zwischen 1630 und 1660 außerhalb der damaligen Wälle von Turin im heutigen Parkgelände am Westufer des Po das Castello del Valentino genannte Schloß errichten. Die Baumeister Amedeo und sein älterer Bruder Carlo di Castellamonte folgen hier noch deutlicher als in der städtischen Residenz französischen Vorbildern, wie sie den Sympathien der Bauherrin entsprachen, denn Maria Cristina war damals das Haupt der französischen Partei am Turiner Hof. So sind die inneren Flügel des stark nach der Tiefe hin entwickelten Ehrenhofs noch langgestreckter; die die Ekken gleich Gelenken akzentuierenden Pavillons sind mit sehr steilen Dächern bedeckt. Der im Verhältnis zu den ihn umgebenden Baumassen sehr große Hof wird auf seiner vierten Seite, ähnlich wie vor dem Stadtschloß, durch ein Gitter abgeschlossen, was ebenfalls nach Frankreich weist. Italienisch jedoch sind die als plastische Ädikulen geformten Einfassungen der Fenster, die sich kontrastvoll von den Ziegelflächen abheben, ferner das kräftig die Horizontale herausstreichende Gebälk. Auch das prunkvolle Mittelstück im Hintergrund des Hofes, mit Haupteingang und Treppenhaus, benutzt italienische Motive: So lehnt sich die dreiteilige, doppelgeschossige Vorhalle an die Gartenseite des römischen Palazzo Farnese an, jedoch versetzt sie die Loggia in die mehr schlanke, feingliedrige Art der Frührenaissance zurück. Andererseits berufen sich die beiden seitlichen Säulenpaare wieder auf Französisches, so vor allem in der durch Pierre Lescaut am Louvre und in anderen Schlössern kanonisierten ›Französischen Ordnung‹, deren waagrechte Bandagierung auch an den genannten Säulen am Castello del Valentino zu sehen ist. Italienisch wiederum ist das sakrale Pathos, mit dem der wohl erst später aufgesetzte Giebel den Mittelteil in den bewegten Formen Borrominis bekrönt. Hinter dieser mit Säulenloggien und doppelten Kolossalsäulen geschmückten Schaufront liegt ein Vestibül, von dem auf beiden Seiten Treppen zu der oberen Loggia emporsteigen. Damit wird die Anlage von Juvarras großem Treppenhaus im Palazzo Madama vorweggenommen, nur daß im Castello del Valentino der Gegensatz zwischen den in Säulenarkaden sich nach außen öffnenden Vorplätzen und den hinter den Palastfronten hier stärker abgeschlossenen beiden Treppenhäusern größer, um nicht zu sagen: brüsker ist.

Die zum Teil künstlich aufgeschüttete Hochfläche, auf der sich das Schloß erhebt, bricht gegen den Fluß hin steil ab, so daß hier über hohen Sockelmauern um so stattlicher die flachgegliederten Fronten aufsteigen.

Seine Glanzzeit sah das Castello del Valentino im 17. Jahrhundert, als hier 1642 noch vor der gänzlichen Fertigstellung auf Betreiben Maria Cristinas der Waffenstillstand zwischen

Frankreich und Spanien geschlossen und 1645 der Abzug der verbündeten Franzosen aus Turin besiegelt wurde. Es folgten Jahrzehnte friedlicher Feste, in denen alle Möglichkeiten eines durch keine Festungswälle beengten Lustschlosses vor der Stadt zur Entfaltung kamen. Der Tiefpunkt folgte in napoleonischer Zeit, als der vom Krieg beschädigte Bau verödete. Später wurde er als Schule und Kaserne benutzt. Auch Ausstellungen fanden hier statt, und bei einer solchen Gelegenheit wurden 1857 die Enden der seitlichen Hofbauten in ihrer heutigen Form errichtet.

Palazzo Lascaris. Von Amedeo di Castellamonte stammt auch Palazzo Lascaris, dessen reichgegliederter Hof das schon durch Tibaldi und Vittozzi in Turin populär gemachte Palladiomotiv in sehr breite Mittelöffnungen umsetzt, die ein leicht gedrückter Korbbogen abschließt. Büsten in quellend reichgefaßten Nischen und das häufig verwendete Motiv der Karyatiden zeigen zusammen mit den über beiden Bogenzonen verwendeten Balustraden eine größere Prunklust als im Palazzo Reale, der im Vergleich dazu nüchtern wirkt.

Palazzo di Città. Die Nähe zu Frankreich bestimmt in mancher Hinsicht den Palazzo di Città, so schon im Namen, der die Übersetzung von ›Hotel de Ville‹ darstellt, statt, wie sonst in Italien üblich, die Bezeichnung ›Palazzo communale‹ (Rathaus) zu tragen. Der Bau beherrscht den gleichnamigen Platz mitten im ältesten Teil der Stadt, die hier trotz der erst dem 17. und 18. Jahrhundert angehörenden Überbauung fast mittelalterlich enge, jedoch regelmäßig gerade Straßen aufweist. Die mittleren neun Achsen der zweieinhalb Geschosse hohen Fassade wurden 1659 bis 1663 von dem sonst als Kirchenarchitekten bekannten Francesco Lanfranchi erbaut und folgen mit einer möglicherweise erst durch eine Restauration des späteren 19. Jahrhunderts erreichten Reinheit französischen Vorbildern. So öffnet sich das Erdgeschoß in Arkaden, deren vorgeblendete Horizontalfugen zwar letzten Endes auf Bartolomeo Ammannatis Florentiner Palazzo Pitti-Hof zurückgehen, jedoch auf dem Umweg über das damals für Turin nähere Paris hierher gelangten. Die Gliederung des Obergeschosses durch eine flache Pilasterordnung, die in der Attika die Form von Hermen zeigt, weist zusammen mit der wohlabgewogenen Risalitbildung auf die gleichzeitige Architektur von François Mansard. Die seitlichen Erweiterungen im Übergang vom Barock zum Klassizismus schließen sich harmonisch an, dank dem Feingefühl ihres Erbauers, des sehr bedeutenden Alfieri, doch auch, weil schon die älteren Teile nicht dem italienischen Frühbarock, sondern einer klassisch ruhigen Haltung verpflichtet sind.

Palazzo dell' Accademia delle Scienze. Über das provinzielle Maß hinaus erhebt sich auch im Profanbau Guarini. Ihm ist es zu verdanken, daß vom letzten Drittel des 17. Jahrhunderts an die Führung nicht mehr bei Rom, sondern bei Turin liegt, wo in seiner Nachfolge namentlich durch Juvarra, aber auch durch Vittone und andere, Kirchen und Paläste entstehen, die auch in der übrigen damaligen Blüte Oberitaliens kaum ihresgleichen finden.

Der erste große Profanbau Guarinis ist die als ›Collegio dei Nobili‹, das heißt als Adelsbildungsanstalt 1678 errichtete Accademia delle Scienze (Akademie der Wissenschaften), die heute das Ägyptische Museum und die Gemäldegalerie enthält. Als mächtiger, dreigeschossiger Block erhebt sich der Palast an derselben Straße wie der ein Jahr später von Guarini begonnene Palazzo Carignano und die ebenfalls auf Pläne Guarinis zurückgehende Kirche S. Filippo Neri. Der Bau als Kubus ist eine von Grund auf italienische Erscheinung und findet sich ebenso im schlichten Bauernhaus wie in den großartigsten Palästen. Vor allem die Renaissance hat in Florenz und Rom sowie in vielen anderen Städten dieses Ideal verwirklicht, das damals der Vorstellung des unabhängig in sich ruhenden Menschen entsprach. Der Barock hat in seiner demgegenüber durchaus anderen Vorstellung des Menschen, der jetzt wieder von höheren Mächten abhängig ist, den Palastblock modifiziert, ohne seine kubische Form ganz preiszugeben. In solchen Abwandlungen ist nun Guarini am weitesten gegangen, vor allem im Palazzo Carignano. Demgegenüber löst sein Collegio dei Nobili den Kubus zwar noch nicht in seinen Kanten, jedoch auf das intensivste in seinen Flächen auf. Dies geschieht durch die Zusammenfassung von Normalgeschoß und Mezzanin sowohl in dem etwas niedrigeren Erdgeschoß wie in den beiden fast gleichwertig behandelten Obergeschossen. Die Meisterschaft Guarinis erweist sich nicht zuletzt in der Nuance. Denn um eine Spur nur reicher und bewegter sind die Fenster im ersten Obergeschoß, das dadurch als piano nobile ausgezeichnet wird. Juvarra ist Guarini gerade in der Diskretion der Stockwerksunterscheidung gefolgt. Für beide ergab sich als besonderes Problem des Turiner Palastbaus die Größe der einzelnen durch das Koordinatensystem des Stadtplans gegebenen Grundstücke, die für einen einzigen Palast im Grunde zu groß waren. Die Bauherren in Turin, seien es einzelne Adelige oder ganze Körperschaften, besaßen für Überbauungen von diesem Ausmaß nicht das Vermögen wie die Farnese in Rom und Piacenza. Es blieb deshalb für den Architekten die zunächst ästhetische Aufgabe, den auf einen Teil des Plangevierts reduzierten Bau – im Falle des Collegio dei Nobili ist es eine Ecke – zumindest etwas von seiner hier so deplazierten Wucht und Schwere zu nehmen. Nur die wuchtig gequaderten Ecken und das mächtige Dachgesims sind geblieben. Jedoch im kapriziösen Spiel der Fenstereinfassungen herrscht die Bewegung und kommen Licht und Luft mit ihren bereits impressionistischen Werten, wie sie auch sonst der Turiner Atmosphäre eigen sind, zu ihrem Recht. Der auffallend geistige Charakter dieses Formenspiels, das über die einzelnen Fenster hinweg die ganze Fassade ergreift und belebt, verbindet sich in einer zunächst paradox anmutenden Weise mit dem im Grunde dumpfen und toten Baustoff des gebrannten Lehms, des Ziegels, der jedoch für das Genie Guarinis, der das Paradoxe so zu meistern verstand, die fruchtbarste Herausforderung war. Ihr ist der Spätbarock in ganz Piemont mit zahllosen Backsteinfassaden gefolgt.

Palazzo Carignano. Das profane Hauptwerk Guarinis ist der 1679 bis 1685 erbaute Altteil des Palazzo Carignano. Mit dem Bau dieses Palastes, der auch in der Geschichte von Piemont eine wichtige Rolle spielen sollte, wurde Guarini durch den Prinzen Emanuel Philibert betraut, der aus der savoyischen Nebenlinie der Carignano stammte. Im 19. Jahrhundert nahm ihn König Karl Albert nach seinem Thronverzicht zur Wohnung. Doch schon kurz vorher, im Jahre 1848, und dann wieder 1860, versammelten sich hier die Vertreter eines piemontesischen und von 1860 bis 1865 des ersten italienischen Parlamentes. Für dieses reichte der 1848 zu seiner heute noch sichtbaren Form umgebaute Festsaal des barocken Palastes nicht mehr aus, so daß für die Volksvertretung im Hof ein eigenes Gebäude errichtet wurde, freilich von ähnlich provisorischem Charakter, wie ihn damals Turin als gesamtitalienische Hauptstadt besaß, ein Rang, den es dann an Florenz und 1870 an das dafür schon lange ausersehene Rom abtreten mußte.

Zusammen mit dem von 1864 bis 1871 errichteten Erweiterungsbau gegen Piazza Carlo Alberto birgt heute der Palazzo Carignano das mit Urkunden und Bildern überaus reich ausgestattete ›Museo Nazionale del Risorgimento Italiano‹, das die Einigung Italiens samt den bis ins 18. Jahrhundert zurückreichenden Vorstufen und ihren noch den Ersten Weltkrieg umfassenden Nachwirkungen anschaulich darstellt.

Der Außenbau des Palazzo Carignano nimmt in den Ecken zwar die Blockform des gegenüberliegenden Collegio dei Nobili auf, doch nur als Ausgangslage für einen zur Kurve bewegten Mittelteil. Die sämtliche Geschosse bis zum Dachgesims erfassende Bewegung entwickelt sich wellenförmig, zunächst einschwingend, dann vorschwellend, um im Scheitel gleichsam aufzuplatzen. Denn die zu neuem Einschwung ansetzende Ordnung von Riesenpilastern, die sich eben noch verdoppelt haben, setzt in der Mittelachse aus, und das nun entstehende Intervall öffnet sich zweimal übereinander in einer Nische, unten als vorgerundetes Säulenportal und darüber als ein ebenso von Säulen eingefaßter Altan unter hohem Rundbogen, dessen Giebel in die Zone des hier aussetzenden Hauptgebälks hinaufreicht. Darüber wallt, gleich einer prächtig bewegten Festdekoration, eine Kartusche empor, die mit reichen Schwingungen und Brechungen die Mitte nochmals akzentuiert, gleich einem gegen den Himmel bewegten Banner den energiegeladenen Aufmarsch der Fassadengliederung überspielend.

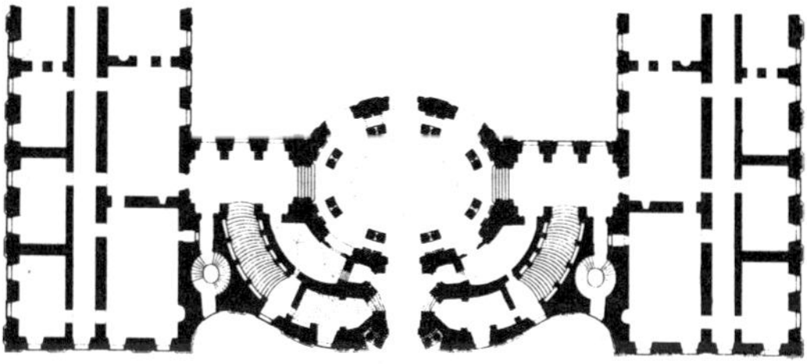

Palazzo Carignano in Turin: Grundriß

Die den zentralen Festsaal krönende Rotunde, die hinter dem ebenso nach vorne wie nach oben bewegten Wellengiebel über der Eingangsseite fast verschwindet, tritt in der Hofseite rein zutage, wo ihrem Rund bereits der Unterbau entspricht. Straßenseite wie Hoffront sind beide durch die äußerst guarineske Backsteinarchitektur gekennzeichnet, deren gleichsam aus weichem Ton ausgestanzte Sternformen fast zu monoton auf den Pilasterflächen und Friesen aufgereiht sind, ebenso fern dem klassischen Formenschatz, wie sie sich umgekehrt aus der maurischen und mozarabischen Kunst Spaniens herleiten lassen. Die fast teigig weich bewegten Fenstereinfassungen der Fassade, welche die Hofseiten etwas schlichter wiederholen, haben in der abendländischen Kunst ihre Vorläufer im oft seltsam pervertierten Zwischenbereich des Manierismus, so am römischen Palazzo Zuccari oder auch in einzelnen Villen des späten 16. Jahrhunderts. Wenn jedoch dort solche Formen weitgehend Selbstzweck waren, so sind sie nunmehr in eine höhere Ganzheit eingebunden.

Die Außenfront des Palazzo Carignano scheint wie von innen her bewegt zu sein, und tatsächlich verbirgt sich hinter der gleich einer Brust geschwellten Mitte ein kunstvoller Organismus miteinander kommunizierender Räume. Durch das Portal – das einzige in der von Guarini erbauten Fassade – gelangt man in ein kleines sechseckiges Atrium. Dieses leitet weiter in ein großes Vestibül, das gegen den Hof hin ausschwingt und über dem der ellipsenförmige Festsaal liegt, der im 19. Jahrhundert zum Versammlungssaal des ersten piemontesischen Parlaments umgebaut wurde und als solcher in das heutige Museo del Risorgimento einbezogen ist. Säulenpaare der toskanischen Ordnung mit gerillten Schäften scheiden aus dem Vestibül einen schmalen Umgang aus, der sich im Bogen nach dem Hof hin öffnet. Aus der zum Eingang quergestellten Ellipse führen auf beiden Seiten einige erste Treppenstufen zu breiten Hallen, deren Seiten durch den Wänden vorgestellte Säulen geschmückt sind. Fenster lassen vom Hof her Licht einfallen, während auf der anderen Seite je eine aus schmalen Türen zu erreichende Treppe beginnt. Ihr Lauf ist durch Ellipsensegmente festgelegt, die ihrerseits durch die Krümmung der Fassade sowie durch die Ellipse des Säulenvestibüls bestimmt sind, Funktionen, die jedoch keineswegs auf den ersten Blick ersichtlich werden, sondern die man sich erst aus einer komplizierten Geometrie errechnen muß. Die Kurve als Ellipse und namentlich als deren Segment, wie auch als Kreissegment, bestimmt nun auch im einzelnen die stollenartig engen Treppenaufgänge, die, von einem Absatz unterbrochen, sich vor dem Festsaal in einem Atrium vereinen, welches über jenem im Erdgeschoß liegt. Die Stufen wölben sich dem Betrachter zunächst entgegen, dem Lavastrom in Michelangelos Laurenziana-Treppe zu vergleichen. Im oberen Abschnitt schwingen die Stufen einwärts, wie wenn nun ein Widerstand gebrochen wäre. Den Aufstieg säumen Balustraden, unterbrochen von den Sockeln einer ionischen Säulenordnung, deren Intervalle hochovale Nischen schmücken. Das zum Architrav reduzierte Gesimse schwingt über jedem Wandabschnitt in flach gespannter Kurve empor gegen das von Gurten unterteilte Tonnengewölbe, das dem Lauf der Treppe entsprechend gekrümmt ist.

Das Spiel der Kurven, die hier fast nirgends mehr aus dem reinen Kreis, sondern fast immer aus der Ellipse abgeleitet sind und in den meisten Fällen nur als Fragmente sichtbar werden, leitet den Besucher von einem Raum zum anderen. Dabei spürt man vom Raum als Ganzem und bis in die einzelnen Formen hinein das durchaus Vorläufige, das sich hier dem Auge zeigt, die Teilhabe an einem größeren Ganzen, das mit den Sinnen bereits nicht mehr zu erleben ist, sondern das man nur noch in seinen Auswirkungen verspüren kann, das jedoch mit mathematischem Verstand aus den Fragmenten zu errechnen ist. Zugleich ist alles eingespannt in eine Folge, die als dynamische Entwicklung erlebt werden soll. Die hier waltenden Kräfte aber scheinen weniger von den einzelnen Bauformen aktiv auszugehen, als sich diese als passive Objekte unterzuordnen, und ähnlich wird auch der sich diesem Formenspiel hingebende Besucher passiv in das Walten höherer Kräfte einbezogen. Zugleich wird hier wie in S. Lorenzo und SS. Sindone die Architektur Guarinis zum Sinnbild einer Weltanschauung, die barock ist im Erleben ständiger Veränderung. Doch in dieser herrscht im letzten Grunde nicht der Zufall, sondern die höhere Ordnung mathematischer Gesetze.

Das Treppenhaus, das Guarini samt seinen Vorräumen im Altbau des Palazzo Carignano schuf – der neubarocke Erweiterungsbau gegen die Piazza Carlo Alberto zeigt, wie konventionell das 19. Jahrhundert die gleiche Aufgabe erledigte –, ist wohl ein Höhepunkt, doch keineswegs der Endpunkt der Entwicklung. Denn bei Guarini besteht die Verbindung zwischen der weiten Vorhalle und den verhältnismäßig engen Aufgängen mehr nur in der Abstraktion des nur mit dem Verstand ganz zu erfassenden Risses, und doch ist damit die Bahn bereitet für eine zentrale Lösung des Treppenhauses, das nicht mehr vom Vestibül seitlich abgesondert liegt, wie bei den meisten Palästen des 17. und 18. Jahrhunderts, so auch Guarinis Collegio dei Nobili, sondern in zentrale Beziehung zur Hauptachse und damit auch zum Eingang gesetzt wird. Nicht als mehr oder weniger isolierter Nebenraum zur Eingangshalle, sondern als deren unmittelbare Fortsetzung hat 1683 Gianfrancisco Baroncelli im *Palazzo Barolo* – neben dem Justizpalast – das Treppenhaus angelegt, in welchem zwei zunächst getrennte Läufe sich auf einem mittleren Podest vereinen, um von dort aus in einer balustradengesäumten Brücke den großen Festsaal über der Eingangshalle zu erreichen.

Mit dem Namen ›Barolo‹ verbindet sich übrigens einer der besten piemontesischen Weine, kenntlich an seinem bisweilen ins Orange schillernden Rot und seinem trockenen Geschmack, dem ein angenehm bitterer Stich und ein leises Veilchenaroma eigen ist. Dieser Wein empfiehlt sich als »magenstärkend, bekömmlich, kräftigend, schlaf- und traumfördernd«, Eigenschaften, die er am besten entfaltet, wenn er einige Stunden im voraus entkorkt und mit einer Temperatur von zwanzig bis zweiundzwanzig Grad serviert wird. Es ist nicht zu verwundern, daß der ›Barolo‹, der im savoyischen Herrscherhause, und zwar insbesondere von Karl Albert, hoch geschätzt wurde, als ›Wein der Könige und als König der Weine‹ apostrophiert wird.

Mit dem Barolo-Wein, jedoch auch mit dem Schicksal des Palastes verknüpft sich die Geschichte eines Conte di Barolo aus dem frühen 19. Jahrhundert. Der Conte, als er mit seiner jungen, schönen Frau in der Turiner Oper saß, mußte zusehen, wie diese sich, wenn auch nur mit Blicken, von einem jungen Mann bewundern ließ. Doch schon das genügte dem bereits in die Jahre kommenden Grafen. Noch in der Pause verließ er mit seiner Gattin das Theater, ließ einspannen und fuhr durch die Nacht auf seine Güter, um sich dort, seine Frau nicht mehr aus den Augen lassend, für den Rest des Lebens seinem berühmten Wein zu widmen.

Palazzo Madama. Auf ungleich engerem Raum als im Palazzo Barolo, dafür in sehr viel geschmeidigerer Form, hat eine Generation später Juvarra in der Scala delle Fòrbici im königlichen Palast die gleiche Anlage im Stil des frühen Settecento gestaltet. Und Juvarra ist es auch, der die eigentliche Krone der Turiner Treppenhäuser schuf und darüber hinaus eine der eindrucksvollsten Lösungen dieser Aufgabe überhaupt, nämlich das große Treppenhaus im Palazzo Madama, das 1718 begonnen und 1721 vollendet wurde.

Der Auftrag für den Palazzo erging von Madama Maria Cristina, Witwe von Viktor Amadeus I., die den Witwentitel ›Madama‹ trug. Nach dem Tode ihres Sohnes, Karl Emanuel II., im Jahre 1675 hat dessen Witwe, Madama Giovanna Battista, 1718 Juvarra mit den Erweiterungsbauten betraut, die, wenn sie zu Ende geführt worden wären, das mittelalterliche Kastell ganz ummantelt hätten. Der Sohn von Madama Giovanna Battista, der vom Herzog von Savoyen zum König von Sardinien emporgestiegene Viktor Amadeus II., beschäftigte Juvarra mit anderen, in ihrer Art noch größeren Aufgaben, und so blieb der Palazzo Madama nicht nur bis heute ein wenn auch überaus großartiges Fragment, sondern er wurde nur vorübergehend von einzelnen Mitgliedern des nunmehr königlichen Hauses bewohnt, um dann im 19. und im frühen 20. Jahrhundert verschiedenen anderen Aufgaben zu dienen. 1923, nachdem im Zuge des Faschismus das hier zuletzt domizilierte Kassationsgericht aufgehoben worden war, ging der Baukomplex an die Stadtgemeinde über, die ihn restaurieren und zum Sitz eines für ganz Piemont überaus aufschlußreichen kunsthistorischen Museums machen ließ. Dessen architektonische Glanzstücke sind nicht nur Vestibül und Treppenhaus, sondern auch der große Festsaal nebst den anstoßenden Schauräumen, die in reichem Spätbarock dekoriert sind.

Der Fortschritt über Guarinis Treppenanlage im Palazzo Carignano hinaus besteht in der sinnfälligen Verbindung von Vestibül und Treppenhaus und in der Anlage einer überaus festlichen Vorhalle vor dem Hauptsaal, dem damit freilich einiges sowohl an Licht wie auch an Wirkung weggenommen wird. Fast die ganze Front des dem mittelalterlichen Kastell vorgelegten Prunkbaues, nämlich sieben von neun Fensterachsen, dienen dem Treppenhaus, das, wenn irgendwo, dann hier, den Namen ›Haus‹ verdient. Drei Portale, die zusammen den Sokkel des Mittelrisalits bilden, führen in die von eleganten Säulen getragene Erdgeschoßhalle, und diese öffnet sich dem Eingang gegenüber in drei wiederum von Wandsäulen paarweise flankierten Türen gegen das Innere des Kastells. Doch noch freier und offensichtlicher ist die Öffnung der Eingangshalle auf den Seiten zu den beiden Treppen, auf denen man auf jeder Seite zu einem mittleren Absatz emporsteigt. Auf diesen wendet sich der Lauf, um in der Gegenrichtung, nunmehr der Außenwand entlang, den hohen, von einer ganzen Fensterwand erhellten Vorsaal vor dem inneren Hauptsaal zu erreichen. Der Aufstieg führt aus dem verhältnismäßig hellen Vestibül zunächst ins Dunkle, um dann zurück ins Helle und zugleich ins Weite und Hohe zu gelangen. Denn der obere Vorsaal ist nicht mehr von Säulen unterteilt, sondern in eindrucksvoller Höhe von einer flachen Tonne überspannt. Nach dem unteren Treppenlauf hin wird er auf beiden Seiten durch einschwingende Balustraden abgerundet, so daß beinahe, wenn auch nicht so ausgesprochen wie im Palazzo Barolo, der Eindruck einer Brücke entsteht. Geschmeidig in der ganzen Eleganz Juvarras sind auch die Enden der die Treppenläufe trennenden Geländer gebildet, nämlich als Verbindung von Mädchenköpfen und Voluten, was an eine Sphinx erinnert, doch nur als ferner Anklang, ähnlich wie die obere Plattform an eine Brücke eben nur anspielt. Sonst gibt es als Schmuck nur noch Reliefs im Bogenfeld über den zum Hauptsaal führenden Türen. Auch Fresken fehlen, und dennoch wird mit fast ausschließlich architektonischen Mitteln eine Festlichkeit erreicht, die sehr wesentlich auf der Durchlichtung und auf dem Verhältnis zwischen den verschiedenen Raumteilen beruht, Raumteile, die deutlich zu unterscheiden sind und sich doch vor unseren Augen anschicken, zu einer einzigen Einheit zusammenzuwachsen.

Juvarra hat keine zweite profane Aufgabe von ähnlich großen Verhältnissen gefunden. Das Jagdschloß Stupinigi ist in seinen Prunkräumen ebenerdig, so daß repräsentative Treppenanlagen und Vorräume wegfallen, da der Hauptsaal unmittelbar vom Freien aus betreten werden kann. Das Schloß in Rivoli, das möglicherweise Palazzo Madama noch überboten hätte, blieb unvollendet, und die Venaria Reale ist heute ebenfalls nur Stückwerk. In kleinen Abmessungen aber sind Juvarra in Turin Kleinodien gelungen, was Vorhallen und Treppen anbelangt, so im Palazzo Birago di Borgaro oder Palazzo Martini di Cigala.

Palazzo Carpano. Neben Juvarra und vor ihm haben andere, wenn auch in oft bescheideneren Verhältnissen und mit der herkömmlichen Trennung von Vestibül und Treppenhaus, Beachtliches gescahffen. So baute Michelangelo Garove, ein aus der Gegend von Lugano stammender Schüler Guarinis, 1686 gegenüber S. Filippo Neri den Palazzo Asinari di S. Marzano, heute Carpano, mit einem der schönsten Vestibüle überhaupt. Aus der Pilasterordnung der geraden Seitenwände entwickelt sich ein Achteck, das sich im Gewölbe durch acht Bogen abzeichnet. Die beiden Bogen über der Tiefenachse werden von je zwei berninesk gewundenen Säulen mit schraubenförmig gerillten Sockeln getragen. Schon die vom Licht umspielte Spiralform dieser Säulen trägt dazu bei, daß der Raum zu einer Einheit zusammenfließt. Doch aus der gleichen quirlenden Bewegung entsteht als Resultat der von den acht Ecken ausstrahlenden Gurten ein seesternartiges Schmuckmotiv im Zentrum des flachen Gewölbes, und zwar geschieht dies in einer Art, die geometrische Konsequenz und organisches Wachstum ebenso selbstverständlich wie wunderbar zusammengehen läßt. Daß hier neben Garove ein Spanier, nämlich Garoez, mitbeteiligt war, bestätigt wiederum die durch Guarini in Turin vollzogene Ausweitung des Barock in die Randbereiche des Europäischen.

Wie der Palazzo Barolo ist auch der Palazzo Carpano mit den leiblichen Genüssen Piemonts verbunden: ›Carpano‹ heißt ja eine bekannte Wermut-Marke. Zu Wermut wird ein Teil der piemontesischen Weine verarbeitet, um als Aperitif vor dem Essen oder auch zwischenhinein genossen zu werden, nicht zuletzt auch als milde Begleitung zu den nicht nur in Turin, sondern in ganz Piemont so verführerisch guten ›Pasticcerien‹, den delikaten Erzeugnissen der Konditoreien.

Der Durchblick von einem ersten in einen zweiten Hof, der im Palazzo Carpano durch den Neubarock von 1883 nicht ungeschickt gefaßt wurde, findet sich in der beruhigteren Formensprache des 18. Jahrhunderts auch in anderen Palästen, so unweit Palazzo Carpano im *Palazzo Della Valle* von Juvarra, oder in dem etwas südlich davon gelegenen *Palazzo Cavour*. In dem nach außen schlichten Palast wurde am 10. August 1810 Camillo Graf Benso di Cavour geboren, über dessen Leistungen als Staatsmann schon in der Einleitung gesprochen wurde. Hier ist er auch aufgewachsen, erzogen von einem strengen, der Reaktion verschriebenen Vater, betreut von den beiden Tanten mütterlicherseits, der Baronin d'Auzerre und der Herzogin von Clermont-Tonnerre. Im selben Palais ist er am frühen Morgen des 6. Juni 1861 bei vollem Bewußtsein gestorben, nachdem kurz vorher noch der König an sein Sterbebett geeilt war.

Einer der schönsten Paläste ist auch in der konventionellen Anlage seines Treppenhauses der von Giovanni Giacomo Planteri 1715 bis 1722, also in den Jahren des baulichen Aufschwungs nach dem glücklich beendeten Spanischen Erbfolgekrieg errichtete *Palazzo Paesana di Saluzzo* an der Piazza Savoia. Durch eine dreischiffige Eingangshalle gelangt man in den weiträumigen, von allen Seiten umschlossenen Hof, der sich in der Hauptachse zu luftigen Säulenarkaden öffnet. Die Arkaden auf der Eingangsseite kommunizieren mit der von der Straße bis zum Hof durchgehenden Halle, und auf die darüberstehende obere Säulenloggia mündet das stattliche seitliche Treppenhaus. Auch wenn die einzelnen Formen sich zurückhalten, so sind doch die verschiedenen Räume zueinander in die reichste optische Verbindung gebracht, wobei die Abstufungen des Lichtes einen fast unerschöpflichen Reichtum bewirken. Gerade wenn man diesen Hof mit der 1714 von Michelangelo Garone begonnenen Universität vergleicht, deren weiter, von Säulenarkaden umzogener Hof großartiger, wenn auch in der harten Abtrennung des Treppenhauses altertümlicher ist, kann man die delikaten Qualitäten des Palazzo Paesana di Saluzzo erst ganz ermessen.

Palastfassaden des 18. Jahrhunderts. Der Turiner Palastbau entfaltet sich voll erst in seinem Inneren, in Vestibül, Hof und Treppe, sowie in den heute im allgemeinen unzugänglichen, wenn überhaupt erhaltenen Repräsentationsräumen. Die Fassaden sind im allgemeinen zurückhaltend. Ausnahmen schufen jedoch Guarini und nach ihm Juvarra, dieser am eindrucksvollsten in der Schauseite von *Palazzo Madama.* Seine Fassade erfüllt die Aufgabe, den weiten Schloßplatz von seiner Mitte aus zu beherrschen und zugleich dem benachbarten königlichen Schloß kontrastierend die Waage zu halten, ohne dessen provinzielle Qualität allzusehr bloßzustellen. Juvarra schafft einen straff gegliederten, reich differenzierten Block, der auch als Fragment seine Wirkung tut. Diese Wirkung wird durch den nicht vom Architekten, sondern von der Geschichte geschaffenen Kontrast zum anstoßenden Kastell noch erhöht. Denn statt der dumpfen Masse des mittelalterlichen Ziegelbaues ist nun alles auf überlegte Art durchformt und in bestimmte Verhältnisse gebracht, Werte, die den Bau überschaubar und berechenbar machen durch eine Intellektualität, die ganz dem 18. Jahrhundert entspricht, und zwar in seiner rationalsten Ausprägung, wie sie nur in Frankreich entstehen konnte. So wird nun noch einmal, nachdem die militärisch-politische Spannung vorüber ist, die Präsenz des großen Nachbarn sichtbar, nunmehr in den Künsten und ohne der italienischen Haltung Gewalt anzutun. Denn auch Rom ist in Juvarras Bauwerk gegenwärtig, nicht nur Paris, und zwischen beiden Städten liegt Turin.

Berninis Palazzo Odescalchi gegenüber SS. Apostoli in Rom bestimmt den Aufbau, in welchem sich über einem Sockelgeschoß eine Kolossalordnung mit einem Mittelrisalit präsentiert. Aber so sehr die Bossenquaderung des Erdgeschosses den Sockel in römischer Schwere betont, ähnlich gravitätisch gibt sich auch das Hauptgeschoß samt seiner Balustrade, so zeigt andererseits bereits das Erdgeschoß eine die ›Große Ordnung‹ vorbereitende Gliederung, deren Vertikalen über der fast zu schweren Balustrade in Vasen und Statuen ausstrahlen. Die in

Rundbogen geschlossenen Fenster des Hauptgeschosses erinnern an die Gartenfront von Versailles, doch im Unterschied dazu fassen Juvarras Pilaster und Säulen nicht nur das Hauptgeschoß ein, sondern schließen dieses mit dem darüberliegenden Halbgeschoß zu einer einzigen ›Großen Ordnung‹ zusammen, wie sie, in anderer Durchfensterung, in Italien Michelangelo und Palladio, in Frankreich Perrault in seiner berühmten Louvre-Kolonnade vorgebildet haben. Juvarra erreicht zwar nicht das unnachahmlich edle Maß von Perraults Säulen, sondern nimmt in seiner mehr gedrungener Form bereits die frühklassizistischen Kolonnaden vorweg, mit denen um 1770 Jacques-Ange Gabriel die Pariser Place de la Concorde nach Norden abschloß, aber im Ausmaß der Durchfensterung läßt er selbst die französischen Vorbilder hinter sich. Denn erst auf diese Weise strömt jene Fülle von Licht in das Treppenhaus, das so groß ist, daß es bis auf je eine Ecke sämtliche Achsen der im ganzen neun Fensterachsen zählenden Front ausfüllt, und so hoch, daß es bis in die Zone des oberen Halbgeschosses, ja mit seiner Wölbung bis hinter den Fuß der Balustrade emporsteigt.

Sockel und Gebälk samt Balustrade sowie die nach den Seiten durch doppelte Pilaster verstärkten Ecken fassen, zusammen mit der straff gegliederten Riesenordnung, die an sich sehr großen Fensterflächen ein und bewahren dem Ganzen den italienischen Charakter des Kubus. Wie dieses in seinen Fenstern und Portalen auf das mannigfachste durchbrochene Relief nicht nur modelliert, sondern recht eigentlich moduliert ist. wie sich die ›Große Ordnung‹ wandelt, nicht nur zum dominierenden Säulenrisalit, sondern wie auch innerhalb der die Flanken schmückenden Pilaster durch den Wechsel der Rücklagen je ein mittlerer Risalit gerade nur angedeutet wird, das alles zeigt den sicheren Takt des souverän ein reiches Orchester dirigierenden Architekten.

Juvarra hat im Palazzo Madama das profane Gegenstück zur Superga geschaffen, deren Bauherr ebenfalls das Fürstenhaus Savoyen war. Im bescheideneren Rahmen eines Adelspalais hat er 1730 im *Palazzo d'Ormea* an der Piazza Carlo Emanuele in den beruhigteren und geklärteren Formen seines Altersstils die ›Große Ordnung‹ ganz auf die Pilaster beschränkt, deren rhythmisch wechselnde Intervalle bald nur eine einzige, dafür durch je einen Giebel betonte Fensterachse enthalten, bald deren zwei, die durch eine flache Mittelnische dezent geschmückt sind. Sockelgeschoß und Abschlußbalustrade sind im Vergleich zu Palazzo Madama nicht nur um einen merklichen Grad zurückgehalten, sondern auch in den Proportionen wohltuend verbessert.

Juvarras Gabe, differenziert zu bauen, haben wir schon in seinen ganze Straßenzüge und Plätze begleitenden Fronten westlich der Piazza Castello beobachtet. Etwas stärker profiliert sind die Paläste des höheren Adels in den Straßen südöstlich des Palazzo Carignano, wo, wie beim *Palazzo Della Valle*, die Mittelachse einer langgestreckten Front durch das Portal und im ›Piano Nobile‹, d.h. im Hauptgeschoß darüber durch einen flachen Balkon mit einer leicht ausgezeichneten Fenstertüre hervortritt, wie auch der nahe, von Planteri 1729 erbaute *Palazzo Cavour* auf diese Weise akzentuiert ist. Andere Beispiele gibt es westlich der Piazza S. Carlo gegenüber der im 19. Jahrhundert errichteten Hauptpost.

Museen

Ein eigenes Kapitel verdienen die Museen, mit denen Turin selbst großeren Stadten uberlegen ist. Schon kurz erwähnt wurde die Sammlung ägyptischer Kunst im *Museo Egizio*, das sich ebenso im Collegio dei Nobili befindet wie die heute in modern gestalteten Räumen untergebrachte Pinakothek, die sogenannte *Galleria Sabauda*. Sie trägt diesen Namen (sabaudo = savoyisch), weil ihr Grundstock auf savoyischen Familienbesitz zurückgeht, der 1832 von König Karl Albert erstmals der Öffentlichkeit zugänglich gemacht worden war. Zunächst im Palazzo Madama, befindet sie sich seit 1865 am heutigen Ort, nachdem die Galerie dem Staat übergeben wurde. Die Sammlung wurde durch bedeutende Stiftungen der hohen Geistlichkeit und des Adels bereichert, unter denen besonders die schon erwähnte Familie Barolo hervortritt. Doch findet sich unter den Gebern auch der um die Erforschung der italienischen Renaissance-Malerei so verdiente Amerikaner Bernard Berenson, der das italienische Ehrenbürgerrecht erhielt.

Die Bilder sind ihrem Format entsprechend vorzüglich aufgestellt, so daß sowohl die Intimität der frühen italienischen und flämischen Meister zur Geltung kommt wie auch der repräsentative Charakter der großen Gemälde des 16. bis 18. Jahrhunderts. Wir müssen uns hier detaillierte Aufzählungen versagen. Doch sei von den ›Primitiven‹ wenigstens jenes Hauptwerk von Hans Memling herausgegriffen, nämlich die Passionsszenen, um 1470, das bei aller minutiösen Beobachtung des Einzelnen doch den surrealistischen Charakter einer Modellandschaft besitzt, durch die der Zug der Passionsszenen sich schlängelt, wobei das räumliche Erlebnis des Stationenwegs eines Sacro Monte hier in einem einzigen Tafelbild vorweggenommen wird. Nur kurz genannt seien von den jüngeren Werken Paolo Veroneses ›Abendmahl im Hause des Simon‹, 1560, mit seinem festlichen Figurengewoge, oder die große ›Verkündigung‹ des Orazio Gentileschi, 1623, die durch die Vereinigung von Repräsentation und Intimität fesselt. Auf die kleinformatigen Tafeln der Altniederländer, unter denen neben Memling auch Jan van Eyck und Roger van der Weyden vertreten sind, folgen die meist großbemessenen Leinwandbilder der Barockzeit. Hier äußert sich die fürstliche Herkunft der Galerie in den Herrscherbildnissen von Van Dyck, Van Loo und des Spaniers Alfonso Coello. Lokales Interesse im besten Sinn dürfen die beiden großen Turiner Landschaften von Bernardo Bellotto, genannt Canaletto, beanspruchen, von denen die eine über die Stadtbefestigung hinweg die Residenz, die andere die auf altrömischen Resten errichtete einstige Po-Brücke zeigt.

Zwischen Via Po und Piazza Carlina befindet sich die Pinakothek der *Accademia Albertina di Belle Arti*, einer 1619 gegründeten Kunstschule, der zwar nicht die Bedeutung der Galleria Sabauda zukommt, die jedoch einzelne sehenswerte Bilder des piemontesischen 16. Jahrhundert, sowie des niederländischen und italienischen Barock besitzt.

Schon kurz genannt wurde das *Museo Civico d'Arte Antica* im Palazzo Madama. Wer sich für die künstlerische Vergangenheit Piemonts und des Aostatals interessiert, findet hier eine Art Landesmuseum, ähnlich jenem in Zürich oder dem Bayerischen Nationalmuseum in München. Im Untergeschoß sind in den mittelalterlichen Räumen des einstigen Kastells Skulpturen, Bilder und Kunstgewerbe des Mittelalters und der Renaissance aufgestellt, wobei neben den Einflüssen des übrigen Italien auch die Beziehungen zu Frankreich und der Schweiz sichtbar werden. An den freigelegten Fundamenten der einstigen Porta Praetoria vorbei gelangt man mittels eines Lifts zunächst in das oberste Geschoß, das wertvolle Keramiksammlungen enthält. Im Hauptgeschoß bewundert man die Folge spätbarocker Prunkräume, die mit ihrem Wand- und Deckenschmuck sowie mit Bildern und Möbeln den zentralen Festsaal umschließen. Aus ihm tritt man in das großartige Treppenhaus Juvarras und dann ins Freie, sofern – wie dies in Museen immer wieder vorkommt – die Führungslinie nicht geändert wurde.

Ergänzt werden die genannten Kunstsammlungen durch die Städtische Galerie moderner Kunst, *Galleria Civica d'Arte Moderna*, die in einem nicht uninteressanten Neubau in jenem schon erwähnten Gartenviertel westlich des Hauptbahnhofs und südlich des großen Corso liegt und Werke des italienischen 19. und 20. Jahrhunderts, darunter auch wichtige Futuristen, enthält.

Neben den Kunstsammlungen gibt es historische Museen, in denen Kunst gleichwohl eine Rolle spielt. Dazu können bis zu einem gewissen Grade die Schauräume gerechnet werden: sowohl im Palazzo Reale als auch in seinem Gegenstück, dem Jagdschloß Stupinigi, das andernorts gewürdigt werden soll.

Der Waffenruhm Piemonts, der aus vielen Gemälden im schon erwähnten *Museo Nazionale del Risorgimento Italiano* im

Santa Cristina in Turin: die Idee und ihre Ausführung.

Was Filippo Juvarra als Formulierung einer ersten Vorstellung mit genialer Hand hinwarf, redigierte er bei der Ausführung durch einige Veränderungen. Unten Juvarras Ideenskizze der Fassade für den von Castellamonte errichteten Bau, nebenstehend die 1718 vollendete Kirche, wie sie der Maler Graneri 1752 in seinem Bild der Piazza San Carlo festgehalten hat.

III GIOVANNI MICHELE GRANERI
Markt auf der Piazza San Carlo in Turin

Ölgemälde, 1752, Ausschnitt
Turin, Museo Civico

Palazzo Carignano widerhallt, wird unmittelbar und höchst eindrucksvoll in der *Armeria Reale* im Palazzo Reale, in der Rüstkammer der savoyischen Fürsten vor Augen geführt; er findet seine Fortsetzung im *Museo Nazionale d'Artigleria*, in der einstigen Zitadelle am westlichen Rand des alten Turin.

Es gibt in Turin außerdem ein *Museo del Cinema*, das im Palazzo Chiabrese neben dem Palazzo Reale untergebracht ist, ferner ein *Museo Nazionale dell'Automobile*, das die Geschichte einer nicht nur für Turin, sondern für ganz Italien besonders bedeutungsvollen Industrie von den ältesten Zeugen an vorführt. Und schließlich sei auch das kleine alpine Museum erwähnt, *Museo Nazionale della Montagna Duca degli Abruzzi*, das im Anblick der Alpen auf dem Monte dei Cappuccini seinen Sitz hat und ein Gegenstück in Courmayeur am Fuße des Mont Blanc besitzt.

›*Fiat-Kultur*‹

Es scheint ein wenig paradox, daß gerade Turin mit seinem im Vergleich zu Mailand oder Neapel eher gemäßigten Rhythmus zum Ursprung und Zentrum eines technischen Fortschritts wurde, dessen Produkte weit über ihren praktischen Nutzen hinaus zu einem der wichtigsten Symbole des modernen Italien aufstiegen, Symbole, die schon von der Avantgarde der Futuristen anerkannt wurden, in deren Gründungsmanifest Marinetti bereits 1909 den Satz schrieb: *Ein aufheulendes Auto, das auf Kartätschen zu laufen scheint, ist schöner als die Nike von Samothrake.* Es sind dies Auffassungen, so stark verwurzelt im italienischen Charakter, daß es nicht wundernimmt, wenn der Preisanstieg des Erdöls in Italien geradezu als nationale Krisis empfunden wurde. Darum dürften die nachfolgenden Betrachtungen im Grunde genommen von den Schwankungen der Wirtschaft unabhängig sein und eine gewisse zeitlose Gültigkeit haben.

Es gibt den schlechten Witz, daß ein bekannter amerikanischer Konzern dem Papst eine Million Dollar angeboten habe, wenn er bei jeder Messe einmal das Wort ›Coca Cola‹ gebrauche. Auf die entrüstete Abfuhr hin entschuldigte sich der Konzern mit dem Hinweis, der Heilige Vater mache ja bei der gleichen Gelegenheit auch für italienische Autos Reklame, womit das Wort ›fiat‹ gemeint war. Diese Geschichte verrät den genialen Doppelsinn der Firmenbezeichnung, welche die Anfangsbuchstaben von ›Fabbricazione italiana automobili Torino‹ auf das einzige lateinische Wort für ›Es werde‹ = ›fiat‹ zusammenrafft. Nicht nur die Herstellung von Automobilen, sondern vor allem ihr Gebrauch scheint in Italien ein geradezu religiöser Akt zu sein. ›La macchina‹ steht für den Durchschnittsitaliener durchaus im Mittelpunkt des Daseins. Um sie, ›den Wagen‹, wie man im deutschen Sprachbereich sagt, dreht sich beinahe alles. Die Macchina ist das gehätschelte Kind, die Geliebte, der man Einkommen und Gesundheit zu opfern bereit ist. Dem Auto werden hierzulande die schönsten Straßen gebaut; nirgends ist das Netz der Autobahnen so dicht wie in der Lombardei und im Piemont. Die altrömische Tradition des Straßenbaues hat im Zeichen des Autos einen Aufschwung erlebt wie nie zuvor. Bis in die höchsten Alpentäler klettern heute die Straßen, sogar schon Berghäuser, sonst nur von Fels, Geröll und Eis umgeben, sind heute mit Auto zu erreichen.

In Italien wird im Vergleich zu Österreich, der Schweiz und Deutschland weniger gewandert. Die Natur erobert und unterwirft man sich mit dem Auto. Man entfernt sich von diesem auch nie allzu weit, sondern rastet dicht daneben, wenn möglich mit Klapptisch und Feldstühlen. Wie der Platz zurückgelassen wird, darüber machen sich nicht allzu viele Leute Sorgen, so daß meistens gerade die schönsten Stellen neben der Straße vom ganzen Unrat der Zivilisation gesäumt sind.

Das alles gibt es natürlich auch in anderen Ländern, aber in Italien wird es mit einer vielleicht noch größeren Selbstverständlichkeit betrieben. Die Umwelt wird hier weniger geschont als beherrscht. So reich an landschaftlicher Schönheit dieses Land ist, so sehr diese Schönheit auch von einzelnen geschätzt und von Dichtern und Malern immer wieder dargestellt wird – für die große Masse scheint sie eine quantité négligeable, passives Objekt, an dem sich der echt italienische Drang nach Selbstbekundung – dem die Künste so viel zu verdanken haben – hemmungslos ausleben kann. Das Auto macht es nun besonders leicht, die Natur auf eine durchaus moderne Weise zu erobern, in sie einzudringen, sie sich zu unterwerfen. Der Sieg des Menschen über die Natur als Ziel der Menschheitsentwicklung, der im Mittelmeerkreis früher als anderswo erreicht wurde, das triumphale Gefühl, das den Menschen dabei erfüllt, der damit zum Maß und zur Mitte wird – auf vollkommene Weise gerade in Italien, wie es die Geschichte der Kunst, der Musik und der Literatur beweist –: Dieser Triumph wird heute in immer größerem Ausmaß durch das Auto verwirklicht, womit dieses zum Inbegriff von Fortschritt und Zukunftsglauben schlechthin wird.

Hier liegt wohl der tiefere Sinn jenes sehr italienischen Phänomens, das man als ›Fiat-Kultur‹ bezeichnen kann. Freilich, diese Kultur hat auch ihre Schattenseiten, die gerade der empfindsame Italienreisende nur schwer übersehen und die ihm die Reise nur zu oft vergällen kann. Denn wie oft legt sich, noch viel stärker als die Abgase, der Motorenlärm gleich einem trüben Schleier über die schönsten Plätze und Straßen, und doppelt empfindet man dann den ›modernismo‹ von Metall und Glas, Asphalt und Beton unverträglich mit den alten Bauten und ihrer edlen Patina, die unter Abgasen und Erschütterungen bis zur Abbruchreife leidet.

Die ›macchina‹, wie in Italien das Fahrzeug meist mit zärtlichem Unterton genannt wird, macht unüberhörbaren Lärm. Wenn sogar diesseits der Alpen in einer Anpreisung der neuesten Fiat-Modelle zu lesen ist, »die ersten drei Gänge sind zwar nicht leise, aber sie geben einen angenehmen Ton«, so ist eine solche Feststellung durchaus Geschmacksache. Das Aufheulenlassen des Motors, das Produzieren dröhnender, rülpsender und anderer Geräusche, wofür das Auto ein Instrument von geradezu diabolischer Kapazität ist, erlebt man überall auf der Welt, wahrscheinlich aber mit größter Perfektion in Italien, wo der Motor eines normalen Autos gerne zum Rennwagen stilisiert wird, um den schon erwähnten zeitlosen italienischen Drang nach Selbstbekundung mit modernen Mitteln zu befriedigen.

Darin wird das Auto durch das Motorrad noch überboten. An ihm tritt die Maschine, durch keine Karosserie verhüllt, nackt und offen zu Tage, und wie auf ein Pferd schwingt sich auf seinen Rücken der glückliche Besitzer und läßt im Stand sein Stahlroß sich auf dem Hinterrad aufbäumen. Noch weniger gedämpft ist beim Motorrad der Motor. Was ihm allenfalls an Geschwindigkeit abgeht oder durch nachkontrollierbare Vorschriften begrenzt wird, macht der vom Fahrer manipulierte Lärm wieder wett. Und dieser kann gerade in Italien, das darin dem Orient verwandt ist, wahrhaft infernalisch werden, vom trockenen Donnern bis zur nervenzersägenden Schrille. Als bald nach 1950 die ersten neuen Motorradmarken aus Norditalien sich lautstark meldeten, gingen laut Zeitungsmeldung Bürger von Turin vor ihre Häuser, um die jugendlichen Fahrer zu verprügeln. Doch ist eine solche Reaktion eher eine Ausnahme. Bezeichnender ist das Verhalten der Neapolitaner, die 1971 in Scharen auf der Straße warteten, um zuzuschauen und zuzuhören, wie die Polizei auf ihren Rädern den berühmten neapolitanischen Rocker Agostino jagte.

Doch keineswegs sind die ›motociclisti‹ immer Rocker oder Rowdies. Als an einem Spätnachmittag des Sommers 1972 das Innere der Kathedrale von Asti von wahrhaft höllischem Motorendonner widerhallte, waren es durchaus wohlerzogene Jünglinge, die anscheinend ganz arglos ihre Maschinen in der dafür akustisch besonders günstigen Portalnische des Gotteshauses ausprobierten. Die ›Straßenwanze‹, wie sie anderswo in zynischem Aggressionsdrang mit ihrem Lärm die Gesellschaft provoziert, ist in Italien eher selten. Das landesübliche Maß an Phon resultiert viel eher aus einer kindlichen Freude an lautstarker Selbstbekundung. Es geht in Italien auch weniger darum, den technischen Komfort zu beherrschen, als ihn zu demonstrieren. In einer für den Süden ebenfalls bezeichnenden Weise ist dies alles vorzüglich eine Sache der Jugend. Denn deutlicher als anderswo unterscheiden sich in Italien die Lebensalter in ihrer Lebensweise voneinander. Der forsche Greis am Steuer, wie man ihn in nicht immer erfreulicher Weise in deutschen oder schweizerischen Autos antreffen kann, ist in Italien sehr viel seltener. Die ältere Generation, beim Fahren oft allzu behutsam wirkend, scheint auch sonst resigniert die Straße den Jungen zu überlassen.

Nicht alle italienischen Autos sind Fiats, und diesen allein kann man natürlich auch keineswegs die Verantwortung für die Lärmplage zuschieben. Aber Fiat ist *die* nationale Marke. Ihre Werke sind von großartigen Ausmaßen, und, abgesehen von der imponierenden technischen Leistung der Produktion, haben einzelne Fiat-Karosserien durch ihre Eleganz Weltruhm erreicht. Das Werk bemüht sich auch in anerkennenswerter Weise um Lösungen, die dem heutigen Verkehr angemessen sind, beispielsweise was die Entgiftung der Abgase anbelangt. So ist die Hoffnung nicht verwegen, daß in Zukunft auch im Hinblick auf den Lärm umweltfreundlichere Wagen hergestellt werden. Freilich, die Motoren allein schaffen es nicht; entsprechende Fahrer sind notwendig, und hier wäre eine gewaltige Erziehungsarbeit zu leisten, zu der gerade Fiat einen Beitrag zu bieten hätte, der der zukunftsweisenden Bedeutung seines Namens würdig wäre.

Städte

Novara

Geschichte. Am östlichen Rand von Piemont, doch immerhin noch rund vierzehn Kilometer vom Grenzfluß, dem vom Lago Maggiore herkommenden Tessin entfernt, liegt Novara, umgeben von der weiten, intensiv vor allem mit Reis bebauten Ebene, die im Süden durch den Po begrenzt wird. Die heute rund hunderttausend Einwohner zählende Stadt, die reich an Industrien ist, geht auf keltischen oder ligurischen Ursprung zurück; sie erhielt durch Julius Cäsar ihre Selbstverwaltung und nahm im Mittelalter unter streitbaren Bischöfen an den Kämpfen der Kaiser gegen die Päpste teil. Im 15. Jahrhundert geriet Novara unter die Herrschaft der Herzöge von Mailand und dadurch zu Beginn des 16. Jahrhunderts in die Kriege, die Frankreich um den Besitz von Oberitalien führte. Am 10. April des Jahres 1500 ereignete sich hier der ›Verrat von Novara‹, ein schwarzer Tag in der Geschichte des schweizerischen Reislaufertums, d.h. des Kriegsdienstes junger Männer in fremden Heeren. Damals standen Eidgenossen gegen Eidgenossen, die einen im Solde des französischen Königs Karl VIII., die anderen im Dienste des Herzogs von Mailand, Lodovico il Moro, den sie nach der Kapitulation der Stadt als einen der ihren herausschmuggeln wollten. Denn es war ihnen – mit ausdrücklicher Ausnahme des in der Stadt weilenden Herzogs – freier Abzug gewährt worden. Ein Schweizer Söldner aber, der einst dem Herzog gedient hatte, nun aber bei den Franzosen stand, verriet seinen früheren Herrn, ein Ereignis, das weitherum in der Heimat wie im Ausland das Reislaufen in Mißkredit brachte, jedoch nicht für allzu lange Zeit. Von den Franzosen gelangte Novara noch im 16. Jahrhundert an die spanischen Habsburger und nach deren Aussterben 1714 an Österreich, doch schon 1738 unter die Savoyer und damit an Piemont. Bei Novara erlitt König Karl Albert gegen den Feldmarschall Radetzky am 23. Mai 1848 jene berühmte Niederlage, die ihn zur Abdankung zwang, wodurch der Weg für seinen Sohn Viktor Emanuel frei wurde.

Die Stadt. Das heutige Novara zeichnet sich durch schöne, baumbestandene Promenaden aus, die zum Teil den einstigen Wällen folgen und sich in der Gegend des in seinen Ziegelbastionen erhaltenen Kastells aus spanischer Zeit zum Stadtpark erweitern. Stadtwärts des Kastells liegt die *Piazza martiri della libertà* mit dem in guter Neurenaissance errichteten Theater. Ihm gegenüber stehen mit Säulenarkaden geschmückte Repräsentationsbauten der Jahrhundertwende. Arkaden säumen auch die Nordseite und führen ostwärts zum *Broletto*, dem Stadthaus, zu dessen mittelalterlichem Hof sich ein Durchgang öffnet. Man ist von einer wuchtigen Ziegelarchitektur umfangen, die zusammen mit der gedeckten, durch schwere romanische Säulen ausgezeichneten Treppe auf das frühe 13. Jahrhundert und damit auf die Zeit zurückgeht, da Novara ein wichtiges Glied des lombardischen Städtebundes war. Eine andere Seite des Hofes gehört mit ihren Spitzbogen und dünnen, vieleckigen Wandsäulen schon der Gotik an, während in schönem Kontrast zur Geschlossenheit der mittelalterlichen Bauteile sich die vierte Seite in den luftigen, balustradengeschmückten Säulenarkaden des 18. Jahrhunderts öffnet. Im Obergeschoß des Broletto befindet sich die öffentliche Kunstsammlung mit vielen beachtlichen Bildern des 19. Jahrhunderts und einzelnen früheren Gemälden, unter denen eine ebenso sorgfältig gemalte wie innig empfundene Verkündigung des Bernardino Luini hervorragt. Nicht vergessen sei auch die Gruppe romanischer und gotischer Skulpturen.

Tritt man aus dem Hof des Broletto wieder hinaus in den säulengetragenen Laubengang und weiter auf den hier sich öffnenden Platz, so sieht man gegenüber die Seitenwand des

Domes und den Durchgang zum Vorhof des Domes. Das Ganze verrät mit den allzu regelmäßigen Säulenstellungen seinen Ursprung im ausgehenden Klassizismus, nämlich 1863/65. Der Außenbau samt dem von Säulengängen umgebenen Atrium sowie das großräumige und durch die Pracht seiner weitgestellten korinthischen Riesensäulen noch immer schöne Innere sind ein Werk jenes Alessandro Antonelli, in dessen Groß- und namentlich Hochbauten sich Architektur und Ingenieurkunst merkwürdig vereinen. Von ihm stammt neben einzelnen großdimensionierten Wohnhäusern auch der 1844 bis 1888 errichtete, 121 Meter hohe Kuppelturm, der die Vierung der großen, frühbarocken Kirche San Gaudenzio in Novara krönt und dessen aufeinandergestellte Säulenzylinder an das Kapitol in Washington sowie zahlreiche andere Regierungsgebäude der Vereinigten Staaten erinnert. Überboten wird der Turm von S. Gaudenzio nur durch die vom selben Meister stammende Mole Antonelliana in Turin, von der wir dort schon hörten.

Bevor wir S. Gaudenzio betreten, folgen wir den Arkaden des Domplatzes weiter in östlicher Richtung zur malerischen *Piazza delle Erbe*, die als unregelmäßige Ausweitung des von Bogengängen gesäumten Straßenzugs nicht nur an lombardische Städte, sondern auch an das alte Lugano und Locarno im schweizerischen Tessin erinnert. Weiter östlich liegen der *Palazzo di Giustizia* (Justizpalast) mit seinem schönen, spätbarocken Hof und der *Palazzo del Governo* (Regierungspalast), den als Privatpalast Pellegrino Pellegrini, einer der Hauptmeister des Mailänder Manierismus, in der zweiten Hälfte des 16. Jahrhunderts errichtete. Derselbe Architekt begann 1577 *San Gaudenzio* zu bauen, eine der bedeutendsten kirchlichen Schöpfungen jener Spätrenaissance, die sowohl klassizistische wie manieristische und dazu schon frühbarocke Elemente zusammenfaßt. Das Innere imponiert durch die auf hohen Sockeln stehenden Säulenpaare, die als korinthische Ordnung den Raum in wuchtigen Akzenten gliedern, von Ferne an Palladios S. Giorgio Maggiore in Venedig erinnernd, wobei aber dessen klassisch edle, bereits von Griechenland verklärte Proportionen hier zu lombardischer Schwere und Dumpfheit umgebildet sind. Zu diesem Eindruck trägt das etwas düstere Licht viel bei, dessen zentrale Quelle, die Vierungskuppel, nicht genutzt wird. Der darüber im 19. Jahrhundert konstruierte Turm, von dem wir bereits sprachen, bleibt ein nur nach außen gewendetes Schaustück, das sich selbst genügt.

Vercelli

Mit dem nahen Novara verwandt ist Vercelli durch die Lage in der Ebene und als Zentrum des Reisbaues, für den es den wichtigsten Markt von ganz Europa darstellt. Doch zugleich ist es, abgesehen von der anderthalbmal so großen Einwohnerzahl, ein Beispiel dafür, wie verschieden solche Schwestern sein können, und wie sehr jede Stadt ihre eigene Physiognomie und Persönlichkeit besitzt. Das liegt vor allem an den Wahrzeichen, in denen eine Stadt nicht nur ihre Eigenart bekundet, sondern sich auch gegenüber ihren Rivalen behauptet. Wenn dies normalerweise in erster Linie durch den Dom geschieht, so machen sowohl Novara wie Vercelli darin eine Ausnahme. Dort ist es die hybride Steinkonstruktion, die der Ingenieur-Architekt Antonelli über San Gaudenzio emportürmte, hier, in Vercelli der türmereiche Umriß der im Übergang zur Gotik erbauten Kirche der Zisterzienser-Abtei Sant'Andrea.

Sant'Andrea. Das Kloster war zu Beginn des 13. Jahrhunderts von Paris aus gegründet worden, woher auch der erste Abt, Thomas, stammte, und so erweist sich der von ihm 1219 begonnene Bau über die internationalen Verflechtungen des Zisterzienser-Ordens hinaus in besonderem Maße der Baukunst nördlich und westlich der Alpen verpflichtet, vor allem im Innern, dessen Kreuzrippengewölbe sich aus den Diensten schlanker Bündelpfeiler entwickeln, um in kühner Höhe die drei basilikal gestaffelten Schiffe zu überspannen. Damit ist in einer für jene Zeit seltenen Reinheit französische Hochgotik nach Italien verpflanzt. Im Unterschied zu den in Italien nur ausnahmsweise übernommenen Umgangschören mit Kapellenkranz schließt in S. Andrea das Altarhaus gerade, während die anschließenden Kapellen zwar halbkreisförmige Apsiden bilden, jedoch nach Zisterzienser-Art in gerader Reihe nebeneinander stehen. Von der Zisterzienser-Regel weicht jedoch das Äußere ab, das sich durch eine eigentlich unitalienische Vielzahl hoher Türme auszeichnet. So erscheint neben dem üblichen isolierten Campanile, der hier jedoch schräg zur Kirche steht, nicht nur ein hoher, polygonaler Vierungsturm, wie ihn auch die Zisterzienserkirche von Chiaravalle südlich von Mailand besitzt, sondern in der Art burgundischer Cluniazenser-Kirchen wie auch rheinischer Dome flankiert ein Turmpaar die Fassade. Diese allerdings ist so reich geschmückt, als hätte sie keine Türme nötig, nämlich durch drei tiefe, mit Reliefs gezierte Rundbogenportale, ein großes Radfenster und zwei Zwergbogengalerien, welche die sonst schwere und geschlossene Mauerfront unter dem breiten Dreiecksgiebel bis zu einem gewissen Grade durchbrechen. Mit diesen Merkmalen folgt die Front noch ganz dem zu Beginn des 13. Jahrhunderts bereits altertümlichen Schema romanischer Dome und Klosterkirchen, wie sie schon im 12. Jahrhundert in der Lombardei und der Emilia in reicher Zahl anzutreffen sind. Hier am Außenbau von S. Andrea möchte man auch am ehesten die Autorschaft von Benedetto Antelami erkennen, der sonst als Bildhauer aus den eben genannten Landschaften hervorragt.

Die übrigen Seiten des Außenbaues sind durch massive Strebepfeiler und durch um so zierlichere Galerien gegliedert, wobei die Galerien sich auch um die Querschiffe ziehen und sich in deren Giebeln, wie an der Fassade, verdoppeln. Belebt werden die Wände durch den Wechsel von dunkelrotem Ziegel und hellgelbem Haustein. Nicht vergessen sei der schöne spätromanische Kreuzgang mit den zierlichen Bogenstellungen.

Dom. Ebenfalls am nördlichen Stadtrand steht unweit von S. Andrea in der Nähe des Bahnhofs, gesäumt von baumreichen Alleen und Anlagen, der Dom, dessen bauliche Erscheinung, abgesehen von dem gedrungenen Glockenturm aus roten Ziegeln, ganz den beiden vergangenen Jahrhunderten angehört. Die große Vorhalle wird in ihrer durch einen Tempelrisalit geschmückten Außenfront von sehr verschiedenartigen Öffnungen durchbrochen, und es geschieht dies in jener manieristischen Spannung, wie sie auch für den Übergang vom Spätbarock zum Klassizismus oft bezeichnend ist. Einer der führenden Meister dieser Phase, Benedetto Alfieri, hat denn auch diesen repräsentativen Teil geschaffen, während die den Außenbau krönende Kuppel erst 1857 bis 1860 entstand.

Das Innere ist vom 16. bis 18. Jahrhundert als dreischiffige, kreuzförmige Kuppelbasilika erbaut und gehört in seiner Chorpartie noch dem beginnenden Barock des Mailänders Tibaldi an. Von den selbständigen großen Kuppelkapellen am Ende der Querachse entstammt die südliche mit ihrem reichen Schmuck dem Spätbarock um 1700; die nördliche geht in den wieder verwendeten Frührenaissanceformen auf eine Restauration von 1882 zurück. Im Hauptschiff sind die verhältnismäßig kurzen Säulenpaare den Pfeilern derart vorgestellt, daß sich eine Folge von Bühnenrahmen mit der entsprechenden szenographischen Wirkung ergibt, wie sie das 18. Jahrhundert gerade in Oberitalien liebte. Über dieser im wesentlichen barocken Erscheinung des Gesamtraumes vergißt man leicht den sehr alten Ursprung des Gotteshauses, denn dieses wurde durch den heiligen Eusebius geweiht, der von 283 bis 371 lebte und als erster Bischof in Vercelli wirkte. Seiner Verehrung gilt insbesondere die genannte große Kapelle am nördlichen Querschiff. Gegenüber steht, von lombardischen Künstlern zwischen 1100 und 1150 geschaffen, ein großer, in Silber getriebener Crucifixus, der das Auge nicht nur durch seine abstrakten Formen fesselt, sondern auch durch das Oberflächenspiel des Lichtes.

Stadtrundgang. Vom Dom aus gelangt man südöstlich in die durch Paläste und Kirchen ausgezeichnete *Via del Duomo*, wobei die wichtigsten Monumente auf der linken, östlichen Seite liegen. *Palazzo Avogardo*, in dem Napoleon I. sich zweimal aufhielt, zeigt in seiner streng geordneten Fassade den Übergang zum Klassizismus. Es folgt auf der gleichen Seite die durch eine einzige Kolossalordnung gegliederte Kirche *Santa Maria Maggiore*, deren einschiffiger, von flachen Kapellen begleiteter Raum uns mit den großen, zur Einheit strebenden Proportionen des Spätbarock umfängt. Wenn man von dieser Kirche aus ostwärts abzweigt, gelangt man bald zum mittelalterlichen *Kastell*, einem gedrungenen Ziegelbau, der heute als Gerichtsgebäude und Gefängnis dient. Wieder in der Via del Duomo folgt auf derselben Straßenseite der große, 1786 für den Grafen Buronzo d'Asigliano errichtete Palast, der heute *Palazzo Pasta* heißt. Trotz schon klassizistisch verschwerten Einzelformen präsentiert die stattliche Fassade noch in spätbarocker Weise die wohlabgewogene Folge der Geschosse und eine entsprechende Rangordnung der Risalite. Es lohnt sich auch, das schöne, mehrteilige Vestibül zu betreten und einen Blick in Hof und Garten zu tun.

Unmittelbar nach Palazzo Pasta biegt man ostwärts ab und gelangt zu der Kirche *San Francesco*, deren weitausladende Fassade einem schon beinahe klassizistischen Barock verpflichtet ist, während das Innere sich in landesüblicher Backsteingotik als hallenartig weite und niedrige Basilika darstellt. An S. Francesco vorbei führt nun die Via Borgogna zum *Museo Civico Francesco Borgogna*, das als öffentliche Stiftung des Sammlers Francesco Borgogna in einem weitläufigen klassizistischen Palast untergebracht ist. Qualität und Präsentation der Gemäldesammlung machen dieses Provinzmuseum zu einem der bedeutendsten Oberitaliens. Es gibt insbesondere über die piemontesische Malerei des 15. und 16. Jahrhunderts wichtige Aufschlüsse, da neben den Gemälden auch abgenommene Fresken hier zu sehen sind. Namentlich die beiden Ferrari und ihre Zeitgenossen lassen hier einmal mehr die starke Beziehung der piemontesischen Malerei zur spätgotischen Malerei nördlich der Alpen, insbesondere der Schweiz erkennen. Ergänzt wird dieser Einfluß durch die ungleich mildere Art der lombardischen Kunst, insbesondere Luinis, was namentlich bei Gaudenzio Ferrari sichtbar wird.

Vom Museo Borgogna gelangt man in wenigen Schritten abwärts zum *Corso Libertà*, der Hauptstraße, die die Altstadt in angenehmer leichter Unregelmäßigkeit durchzieht. Die Einmündung der Via Borgogna weitet sich zu einem kleinen Platz, an dessen einer Ecke die turmartige *Casa dei Tizzoni* mit einem schönen Renaissancehof steht. Auf der anderen Seite liegt die im Äußern noch romanische kleine Kirche *San Giuliano*, deren mäßig großes Inneres im Spätbarock ausgemalt wurde. Auf dem Hochaltar ist eine qualitätvolle Anbetung der Könige aus der Werkstatt von Gaudenzio Ferrari zu sehen. Schräg gegenüber der Kirche umschließt der kleine *Palazzo dei Centori* einen zierlichen Renaissancehof, dessen im Obergeschoß engere Säulenarkaden die Nähe der Lombardei verraten. Zunächst weiter nach Westen den Corso durchschreitend, biegt man sehr bald nach links in die enge Via Cagna ab und steht nach rund zweihundert Metern vor dem *Palazzo del Governo*, dem heutigen Sitz der Provinzialregierung. Die sehr stattliche Fassade des Palazzo enstammt dem Spätbarock, und in diesem Sinne ist sie ähnlich reich, wenn auch nicht ganz so kräftig gegliedert wie Palazzo Pasta, den wir an der Via del Duomo sahen.

An die Südseite des Palazzo del Governo schließt sich, etwas zurückliegend *San Cristoforo* an. Der dreischiffige, von einer achteckigen Vierungskuppel überhöhte Renaissance-Raum hat seine ursprüngliche Klarheit der virtuosen Dekorationsmalerei des Spätbarock geopfert. Gleichsam umlodert von dieser illusionären Welt des Settecento haben sich im Querschiff ältere Fresken erhalten. Sie sind ein Hauptwerk von Gaudenzio Ferrari, der hier zwischen 1531 und 1533 die von vielen Figuren umgebene Kreuzigung sowie Szenen aus dem Marienleben, darunter eine besonders schöne Himmelfahrt, malte.

Vom Palazzo del Governo kommt man, in nordöstlicher Richtung zum Stadtkern zurückkehrend, zum nahen *Municipio*, dem in biedermeierlichem Klassizismus erbauten Stadthaus. An seine Nordseite lehnt sich *San Paolo* an, mit einer nach

Beseitigung barocker Umbauten wiederhergestellten romanischen Fassade und einem dreischiffigen, hallenartigen Innenraum in spätromanischen Formen.

Überquert man den Corso und geht weiter nach Norden, so gelangt man sehr bald auf die *Piazza Cavour*, den Marktplatz, der das eigentliche bürgerliche Zentrum von Vercelli darstellt. Unter den Arkaden des Platzes findet man die in ganz Piemont so verbreiteten Confiserien. Noch weiter nördlich befindet sich unweit das zweite große Museum von Vercelli, das *Museo Camillo Leone*, das vor allem Skulpturen und Baufragmente von der Spätantike bis zum Ausgang des Mittelalters sowie Dokumente der Stadtgeschichte birgt.

Biella

Man kann Biella auf verschiedenen Straßen erreichen: aus der Ebene, von Santhià aus, das an der Autobahn zwischen Vercelli und Turin liegt, vom Lago Maggiore her auf einer landschaftlich schönen Fahrt den von Buschwäldern, Weinbergen und Dörfern begleiteten Alpenfuß entlang, und auf ähnliche Weise auch aus der entgegengesetzten Richtung von Ivrea aus über die große Seitenmoräne des einst aus dem Aosta-Tal herausfließenden Gletschers.

Zwei Städte. Die eigentliche Stadt, ›Biella Piano‹ (Unterstadt), breitet sich auf einer flachen Terrasse aus, die nach Westen und Norden in die Wälder, Gärten und Siedlungen verhältnismäßig steil ansteigender Höhenzüge eingebettet ist, gegen Süden nach der Poebene hin flacher, nach Osten gegen den Gebirgsfluß Cervo jedoch etwas steiler abfällt. Über diesem Hauptteil der städtischen Siedlung liegt auf schmalem und meist steilem Höhenzug, von der eigentlichen Stadt abgesondert, das altertümliche und stille ›Biella Piazzo‹ (Oberstadt). Hier oben besaßen schon die Römer eine wichtige Siedlung, deren Funde heute den Hauptbestand des Museo Civico in Biella Piano ausmachen. Schon das mittelalterliche Biella aber hatte seinen

Schwerpunkt in der Unterstadt, wovon das Baptisterium und der Dom noch heute Zeugnis ablegen. Nach der politischen Selbständigkeit im 13. und frühen 14. Jahrhundert folgte die Unterwerfung, zuerst unter die mailändischen Visconti im Jahre 1354, doch schon bald, nämlich 1379 unter die Savoyer. Heute ist Biella ein über Italien hinaus bekanntes Zentrum der Textilindustrie und zeichnet sich gegenüber anderen Städten auch Oberitaliens durch einen besonders hohen Beschäftigungsgrad, gemessen an der Gesamtbevölkerung, aus.

Unterstadt. Die Fabriken liegen außerhalb des Kerns von Biella Piano, dessen Leben in der angenehmsten Weise pulsiert, so daß – auch ohne bedeutende Baudenkmäler – Biella zu den ansprechendsten Städten Piemonts gehört. Vom Stadtpark aus, der den südlichen Rand der von der Stadt besiedelten Terrasse gegen die große Ebene markiert, gelangt man nordwärts bald zum Dom und dem angebauten *Baptisterium.* Dieses geht bis ins 9. und 10. Jahrhundert zurück. Der noch vorromanische Ursprung verrät sich im primitiven Mauerwerk, aber auch in der von einem Polygon überhöhten Vierpaßform, worin verkleinert und auch vergröbert die byzantinische Tradition von S. Vitale in Ravenna oder S. Lorenzo in Mailand weiterlebt.

Neben der zwar kleinen, doch architekturgeschichtlich hochbedeutenden Taufkirche liegt der mäßig große *Dom*, der im frühen 15. Jahrhundert begonnen, im späten 18. Jahrhundert erweitert wurde und gegen Mitte des 19. Jahrhunderts seine Ausmalung erhielt. Diese schenkt dem dreischiffigen, hallenartigen Innenraum ein seltsam irisierendes Gepräge. Denn das Netz gotischen Ornaments ist in einem bis auf die Schatten täuschenden Illusionismus scheinbar plastisch dem Gewölbe aufgemalt. Ein solcher Illusionismus, den es auch in S. Maurizio in Pinerolo, im Dom von Saluzzo, im Dom von Mailand und in vielen kleineren Kirchen der Lombardei und von Piemont gibt, lebt noch ganz aus der barocken Szenographie, wie sie im 18. Jahrhundert in Oberitalien blühte, doch gewinnen solche Werke im Zeichen einer romantisierenden Neugotik ein eigenes Zwielicht, das im Dom von Biella auch der ins Maurische hinüberspielenden Neugotik der Vorhalle eigen ist.

Eindeutig dagegen ist die Schönheit des romanischen *Campanile*, der von der heute nicht mehr existierenden Kirche S. Stefano übriggeblieben und in seinen von je zwei Bogenpaaren gegliederten Obergeschossen vom Domplatz aus sichtbar ist.

Unweit nördlich des Domes liegt *Santissima Trinità*, deren um 1686 geschaffener Saalraum vor allem durch die Pracht des hochbarocken Raumbildes, der ornamentalen Malereien an Wänden und Wölbung und des pompösen Hochaltars einen Besuch verdient. Nordwestlich des Domes steht der stattliche, 1502 begonnene Renaissancebau von *San Sebastiano*. Seine Fassade, die ein qualitätsvolles Beispiel der Neurenaissance von 1882 darstellt, wird mehr geschmückt als gegliedert durch eine reich ornamentierte Pilasterordnung, in deren Rechtecksfelder sich die Kreise der Fenster und die Halbkreise der Türen harmonisch einfügen. Im Innern ist das in Höhe und Breite dominierende Mittelschiff durch eine flach dekorierte Tonne überwölbt, auf welche eine von einer Achteckskuppel bekrönte Vierung folgt. Die schlanken Säulen der weitgespannten Arkaden lassen den Blick immer wieder in die Seitenschiffe schweifen, so daß sich ein Raum von hallenartiger Weite ergibt. Die reiche Ausstattung umfaßt ein schönes Chorgestühl von 1546, einzelne Fresken und Altarbilder ebenfalls des 16. Jahrhunderts, sowie die im ausgehenden 19. Jahrhundert in einer beinahe komisch berührenden Mischung von Naturalismus und monumentalem Sepulkralprunk ausgestattete Familienkapelle der Familie Larmarmora, die Politiker und Heerführer hervorbrachte, unter ihnen General Alessandro, den Begründer der italienischen Gebirgstruppen, der ›Bersaglieri‹.

Oberstadt. Von S. Sebastiano aus ist es nicht mehr weit nach Biella Piazzo, das man zu Fuß oder mit einer Drahtseilbahn erreichen kann. Die Drahtseilbahn beginnt in der Nähe des *Museo Civico*, das neben den erwähnten römischen Funden auch mittelalterliche und neuere Fresken aus Kirchen der Umgebung sowie eine kleine Gemäldesammlung und Murano-Glas birgt. Die Oberstadt, an deren Hang sich die römische Nekropole befindet, wurde durch den Bischof von Vercelli, Uguccione, im Jahr 1160 gegründet und hat, wenn nicht ihr mittelalterliches, so doch ihr altertümliches Gepräge bis heute bewahrt dank der für den modernen Verkehr ungünstigen Lage. Um so mehr genießt man die verhältnismäßig große Ruhe auf den kopfsteingepflasterten Straßen, die in der Mitte noch die altertümlichen, mit Platten belegten Fahrbahnen aufweisen. Die Straße – es ist im Grund nur eine einzige – folgt gleich einem echsenhaft gebogenen Rückgrat dem schmal geschwungenen Höhenzug, der sich gegen Süden leicht senkt, nach den Seiten aber steil abfällt. In ihrem oberen Teil weitet sich die Straße zum strenggefaßten Rechteck eines arkadengesäumten Platzes, der *Piazza Cisterna.* Der Name stammt von dem gleichnamigen Palast, der mit der ernsten Pracht des Frühbarock die obere Seite des kleinen Platzes beherrscht.

Auf der gegenüberliegenden Seite der Piazza Cisterna steht *San Giàcomo* mit schlankem Campanile und einer schlichten Fassade in lombardischer Ziegelgotik. Das oft verschlossene Innere zeigt in kleinem Maßstab den gleichen Typus der kreuzförmigen Basilika mit achteckiger Vierungskuppel und Rundbogenarkaden wie in der unteren Stadt S. Sebastiano. Ein intarsiengeschmücktes Chorgestühl und eine Madonna mit Heiligen (1497) auf einem Altar des linken Seitenschiffs fallen in der Ausstattung auf. Mit Altären, Bildern und Skulpturen ist auch der von Kapellen begleitete Saalraum von *Sant' Anna* am oberen Ende von Biella Piazzo ausgestattet.

Wandert man die Straße hinab, so stößt man linkerhand auf den frühklassizistischen *Palazzo Ferrero Larmarmora*, dessen lange, zweimal leicht abgebogene Front nicht nur den giebelgeschmückten Mittelrisalit zur Geltung bringt, sondern sich zugleich harmonisch dem bewegten Straßenzug anpaßt. Von der Hauptstraße abbiegend, erhascht man mehr als einmal einen Ausblick auf die breit angesiedelte Unterstadt, auf die Ebene oder auch in die von Gärten und Laubbäumen durchsetzte Hügelwelt, in welche sich der Alpenrand hier auflöst. Die nördliche Umgebung von Biella ist von hoher landschaftlicher Schönheit, so vor allem durch die Vegetation, die zwar noch nicht so stark ins Subtropische hinüberspielt wie in dem noch milderen Klima der oberitalienischen Seen, jedoch im *Parco Comunale della Burcina* nördlich von Biella, am Hange des über 800 Meter hohen Bric-Burcina, sich eindrucksvoll verdichtet. Denn in diesem 1846 von einem Industriellen angelegten und später dem Staat vermachten Park sammeln sich die stattlichsten alten Bäume, vor allem Wellingtonien, Zedern und Pinien, in einer Weise, wie es nur die geschützte Lage am Alpensüdrand ermöglicht.

Casale Monferrato

Casale kann man von Novara oder Vercelli, doch auch direkt von Mailand her über die kleineren Orte Vigévano und Mortara erreichen, wobei man in dem noch zur Lombardei gehörenden *Vigévano* einen schönen, von alten Arkaden gesäumten Hauptplatz, eine von Bramante inspirierte Kirche und ein mailändisches Kastell findet. Casale Monferrato ist aber auch mit Alessándria und Asti durch gute Straßen verbunden. Die Stadt liegt den östlichsten Hügeln des Montferrat vorgelagert als die kleinste unter den eben genannten piemontesischen Städten. Trotzdem ist Casale mehr als eine kleine Landstadt. Auch ohne Sitz einer Provinzialregierung zu sein, zeigt der über 30000 Einwohner zählende Ort stolz die Zeugen einer bedeutenderen Vergangenheit.

Geschichte. Die Stadtgeschichte geht auf eine römische Gründung zurück und ist im Mittelalter nicht nur durch die heftigen Kämpfe zwischen Kaiser und Papst, sondern auch durch lokale Rivalitäten gekennzeichnet, in deren Folge Casale 1215 von dem benachbarten Vercelli dem Erdboden gleichgemacht wurde. Den bald einsetzenden Wiederaufbau förderte der Hohenstaufenkaiser Friedrich II. Unter den Paläologen, der letzten Herrscherfamilie des Byzantinischen Reiches, von denen ein Zweig seit 1305 die Grafschaft Montferrat besaß, wurde Casale zur Hauptstadt und erlebte insbesondere im 15. Jahrhundert eine hohe Blüte, von der noch heute die gotische Ziegelarchitektur des Palazzo del Caretto sowie die hochbemessene Basilika von S. Domenico Zeugnis ablegen. Nach dem Aussterben der Paläologen fiel Casale im 16. Jahrhundert an die Gonzaga in Mantua und, nachdem auch dieses Fürstenhaus ohne Nachfolger blieb, schließlich im späten 17. Jahrhundert an Savoyen, nicht ohne einen durch die Erbansprüche Ludwigs XIV. von Frankreich verursachten Krieg. In jener Zeit wurde Casale Monferrato zu einer der stärksten Festungen Europas ausgebaut, wobei der Schutz der Wälle durch das vom Wasser des Po gespeiste System der Gräben eine wirkungsvolle Ergänzung fand. Ihre letzte Feuerprobe erlebten diese Anlagen in der Verteidigung gegen Österreich während des Kriegs von 1849.

Dom. Bischofssitz ist Casale Monferrato erst seit 1474, doch gehört die damals zur Kathedrale erhobene Hauptkirche zu den bedeutendsten Werken des romanisch-gotischen Stils lombardischer Observanz. Die – im 19. Jahrhundert überholte – Fassade zeigt dementsprechend den breiten Dreiecksgiebel, der jedoch in seiner Binnenteilung durch Blendarkaden, flache Bogennischen und verschieden geartete Fenster in lebhaftem Relief gegliedert ist. Überraschend wirkt die sehr eindrucksvolle, große Vorhalle, die in ihrer Abgeschlossenheit nach außen eigentlich mehr eine Art Vorkirche darstellt und von einer kühnen Gurtenkonstruktion überwölbt ist. Nicht nur drei weitere Portale, sondern auch eine Art von Scheinemporen, die mit zierlichen Säulenbogen besetzt sind, schaffen die Verbindung zu dem eigentlichen Innern. Dieses stellt sich dar als dreischiffige, von Kapellen begleitete Basilika, in der das Mittelschiff nur wenig die Seitenschiffe überragt, wodurch ein Raum von hallenartiger Breite entsteht, dessen höhlenartiges Dunkel auch der achteckige Vierungsturm nicht unterbrechen kann. Eindrucksvoll sind die vielen Ein- und Durchblicke, namentlich von den Seitenschiffen aus, wobei der Raum im Dämmerlicht zu versinken scheint. Die Pfeiler, die mit ihren vorgestellten Säulen hier einmal nicht aus Ziegeln gemauert sind, bestehen aus sorgfältig bearbeitetem Haustein. – Östlich des Domes liegt die hochräumige *Dominikanerkirche* mit einem schönen, der gotischen Backsteinfront vorgelegten Renaissance-Portal.

Barockkirchen. Auf die Altstadt und ihren Rand verteilt sich eine stattliche Zahl barocker Gotteshäuser. Unter ihnen ragt *Santa Caterina* hervor, mit reicher, der weiten Piazza Castello zugewandter Fassade und einem prunkvoll mit Fresken und Altären ausgeschmückten Innern, dessen Hauptraum aus einer Verbindung von Achteck und griechischem Kreuz den Kreis der Tambourkuppel entwickelt. An diesen Hauptraum schließt sich gleichsam als Echo der selbständige, jedoch nur noch von einer Flachkuppel überwölbte Chor an. Das ganze Innere fesselt durch die Einheit, mit der Architektur, Skulptur und Malerei zusammenspielen. Der Pinsel zaubert hier nicht nur einzelne Gemälde ›aus‹ der Mauer, sondern breitet in derselben al fresco-Technik ein reich flutendes Leben von Scheinbalustraden und Ranken-Ornament über sämtliche Wände und Wölbungen, wozu in Pilastern und Gesimsen eine lila und rosaperlgraue Marmorierung tritt.

Auch die übrigen Kirchen des 17. und 18. Jahrhunderts wandeln den kuppelbekrönten Zentralbau ab, so *San Stefano* zwischen Piazza Castello und dem klassizistischen Theater, unweit des vom Uhrturm beherrschten Hauptplatzes, der Piazza Mazzini, auf der ein Reiterdenkmal des Königs Karl Albert steht. Oder, um die Reihe der in Casale besonders reich vorhandenen Barockkirchen weiter zu verfolgen: *San Pietro*, an dessen Queroval sich ein in feierlichem Säulenrund nach rückwärts geöffneter Chor schließt; *San Filippo*, dessen griechisches Kreuz von einer kuppelartigen Gurtenkonstruktion überspannt ist; und noch etwas weiter vom Zentrum entfernt am Ostrand der Piazza Stato der weiträumig über einem griechischen Kreuz errichtete Kuppelbau der *Addolorata*.

Paläste. Dem barocken Sakralbau zumindest ebenbürtig sind die ebenfalls aus dem 18. Jahrhundert stammenden Paläste, so *Palazzo Gozzani*, der hinter einer bereits klassizistisch strengen Fassade von 1780 ein etwas älteres Vestibül, einen von reich bewegten Wänden umgebenen Hof und daneben ein imposantes Treppenhaus verbirgt. Wie hier die verschiedensten Räume miteinander in die engste nicht nur praktische, sondern auch ästhetische Beziehung gesetzt sind, wie in einer an Bühnenwirkung erinnernden Dramatik sich das eine aus dem anderen entwickelt, wie Licht und Schatten vor allem in der tiefen Säulenhalle des Vestibüls gegeneinander und miteinander spielen, wie aus der ganzen Architektur ein Schauspiel gemacht wird, das repräsentativ und intim zugleich ist, das alles offenbart ein architektonisches Können, so sicher, reich und beherrscht, wie es in Italien sonst nur in den traditionellen Hauptstädten und unter fürstlichen Verhältnissen zustande kam. Hier hingegen waren adelige Bewohner einer Provinzstadt die Bauherren, und was sie schufen, war nur dank eines damals nicht nur materiellen, sondern auch geistigen Reichtums möglich.

Von den weiteren Palästen in der gassenartig engen Via Mameli sei noch der *Palazzo del Municipio* erwähnt, der für einen anderen Zweig der Familie Gozzani erbaut wurde. Er beeindruckt durch seine reich differenzierte Fassade, die Hallen im Erdgeschoß, das Treppenhaus und einen durch sämtliche oberen Stockwerke hindurchgehenden Festsaal.

Alessándria

Wie Casale Monferrato liegt Alessándria am östlichen Rand des Montferrat, doch schon mehr in der Ebene. Auch hier handelt es sich um eine einst berühmte Festung, dank dem Zusammentreffen wichtiger Straßen, die aus dem Montferrat, vom Ligurischen Meer und aus der Lombardei kommen. Doch im Unterschied zu Vercelli, Novara und Casale Monferrato, die alle in römische Zeit zurückreichen, wurde Alessándria erst während der mittelalterlichen Kämpfe zwischen Kaiser und

Papst 1168 vom Lombardischen Städtebund gegründet. Zur papsttreuen guelfischen Partei gehörend, bekam die Stadt den Namen des damaligen Papstes Alexanders III., des energischen Gegners Kaiser Friedrichs I. Barbarossa. Als Festung hat sie noch 1849 im Kriege der mit den Franzosen verbündeten Piemontesen gegen Österreich eine Rolle gespielt.

Kirchen und Paläste. Aus der Entstehungszeit der Stadt ist fast nichts mehr erhalten, es sei denn die zum Teil noch auf die Zeit vor der eigentlichen Stadtgründung zurückgehenden, ausgegrabenen Reste in der gotischen, während der Renaissance veränderten Kirche *Santa Maria di Castello* am östlichen Rand der einstigen Stadtwälle. *Santa Maria del Carmine* dagegen entstammt dem 14. Jahrhundert und zeigt die übliche Backsteingotik der Bettelorden in eher bescheidenen Ausmaßen. Die wichtigsten historischen Bauten fallen in die savoyische Zeit, die hier erst 1707 während des Spanischen Erbfolgekrieges beginnt. In jenes insbesondere für Piemont so glückliche 18. Jahrhundert fällt der Bau eines der schönsten Paläste des oberitalienischen Spätbarock, nämlich des *Palazzo Ghilini*, der die Westseite des rechteckigen großen Hauptplatzes, der Piazza della Libertà, beherrscht und heute der Provinzialregierung dient. 1730 als frühes Werk Alfieris errichtet – der eine Generation später, nämlich zwischen 1754 bis 1767 im Dom von Carignano bereits die Wendung zum Klassizismus einleitet – vereint der Bau in genialer Weise Größe und Anmut. In zwei Geschossen, die im Innern zum Teil anderthalb Stockwerke umfassen, bauen sich die Fassaden auf; die gegen den Platz gerichtete ist durch einen triumphalen Mittelrisalit mit balkongekröntem Säulenportal ausgezeichnet, das im Obergeschoß in einer im Halbkreisbogen abgeschlossenen Nische sein Echo findet. Leicht vortretende, schmale Seitenrisalite fassen die im Ganzen dreizehn Fensterachsen zählende Hauptfront ein. In ihr vereinigt sich das breit Ausladende und massig Gelagerte der Gesamtfront mit der elegant aufstrebenden Gliederung der einzelnen, durch Pilaster geordneten Achsen. Im Aufbau der Stockwerke,

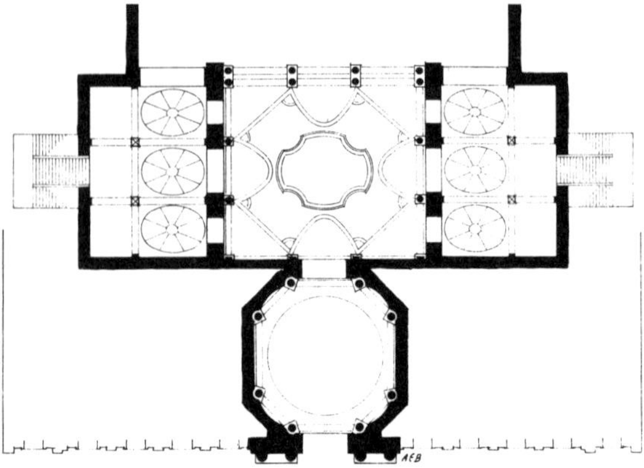

Palazzo Ghilini in Alessándria: Grundriß

doch ebenso in der Entfaltung der Risalite vollzieht sich eine reiche Differenzierung, deren ebenso feiner wie sicherer Takt durch die Formen der unten schwereren und geraden, oben aber reichbeschwingten Fensterverdachungen akzentuiert wird. Die Vereinigung – und man darf sagen: Versöhnung von Geist und Schönheit, von Ordnung und Reichtum, von vernunftgemäßer Klarheit und bewegter Phantasie bestimmt auch den Durchgang zum Hof, wo sich auf ein achteckiges Vestibül gegen den Gartenhof hin der Baublock in Hallen öffnet, an deren Enden die Treppenhäuser liegen. Enge und Weite, Gebundenheit und Freiheit folgen einander in reichsten Relationen, und über den pilasterbesetzten Pfeilern und den freistehenden Säulen, die sich gegenseitig in ihrer Bedeutung steigern gleich den sorgfältig einstudierten Rollen einer Pantomime, setzt sich das Spiel im zarten Relief der Wölbungen fort, wobei fast alles aus Backstein gemauert ist, der hier eine erstaunliche Schmiegsamkeit der Wirkung offenbart.

Schwerer, doch im Vergleich auch schwerfälliger, gibt sich am Hauptplatz in seinem wuchtigen Auftreten der *Palazzo Municipale*, in dessen Geschoßfolge und Risalitbildung die barocke Tradition ihre klassizistische Vergröberung findet. Der Mittelrisalit wird hier von einem Aufsatz überhöht, in welchem je eine astronomische Uhr eine große Normaluhr flankiert, und darüber steht unter rundem Schutzschirm ein Glokkenschläger.

Der von Baumreihen gesäumte Hauptplatz ist aus der Mitte eines rechtwinkligen Straßennetzes ausgespart und besitzt noch weitgehend seine alte Schönheit, die nur wenige unproportionierte Neubauten brutal durchbrechen. Geschlossener, wenn auch an architektonischer Substanz dünner, ist die große, mit Säulenbogenhallen dekorierte Piazza Garibaldi, die gegen Ende des 19. Jahrhunderts in der Nähe des Bahnhofs angelegt wurde.

Der in der Nähe des Hauptplatzes gelegene *Dom* folgt in der edlen Tempelfront seiner übrigens erst zwischen 1895 und 1897 errichteten Fassade der in ganz Oberitalien so lebendigen Tradition des Klassizismus. Das Innere aber verrät das derselben Zeit anhaftende Unvermögen zu einem wirklich weihevollen Raum. Unweit des Domes liegt im Gebäude der Stadtbibliothek die kleine, doch in ihren Bildern des 16. bis 20. Jahrhunderts erlesene *Pinacoteca Civica.*

Den Spätbarock des Palazzo Ghilini nehmen einzelne Paläste und Kirchen auf, deren nicht unbedeutende Ziegelfronten die sonst eher banalen Straßenzüge akzentuieren. Unter den im 18. Jahrhundert entstandenen Sakralbauten ist bemerkenswert vor allem *San Lorenzo*, das an einer Straßenkreuzung zwischen Hauptplatz und Piazza Garibaldi liegt. Der einwärts schwingenden Fassade entspricht ein reichbewegtes Inneres, in welchem drei verschieden konstruierte Zentralräume eine sich verjüngende Folge bilden. An den Hauptraum, in dem sich Achteck mit griechischem Kreuz verbindet und zu dem sich in den Diagonalen Emporen öffnen, schließt sich ein quergestellter Ovalraum, zu dem sich ein sechseckiger Altarraum auftut. Was in der St. Michaels-Kirche von Berg am Laim in München Johann Michael Fischer mit Hilfe eines reichen Stuckdekors gewinnt, nämlich ein Decrescendo der einander folgenden Räume im Sinne der Entrückung und Verklärung, wird hier bei verwandt gestellten Problemen in erster Linie mit den strengeren und realeren Mitteln der Architektur verwirklicht.

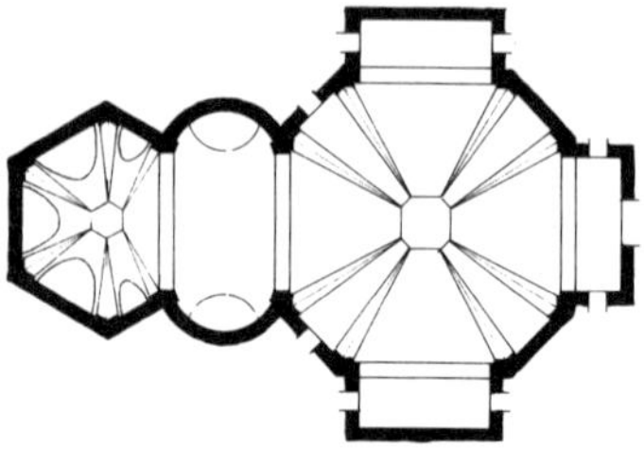

San Lorenzo in Alessándria: Grundriß

Asti

In der breiten Senke, mit welcher der von hier aus ostwärts fließende Tánaro das Hügelgebiet des Montferrat in einen südlichen und einen nördlichen Teil trennt, liegt Asti inmitten eines durch denselben Namen berühmten Weingebietes. Dieses Weinland hat für Piemont eine ähnliche Bedeutung wie für die Toskana das Tal von Chianti. Beide Namen sind Sammelbegriffe für eine Vielzahl von zum Teil sehr gepflegten und entsprechend teuren Weinsorten. Vor Jahrzehnten war der ›Asti spumante‹ als Schaumwein in breiten Kreisen sehr beliebt. Heute werden in Asti – wie im übrigen Piemont – aus dem bodenständigen Wein auch verschiedene Wermutsorten hergestellt.

Stadtanlage. Die Umgebung der Stadt ist weder ganz der Ebene noch ganz den Hügeln verschrieben. Diese topographische Unbestimmtheit hat auch auf die Physiognomie der Stadt abgefärbt. So gibt es zwar am ansteigenden Nordrand der Stadt zwei Kastelle, aber sie sprechen wenig mit im städtischen Ganzen. Der Dom, am Rande eines weiten Platzes, liegt abseits, was übrigens geradezu eine Regel des mittelalterlichen Städtebaus in Italien ist. Aber es fehlt auch im Zentrum ein eindeutiger Hauptplatz. Denn die große Piazza Alfieri, die nach dem 1749 in Asti als Sohn des hervorragenden Architekten Benedetto Alfieri geborenen Dichters Vittorio Alfieri benannt ist, wurde erst im 19. Jahrhundert angelegt und vermag in ihrer Dreiecksform nur sehr bedingt den städtischen Organismus zu beherrschen. Dieser wird im wesentlichen durch die alte Hauptstraße bestimmt, die im Westen bei den zum Teil noch erhaltenen Befestigungen der Römerzeit den Stadtkern betritt, um ihn als Corso Vittorio Alfieri in östlicher Richtung zu durchziehen. Die alten, meist nicht allzu großen Plätze liegen fast alle seitab dieser Hauptader, so der Domplatz und die einst als Markt dienende Piazza San Secondo.

Türme und Kirchen. Von der einst sehr großen Zahl von innerstädtischen Geschlechtertürmen, die im Mittelalter den Ruhm von Asti ausmachten, haben sich wenige Zeugen erhalten, wovon der *Torre Troyana* und der *Torre dei Comentini* die markantesten sind. Sie haben ihren Vorläufer in dem altrömischen Rund turm neben der Kirche Santa Caterina am westlichen Ende des Corso. An dessen Ost-Ende, neben der Piazza 1° Maggio, liegt der von Gittern umschlossene Sakralbereich von *San Pietro*, der neben Teilen eines Kreuzganges das achteckige Baptisterium aus dem 12. Jahrhundert mit seinem von stumpfen romanischen Säulen gebildeten Umgang birgt. Daneben steht ein saalartiger Kirchenraum von 1467, ausgezeichnet in dem sonst schlichten Äußeren durch spätgotisches Backsteinornament.

Im Herzen der Altstadt, unweit westlich der Piazza Alfieri, liegt *San Secondo*, dessen einfache Backsteinfront von schlanken, den Giebel fialenhaft überragenden Lisenen gegliedert ist und von drei zur Mitte hin größer werdenden Fensterrosen und ebensolchen Stufenportalen geöffnet wird. Das im 13. Jahrhundert begonnene und in jüngster Zeit sehr sorgfältig restaurierte Innere, dessen Boden spätere Jahrhunderte erhöhten, folgt dem Schema der Bettelordenskirchen, deren drei Schiffe sich durch die weit gestellten Pfeiler hier besonders ausgeprägt zu hallenartiger Weite vereinen. Die tiefen Chorkapellen sind in reichem Spätbarock ausgeschmückt und damals zum Teil auch in ihrer architektonischen Substanz verändert worden. Unter dem Chor befindet sich eine nicht ohne weiteres zugängliche Krypta, die von einem dem heutigen vorangehenden Bau, vermutlich aus dem 10. Jahrhundert, stammt. Von den Gemälden seien einzelne Freskenreste in einer Kapelle der Südseite genannt, ferner ein vielteiliges Altarwerk, das einem nicht unbedeutenden lokalen Maler, Gandolfino d'Asti (auch da Roreto genannt), zugeschrieben wird, und in seiner herben Schönheit den Stil der piemontesischen Renaissance bezeugt.

Ein Hauptwerk der piemontesischen Gotik ist der 1309 bis 1354 errichtete *Dom*, der in manchem die Backsteingotik von S. Secondo weiterentwickelt, jedoch in strafferen und schlankeren Proportionen, wie sie dem vollentfalteten Stil des 14. Jahrhunderts entsprechen. Das Äußere ist durch den farbigen Wechsel seiner Ziegelwände gekennzeichnet, in welche das 15. Jahrhundert das in reicher Spätgotik skulptierte Seitenportal setzte. Das Innere überrascht durch den Reichtum seines Raumes, der zu den schönsten der piemontesischen Gotik gehört. Man betritt eine dreischiffige, hochbemessene Halle, deren Mittelschiff gegenüber den beiden Seitenschiffen nur leicht dominiert. Auch die Querschiffe laden nur wenig aus, desgleichen unterbricht in nur geringem Maß die von einer Achteckskuppel bekrönte Vierung den Längszug nach oben. Dieses verhältnismäßig engteilige, steil nach oben entwickelte System einer mehrschiffigen gotischen Halle, wie es in Oberitalien besonders großartig der Dom von Mailand darstellt, ist um 1700 in einer der Gotik sehr konträren Art ausgemalt worden: in lichten Farben mit einem beige-gelb-grauen Grundton, der dem von den Restauratoren des 19. Jahrhunderts so beliebten Ziegelrot strikt widerspricht. Die Pfeiler sind halb in klassische Kannelüren, halb von liktorenhaften Stabbündeln gegliedert und von stilisiertem Akanthuslaub umwunden. Den Wänden sind auf gemalten Sockeln ebenfalls gemalte Heilige in bewegten Posen vorgestellt, die Chorwände von riesigen Martyrienszenen in gemalten Rahmen belebt. Die Gewölbe aber öffnen sich zu festlichen Wolken- und Figurenwirbeln, in denen die verschiedensten Heiligen ihre Apotheose feiern. Da und dort ist auch in dieser Zone ein Kapitell, ein Gesimse oder eine Konsole angedeutet, aber nur um das strenge System der ursprünglichen Kreuzrippen in ihr völliges Gegenteil zu kehren, nämlich in einen lichten Himmel voll ekstatischer Bewegtheit, welcher die höhlenhaft geschlossene Ruhe des mittelalterlichen Raumes auflöst. Die Ausmalung des Spätbarock, die den Gesamteindruck bestimmt, wird durch die großen Altäre des Settecento ergänzt. Dazwischen finden sich auch Zeugen älterer Stilepochen, so ein romanisches Weihwasserbecken, das auf einem umgekehrten korinthischen Kapitell der römischen Antike ruht, ferner einzelne mittelalterliche Fresken und – im rechten Querschiff – Tafelbilder des zu Beginn des 16. Jahrhunderts in Asti tätigen Gandolfino da Roreto, dem wir bereits in S. Secondo begegneten.

Unweit des Domes steht neben dem schon erwähnten römischen Rundturm die Barockkirche *Santa Caterina*, die sich in ihrem Innern als eine der bemerkenswertesten Schöpfungen des piemontesischen Spätbarock offenbart. Man darf freilich auch hier nicht jene überschwengliche Vereinigung von male-

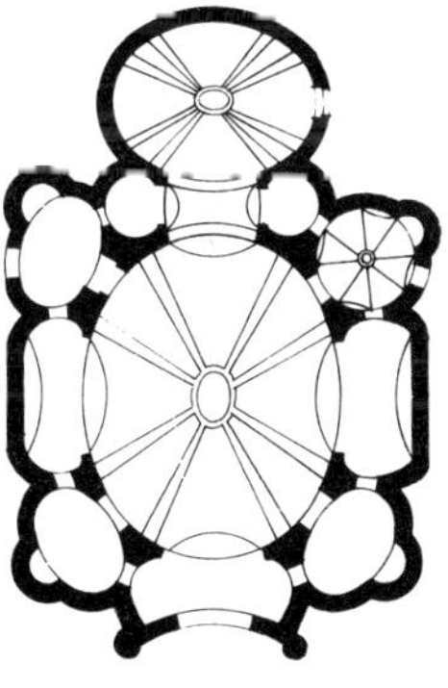

Santa Caterina in Asti: Grundriß

rischem und skulpturalem Dekor erwarten, welche die süddeutschen Kirchen insbesondere des Rokoko so liebenswürdig macht. Doch der vergleichsweise etwas öden und frostigen Erscheinung liegt eine geistvolle Raumkomposition zugrunde, die im Grundriß seltsam an einen lebendigen Organismus, beispielsweise an ein Schalentier, erinnert. Denn an das Tiefenoval des Hauptraumes schließt nicht nur ein sich queroval ausweitender Chor an, sondern auch die Kreuzarme runden sich zu ellipsoiden Formen, was ebenfalls für die Verbindung zwischen Hauptraum und Chor gilt; darüber hinaus erscheinen in den Diagonalen selbständige Rundräume. So wird der den Hauptraum umschließende Raummantel mit einer peripheren Raumschicht durchbrochen und gleichsam durchhöhlt, und zwar geschieht dies in einer beschwingten Kurvatur, die im architektonischen System, wenn auch nicht in der dekorativen Erscheinung, an den bayerischen Johann Michael Fischer erinnert.

Das Gegenstück zu S. Caterina bildet unweit südöstlich die Kirche *San Martino*, deren Innenraum dem von Il Gesú in Rom geprägten Normalschema der kreuzförmigen, längsgerichteten Kuppelkirche folgt und seinen ebenfalls sehr barocken Charakter in erster Linie durch die Pracht der vergoldeten Kapitelle, des dunklen Marmors und der leider schlecht erhaltenen Fresken gewinnt.

Paläste. Im westlichen Teil des Corso Vittorio Alfieri stehen die vornehmen Paläste, die auch hier, wenn auch um einen Grad bescheidener als in Alessándria und Casale, das aristokratische Repräsentationsbedürfnis des Settecento verkörpern. Doch auch hier imponiert die Vereinigung des Regelmäßigen und Strengen im Ganzen mit der weichen Anmut des Details. Jenes setzt sich stärker durch in der bereits frühklassizistischen Front des *Palazzo Alfieri*. An den hier geborenen Dichter erinnern seine ehemaligen Wohnräume im Palast sowie eine kleine Sammlung von Manuskripten und persönlichen Erinnerungen. Benedetto Alfieri, sein Vater, hat auch den *Palazzo*

Bellini erbaut, etwas früher, nämlich 1730, wie es die flüssigeren Formen des piemontesischen Spätbarock verraten. Für den gleichen Stil zeugen auch die Eingangshalle, das stattliche Treppenhaus sowie einzelne in ihrer früheren Ausstattung erhaltene Innenräume, in denen heute die eher bescheidenen städtischen Kunstsammlungen untergebracht sind.

Cúneo

Die Vergleichbarkeit gehört ebensosehr zum Wesen einer lateinischen Stadt, wie die Kraft, das Profil einer unverwechselbaren Persönlichkeit zu entwickeln. Wenn dieses vor allem für Italien gilt, so verwirklicht sich jenes, also die auch für das Individuum verbindliche Norm, eher in Frankreich. Beides vereinen in der glücklichsten Weise einzelne Städte Piemonts, so Turin und Cúneo.

Festung. Cúneo liegt zwischen zwei in mäßiger Tiefe verlaufenden Flüssen auf langgestrecktem, ebenem Sporn, der sich gleich einem flachen Dolch allmählich zuspitzt. Die Lage auf steil abfallender Plattform rief geradezu nach einer Festung, die auch durch das Zusammentreffen wichtiger Paßstraßen über die Meer-Alpen von der italienischen und der französischen Riviera her ihre Bedeutung erhielt. Im Laufe seiner Geschichte, die als selbständiges Gemeinwesen mit dem Ende des 12. Jahrhunderts beginnt, hat Cúneo seine Standhaftigkeit in vielen, zum Teil berühmten Belagerungen entwickelt, von denen ihrer sieben allein in die Zeit zwischen dem 16. und 18. Jahrhundert fallen. Der Mut seiner Bewohner und jener der benachbarten Bergtäler hat sich noch im inneren Widerstand des Zweiten Weltkriegs bewährt.

Anlage. Nach einem der letzten Weltkriegs-Kämpfer ist denn auch der Hauptplatz *Piazza Duccio Galimberti* benannt worden. Dieser bald nach der Mitte des 19. Jahrhunderts angelegte Platz erinnert an Turin, und über den Einfluß der Landeshauptstadt hinaus ganz unmittelbar an das hier besonders nahe Frankreich, einmal durch die verhältnismäßig steilen Dächer mit ihren in der Außenansicht deutlich mitsprechenden Lukarnen – geschoßhohe Dacherker – dann aber auch in der sehr eindrucksvollen Verbindung des Weiträumigen mit dem Regelmäßigen. Vom Hauptplatz aus führt die Querachse westwärts in einem langen Viadukt mit vielen Steinbögen über den Stura-Fluß, der sich bald mit dem kleineren Gesso vereinigt, welcher auf der Südostseite den auch hier steil abfallenden Stadtrand begleitet. Die Hauptachse setzt sich stadtauswärts als Corso Nizza nach Südwesten fort bis zu einem zweiten, erst im 20. Jahrhundert ausgebauten Platz, der *Piazza Minerva*, und führt von hier aus weiter gegen die bis weit in den Frühling hinein schneebedeckten Berge, zwischen denen sich die Paßsenke des nach Nizza führenden Col di Tenda deutlich abzeichnet.

In der entgegengesetzten Richtung durchzieht in leichter Krümmung die alte, zur *Via Roma* umgetaufte Hauptstraße den historischen Kern der Stadt. Die Unregelmäßigkeit der Häuser, in deren meist nur dreistöckige Fronten sich auch die klassizistische Fassade des im Innern dem Barock und dem 19. Jahrhundert angehörenden *Domes* fügt – ferner die in Cúneo besonders charaktervollen, oft durch sehr wuchtige Gewölbe ausgezeichneten Lauben, die über ihre Verwandten im übrigen Oberitalien hinaus an Bern und an Städte im bayerischen Innviertel erinnern, geben dieser Straße ihren eigenen Reiz, der zudem von den geschichtlichen Erinnerungen der Festung geprägt ist. So dienten die weiträumigen Bogenhallen in Belagerungszeiten als Pferdeställe, während die heute noch sichtbaren Treppenabstiege der Bevölkerung von der Straße her Zugang zu den Kellern und damit Schutz vor den Beschießungen boten.

Stadtrundgang. In der alten Hauptstraße steht auf derselben Seite wie der Dom, jedoch weiter ostwärts, der die übrigen Häuser überragende Bau des *Municipio*. Von hier aus führt nordwestlich eine Seitengasse zu der reich dekorierten Barock-

1 *Das Bergheiligtum Sagra di San Michele. Klostereingang, 12. Jh.*
←

2 *Zisterzienserabtei Staffarda: Kreuzgang und Klosterkirche, 13./14. Jh.*

4 Vercelli: Vierungsturm und Kreuzgang von Sant' Andrea, 11. bis 13. Jh.

Susa: Romanischer Turm der Kathedrale, 11. Jh.

5 *Turins historische Mitte: Die Piazza Castello mit dem turmbewehrten mittelalterlichen Kastell, das im Spätbarock zum Palazzo Madama umgebaut wurde. Im Hintergrund das Königliche Schloß*

San Antonio di Ranverso: Fassade eines Abteigebäudes, 15. Jh. 7 →

6 *Kastell Fenis im Aostatal, eine mächtige Anlage des 14. Jahrhunderts mit doppeltem Mauerring, jahrhundertelang Residenz der Familie Challant*

9 Fenster im Priorat Sant'Orso in Aosta
Ende 15./Anfang 16. Jh.

8 Saluzzo: Renaissancehof der Casa Cavassa, 15. Jh.
←

10 *Hoffassade des Palazzo Carignano in Turin.*
Die Backsteinarchitektur Guarinis mit ihren ausgestanzten Zierformen hat sowohl im Renaissancemanierismus als auch in der mozarabisch-spanischen Kunst ihre Vorläufer

11
Außenfront des Palazzo Carignano, das profane Hauptwerk Guarino Guarinis, 1679-1685

12
Schauseite des
Palazzo Madama in Turin
von Filippo Juvarra, 1718-1721.
Römische und französische Bautradition
sind hier gleichermaßen gegenwärtig

13 *Fossano: Chiesa della Trinità von Francesco Gallo, 1728-1739, eine der für den piemontesischen Spätbarock charakteristischen Backsteinkirchen*

14 Ebenfalls von Francesco Gallo stammt die Kirche in Cavallermaggiore mit ihrer ›agierenden Architektur‹, 1737-1743

15 *Friedhofskapelle San Luigi bei Corteranzo von Bernardo Vittone, 1760*

Novara: Campanile von San Gaudenzio von Benedetto Alfieri, 1753 16

17 *Offenbarung des Kosmos durch die Ratio der Geometrie: Blick in Guarino Guarinis Kuppel und Laterne von San Lorenzo in Turin, 1667*

18 Über den Tabernakel mit der hochheiligen Reliquie des Grabtuches Christi türmte Guarini die kühne, vom Dunkel ins Helle strebende Kuppel der Cappella della Santa Sindone in Turin, 1668-1694

Die Kuppeln des Domes und der Cappella della Santa Sindone 19

→

kirche *Santa Maria* und noch weiter zur gotischen Bettelordenskirche *San Francesco*, in deren Backsteinfront ein steingemeißeltes Portal als Prunkstück eingelassen ist. Westlich der im Innern heute nach langer Profanierung wiederhergestellten Franziskanerkirche überrascht die hohe, nischenförmig eingeschwungene Front von *Santa Croce*. Das Innere dieser von Francesco Gallo 1709-1712 errichteten Kirche fügt an ein Tiefoval mit kurzen Kreuzarmen ein kleineres und niedrigeres Queroval und verkleidet diese Folge von verschiedenen und doch zugleich verwandten Räumen mit einem fast beunruhigend reichen Dekor. Inmitten gleichsam flackernder Stukkaturen ist der Hochaltar sehr wirkungsvoll in Szene gesetzt.

Derselbe Gallo, der auch in Mondovì und anderen Orten des westlichen Piemont den Kirchenbau des Rokoko bestimmte, hat – fast schon am Ende der Via Roma und der sich hier topographisch zuspitzenden Altstadt – die einschwingende Fassade von *Sant'Ambrogio* erbaut, die gleich dem von Säulen gegliederten Innern von stattlicher Wirkung ist. In diesem Raum sind mit Kurven und Geraden die verschiedensten Grundformen – Quadrat, Achteck, Kreuz und Kreis – so flüssig ineinandergearbeitet, daß eine neue Einheit entsteht, der wie ein Echo im Chor ein kleinerer Zentralraum entgegengesetzt wird.

Schon vom Hauptplatz aus gewahrt man zwischen den Häuserzeilen die Berge. Größere Teile des Alpenpanoramas, das Cúneo umgibt, sind von den Wallanlagen aus sichtbar, vor allem oberhalb des Gesso. Das Alpine macht sich auch in der Stadt in einzelnen, stärker vorspringenden und mit Steinplatten gedeckten Dächern bemerkbar, wie es sie noch in den engen Nebengassen gibt. Besonders großartig wirkt das Weichbild der Stadt, wenn man sich, von Nordosten kommend, noch vor dem großen Viadukt eine Pause gönnt. Von hier gesehen, lagern über dem baumbestandenen Steilhang des Sturatales die Häuser, überragt von einzelnen Türmen und Kuppeln. Dahinter erheben sich, der Stadt entrückt durch eine mäßig große Ebene und flache Vorberge und oft durch feinen Dunst vom Boden abgehoben, die langgezogenen Umrisse der Seealpen.

Knapp zwanzig Kilometer südöstlich von Turin, doch von der Hauptstadt durch die Collina getrennt, liegt an ihren Ausläufern die Landstadt Chieri, als durchaus selbständiges Gebilde von halb ländlichem, halb industriellem Eigenleben erfüllt. Der Ort bestand schon unter den Ligurern, wurde unter Kaiser Augustus befestigt und erlebte im Mittelalter die üblichen Kämpfe zwischen Adel und Volk. Er vermochte sich auch dann noch eine gewisse Selbständigkeit zu bewahren, als im 14. Jahrhundert die Grafen von Montferrat und im 15. das Haus Savoyen die Herrschaft übernahmen.

Kirchen. Der hier noch von keinen modernen Großbauten zerstörte Kern wird überragt von der hochgelegenen Kirche *San Giorgio*, deren Campanile durch seinen eigenwilligen barocken Abschluß bemerkenswert ist. Das Innere, das man auf dem Umweg durch enge Gäßchen erreicht, zeigt eine dreischiffige Basilika in der für Piemont charakteristischen Gotik, ergänzt durch einzelne frühbarocke Gemälde.

In der unteren Stadt gibt es gleich noch zwei weitere Kirchen in piemontesischer Backsteingotik: die Kathedrale und S. Domenico. Die *Kathedrale Santa Maria della Scala* zeichnet sich durch den selbständig angefügten Zentralbau eines großen, im Unterbau noch romanischen Baptisteriums aus, ferner durch die stattliche Fassade, deren Hauptportal das für Piemont charakteristische Motiv eines mächtigen, steilen Wimpergs überhöht, der sich in Form und Material vom roten Ziegelgrund des übrigen Mauerwerks abhebt. Die Breitenentfaltung der Fassade, die neben den Seitenschiffen auch die Seitenkapellen miteinbezieht, wird kontrastiert durch die die Schiffe trennenden Wandpfeiler, die über die Dachschrägen hinaus sich in feingliedrigen Fialen fortsetzen. Der Innenraum ist auf beiden Seiten von Kapellen begleitet und dadurch verhältnismäßig dunkel. Die Seitenschiffe werden in basilikaler Weise vom Mittelschiff überragt; im übrigen folgen das ›gebundene System‹ der in ihrer Stärke alternierenden Pfeiler sowie die verhältnismäßig gedrückten Proportionen dem auch sonst für Piemont maßgebenden Zisterzienser-Schema. Die Seitenkapellen sind mit meist barocken Gemälden und Skulpturen ausgestattet, der Chor aber besitzt ein reichgeschnitztes Gestühl aus der Wende der Spätgotik zur Renaissance.

Weiträumiger in seinen Proportionen ist das gotische Innere von *San Domenico*, das auch durch seinen Campanile in erfolgreichen Wettstreit mit dem Dom tritt. Der aus dem 14. Jahrhundert stammende Bau der vor allem der Predigt und der Seelsorge verpflichteten Bettelordenskirche gehört denn auch einer früheren – und man möchte es mindestens für Italien sagen – lebenskräftigeren Periode der Gotik an als der erst im 15. Jahrhundert errichtete und 1875 bis 1880 ›wiederhergestellte‹ Dom.

Die originellsten Kirchenbauten von Chieri aber sind Schöpfungen des für ganz Piemont so fruchtbaren Spätbarock. In der südöstlichen Vorstadt an der Straße nach Asti steht *Santa Margherita*, deren bewegte Fassade mit der einen kreuzförmigen Zentralbau krönenden Kuppel zu einer effektvollen Komposition zusammengefügt ist. *San Bernardino* beherrscht vom oberen Ende aus die leicht ansteigende Piazza Cavour am westlichen Rand des Stadtkerns. Auch hier handelt es sich um einen Zentralbau, der im Chor verlängert ist und dessen Kuppelturm außen von vier niedrigen Glockentürmen begleitet wird, so daß die Außenansicht zusammen mit der klassisch strengen Tempelfront ein ebenso reich wie delikat abgestuftes Ensemble bildet. Ähnlich vereinigt das Innere Kreis, Quadrat, Achteck und griechisches Kreuz, nur daß hier an die Stelle der plastischen Elemente des Außenbaues Elemente räumlicher Art treten. Der 1695 begonnene Bau wurde nach dem Einsturz der Kuppel 1745 von Bernardo Vittone vollendet.

Vittone hat auch neben dem Dom das intime Oratorium geschaffen, dessen kapriziöse Chorkuppel wie in S. Bernardino und in anderen Werken Vittones in ihrer Schale aus Gurten konstruiert ist, zwischen deren Stützen die Tambourzone in halbrunden Nischen ausschwingt, die sich über dem festen Kreis des unteren Tambourringes öffnen.

An der Piazza Cavour hat auch Filippo Juvarra ein beachtliches Werk hinterlassen, die Kirche *San Antonio Abate*, die freilich erst nach jahrzehntelanger Bauzeit 1767 vollendet wurde, wobei vielleicht Vittone mitwirkte. Nobel und volksnahe zugleich, wie es den Jesuiten als Auftraggebern entspricht, ist das Innere. Die Säulenstellungen sind für Juvarra typisch, während die geistvollen Unterschneidungen der ovalen Hauptkuppel durch die neben und hinter ihr aufsteigenden Nebenräume ein Element Vittones darstellen. Der Grundriß erinnert in den je zwei Ausweitungen an einen Geigenkasten. Darüber entwickelt sich in bewundernswerter Kühnheit der Raum von Zone zu Zone zu immer größerer Beschwingtheit und gewinnt dabei jene durch das Genie des Architekten gezügelte Freiheit, die den besonderen Ruhm des piemontesischen Spätbarock ausmacht. Dazu gehört das strenge Maß des Dekors, der sich auf sparsame Unterstützung der architektonischen Linien beschränkt.

Von den übrigen Kirchen der mehr an Gotteshäusern als an Palästen reichen Stadt sei noch der einschiffige Barockraum von *San Filippo Neri* genannt, der weniger durch seine konventionelle Architektur – es handelt sich um einen von Kapellennischen begleiteten Saalraum mit eingezogenem Chor, beides von einer durch Stichkappen über den Fenstern angeschnittenen Tonne überwölbt – als durch seine reiche Ausstattung mit Stukkaturen und Altären einen Besuch lohnt. Man findet die Kirche in der Nähe des klassizistischen Triumphbogens, der die von der Piazza Cavour zur Kirche S. Domenico führende Hauptstraße überspannt.

Bergheiligtümer

Sagra di San Michele

Von allen Bergheiligtümern Piemonts durch Alter und Bedeutung am meisten ausgezeichnet ist die sogenannte ›Sagra di San Michele‹, auch ›S. Michele in Chiusa‹ genannt. Weithin sichtbar krönt das mittelalterliche Bauwerk den Monte Pirchiriano, eine felsige Erhebung im Zuge des Felsgrates, der vom Tal der Dora Ripária nach Süden jäh zum Massiv des Monte Salancia emporsteigt. Rund 250 Meter über dem Meer liegt der Talgrund, 962 Meter ist die Höhe des Gratgipfels, auf dem die Sagra sich erhebt; nach einem schmalen Sattel steigt das Massiv bis zu einem Gipfel von 2088 Meter Höhe. Aus der Ferne gesehen, läßt sich der Menschenbau vom Gipfelstock kaum unterscheiden, der in erschreckend steilen Felsen gegen das Haupttal abstürzt. Erst beim Näherkommen hebt sich das Bauwerk ab, und man erkennt die gewaltigen Substruktionen des aus den niedrigeren Klostergebäuden turmartig vorspringenden Chor-Unterbaus und dann die Kirche selbst mit ihrem Strebewerk und dem flach geneigten Hochschiffgiebel. Ist man von Avigliana aus um den kleinen Moränensee auf schmaler, kurvenreicher Straße durch die Buschwälder emporgefahren, so sieht man auf dem etwas sanfteren Westteil des Klosterbergs die Ruinen weiterer Abteigebäude, die seit dem 17. Jahrhundert von den Mönchen verlassen und dem Zerfall preisgegeben wurden, dem erst die um die Mitte des 19. Jahrhunderts einsetzenden Sicherungs- und Wiederherstellungsarbeiten ein Ende setzten.

Legende. Der Felsgrat war schon in römischer Zeit besiedelt, weil von hier aus besonders günstig ein Militärposten den Ausgang der schon damals wichtigen Alpenstraße in die Ebene überwachen konnte. Doch der Ursprung des heutigen Heiligtums fällt in die Zeit Kaiser Ottos III., in der man mit der Wende des ersten christlichen Jahrtausends auch das Ende der Welt erwartete und sich allerseits in frommen Werken überbot. In dieser Seelenlage zog sich Giovanni Vincenzo, bisher Bischof von Ravenna, in die von seiner Diözese weit entfernten Berge der Dora Ripária zurück, um hier als später heiliggesprochener Eremit sein Leben zu beschließen. Soweit die verbürgten Daten; doch eine Legende berichtet, wie Vincenzo sich zunächst auf der anderen Seite des Haupttals, auf dem Monte Caprasio, niederlassen wollte, und wie dann eines Nachts ein Engelzug das schon bereite Baumaterial auf den von Menschen sehr viel schwerer zu erreichenden Monte Pirchiriano trug, den nunmehr zu bewohnen die Erscheinung des Erzengels Michael ihm befahl. Das ›Chronicon Coenobii Sancti Michaelis de Clusa‹, eine Chronik, die im letzten Drittel des 12. Jahrhunderts von einem Mönch Wilhelm verfaßt wurde, ergänzt die eben erwähnte Legende dahin, daß Giovanni Vincenzo zur Einweihung des von ihm mit Hilfe der Engel erbauten Heiligtums den damaligen Bischof von Turin geladen und daß dieser unterwegs in Avigliano am Fuße des Monte Pirchiriano gerastet habe. In der Nacht habe ein riesiges Feuer auf dem Berge das Volk geängstigt; als aber der Bischof aufgebrochen sei, um den vermeintlichen Teufelsspuk zu bannen, habe er oben auf dem Monte Pirchiriano erkennen dürfen, daß es ein frommes Zeichen des Himmels gewesen sei und die Engel den Altar zur Feier bereitet hätten.

Eine Gottesburg. Die Legende zeigt, wie nahe heidnischer Dämonenglaube und christliche Heilsgewißheit einander damals waren und wie sie sich gerade im Kult des heiligen Michael berühren. Denn im Unterschied zu den von der Natur mehr gesegneten Ebenen bedeuteten die Berge trotz ihrer Himmelsnähe mittelalterlichen Menschen weit eher eine Hölle, voll unheimlichster Gefahren. Der Erzengel Michael aber schleuderte die Verdammten in den Abgrund und wurde deshalb ganz besonders in der Höhe verehrt: in Bergheiligtümern, doch auch in Kapellen, die über dem eigentlichen Kirchenraum im Westwerk vieler ottonischer Gotteshäuser eingebaut wurden. Von den bösen Geistern glaubte man, daß sie gleich den schlimmen Winden von Westen kämen, und so behütet auch die Sagra di San Michele das Land Piemont gegen Westen, wo aus den Alpen nicht nur Unwetter und Hochwasser, sondern in der Geschichte immer wieder feindliche Stämme und Heere eindrangen, von den Sarazenen des Frühmittelalters bis zu den Franzosen in der Epoche Napoleons und der Großen Revolution.

In solchem Sinn bedeutet der dem heiligen Michael geweihte Berg nicht nur Zuflucht für die benachbarten Orte in Kriegszeiten, nicht nur Zwischenstation für die von Frankreich nach Rom und umgekehrt von Italien nach den großen Wallfahrtszielen Westeuropas ziehenden Pilger, sondern darüber hinaus recht eigentlich eine Festung des Glaubens, gleichsam ein Sperrfort gegen den Einbruch des Bösen. Dabei stellen solche Bergklöster zur Verteidigung bereitete Burgen auch in einem ganz realen Sinn dar, freilich geweiht und behütet durch die höhere Macht der Religion. So wächst das christliche Europa in den Gottesburgen des Mittelalters zum Himmel, wofür in Italien noch S. Angelo auf dem Monte Gargano in Apulien, die Bergkirche von Valeria ob Sitten in der Schweiz und der Mont St.-Michel im Westen der Normandie als Beispiele genannt seien. Die neueren Jahrhunderte haben unter dem Antrieb der Gegenreformation die ›Heiligen Berge‹ im östlichen Piemont und in den benachbarten Teilen der Lombardei wenn nicht neu geschaffen, so doch ausgestaltet. Über Turin aber findet die mittelalterlich geschlossene Baumasse der Sagra di S. Michele ihre barocke Antwort im lichten Säulenkuppelbau der hochgelegenen Superga. Beides sind Bergheiligtümer und stehen in Augenverbindung miteinander. Doch ist die Beziehung tiefer als nur optischer Natur; beides sind die großartigsten Zeugen einer einst das ganze Land überspannenden Sakrallandschaft.

Der heutige Bau der Sagra geht im wesentlichen auf das 12. und 13. Jahrhundert zurück. Er zerfiel seit dem ausgehenden 14. Jahrhundert mit dem Niedergang des von Benediktinern bewohnten Klosters, das 1622 durch ein Dekret Papst Gregors XV. aufgehoben wurde. Die damals dem Ruin überlassene Abtei stellte Karl Albert (1831-1849), mit dem die Nebenlinie Savoyen-Carignan auf den Thron kam, 1836 wieder her und erkor sie als Grabstätte für eine Reihe seiner Vorfahren, als Gegenstück zur Königsgruft unter der Superga.

Die Kraft, die von der Sagra in die Ferne strahlt, bestätigt sich auch in der Nähe. Jetzt erst, beim Hinaufsteigen vom schmalen Sattel aus, auf dem die Straße endet, vorbei an der Ruine eines romanischen Zentralbaues, der einst den Mönchen als Grabkapelle diente, erlebt man ganz die Wucht der mächtigen Grundmauern, die, was die Kirche anbelangt, die Höhe eines dreistöckigen Hauses erreichen – und ein solches Haus ist auch auf der Südseite der Kirche ›untergeschoben‹, besser: dem Felsen angefügt, auf dem zum Teil die Kirche steht. Das Ragende der hochemporgebauten Kirchenfundamente wird ergänzt durch das Auf-Fels-Gegründete, gleichsam im Fels Verwurzelte. Fels und Mauerwerk, Berg und Bau gehen ineinander über und vermählen sich auf ebenso innige wie großartige Weise. Über alles nur Sinnfällige hinaus, das den modernen Menschen allzu ausschließlich anspricht, kommt hier reichste Symbolik zum Ausdruck.

Tritt man nach einem ersten Anstieg über freie Treppen und Rampen hinweg nunmehr durch ein von runden Bogen oben umschlossenes Portal in den dem Kirchenchor untergeschobenen Turmbau, so glaubt man sich im Innern des Berges. Die Mauern sind so dick und die Gewölbe so schwer, als seien sie Felsen. Wirklicher Fels, erstarrtes Urgestein, aber drängt sich an die Treppe, die in vielen Stufen aus dem Formlosen ins Geformte eines durch Pfeilerbogen gegliederten architektonischen Raumes emporführt und damit den Aufstieg zum Licht – zum Heil – versinnbildlicht. Denn das obere Portal, hinter dessen romanischen Säulen die Symbole des Tierkreises gemeißelt sind, entläßt nur vorübergehend den Besucher ins Freie. Bald tritt man durch ein zweites, schlichteres Tor in das Innere der Kirche.

Das Kircheninnere. In dem als dreischiffige Emporenbasilika nach lombardischen Vorbildern erbauten Raum herrscht der romanisch-gotische Übergangsstil vom späten 12. zum frühen 13. Jahrhundert. Die Pfeiler, welche die schmalen und niedrigen Seitenschiffe von dem durch Emporen begleiteten, breiten Mittelschiff abtrennen, sind reich gegliedert durch unterschiedlich starke Dienste. Darüber entwickeln sich breitjochige Kreuzgewölbe, deren Rippen in den erst im 13. Jahrhundert vollendeten Teilen schon die ganze Schärfe der von Frankreich übernommenen Gotik zeigen. Spätromanisch ist dagegen die Ostpartie, wo die Seitenschiffe je in einer Apsis, das Hauptschiff aber in einer komplizierten Dreipaßform enden. Die vom Ziegelgrund der Mauer sich abhebenden Haustein-Teile sind nicht nur reich gegliedert, sondern auch von Skulpturen reizvoll belebt.

Das große, in verschiedenen, dünnen Säulen abgestufte Mittelfenster wird von den schlanken, übereinander stehenden Figuren von Propheten und einer Verkündigungsgruppe flankiert, während über seitlichen Wandsäulen Evangelisten mit ihren Symbolen angebracht sind, zum Schmuck, doch mehr noch zur Sinngebung dieses durch seine besondere Weihe ausgezeichneten Raumteiles. Der Stil dieser mit dem Bau formal wie ideell verwachsenen Figuren, die zwischen 1170 und 1180 entstanden sein dürften, ist noch romanisch. Er wird aufgrund seiner gedehnten Proportionen von der neueren italienischen Forschung mit der Bauplastik am Dom von Piacenza in Verbindung gebracht, während die Kapitelle, der Fries und die Sockelfiguren am Außenportal am oberen Ende der Felsentreppe in engstem Zusammenhang mit dem Dom von Ferrara stehen, dessen Bildhauer Niccolò mit der Jahreszahl 1135 seinen Namen an das Portal meißelte. In den Kapitellen des Langhauses wechselt figurale Plastik im Stil des 12. Jahrhunderts mit gotischem Pflanzenwerk an den jüngeren, westlichen Pfeilern der im übrigen nie ganz vollendeten Kirche.

Die vor allem im westlichen Teil erhaltenen Wandbilder halten – ganz abgesehen von ihrer nicht ganz einwandfreien Restaurierung – nicht ganz die Höhe der spätromanischen Bauskulptur. Ebenfalls mehr dem künstlerischen Durchschnitt gehört das gotische Abtsgrab an. Beachtenswerter ist das Triptychon auf dem Hochaltar. Vor altertümlichem Goldgrund, der durch das reichvergoldete Schnitzwerk der architektonischen Umrahmung aufgenommen wird, hat hier noch um 1520 Defendente Ferrari die Madonna in der Engelsglorie dargestellt, dazu den heiligen Michael, der in seiner Wappnung dem heiligen Georg gleicht, und auf der anderen Seite im Bischofsornat den unbekannten Stifter des Altars, behütet vom heiligen Johannes Vinzenz, dem Gründer der Sagra.

Der Raum ist mäßig hell. Im Ganzen herrscht ein höhlenartiges Dämmerlicht, das sich in den Emporen und einzelnen Gewölbeteilen vertieft. Man wird an die Höhle auf dem Berggipfel gemahnt, ein uraltes Motiv, das lange schon vor Christus im Mittelmeerländischen eine sakrale Rolle spielt: nicht nur jene Höhle auf dem Ida, dem höchsten Gipfel Kretas, wo Zeus zur Welt kam und von der Ziege Amalthea genährt wurde, sondern andere in noch sehr viel älteren Mythen und Funden. So ist auch das Heiligtum von S. Michele in Chiusa weit über seine historische Gründung hinaus mit uralten Schichten des menschlichen Bewußtseins verbunden.

Varallo

Vorbei an der arkadenumgebenen Loretokapelle in *Rocca Pietra*, mit ihren von Gaudenzio Ferrari und anderen piemontesischen Meistern des frühen 16. Jahrhunderts geschaffenen Fresken gelangt man nach Varallo, dem Hauptort des oberen Sésiatales. Der alte Ortskern erinnert mit seinen Haustypen merkwürdig an das zwar nahe, jedoch durch die höchsten Berge Europas vom Sésiatal getrennte Wallis. Wie in Brig, Visp und Sitten gibt es mehrstöckige, städtisch anmutende Bauten, vorwiegend aus dem 18. Jahrhundert, mit einzelnen zierlich geschmiedeten, sich den Fassaden anschmiegenden Balkonen. Diese Häuser mit ihren mäßig steilen, steinplattengedeckten Dächern haben ausgesprochen alpinen Charakter. Ebenfalls manchen Kirchen im Wallis verwandt ist das Äußere der hoch über dem Hauptplatz gelegenen Pfarrkirche San Gaudenzio. Ein zierlicher Säulenumgang wird hier von grob gemauerten Substruktionen getragen, die den eigentlichen Kirchenfelsen ummanteln. Das Innere gibt sich als einschiffiger Saalraum mit eingezogenem Chor in einheitlicher Wirkung, dank dem mächtigen, von Stichkappen seitlich angeschnittenen Tonnengewölbe. Damit erscheint der für den Alpenbereich charakteristische Wandpfeilersaal, nur daß im Unterschied zu seinen österreichisch-süddeutschen und schweizerischen Vertretern die Kapellen, die zwischen die das Tonnengewölbe stützenden Querwände gespannt sind, unter dem Hauptgebälk bleiben, wodurch auf eine sehr südliche Weise Wand und Wölbung kontrastvoll gegeneinander abgesetzt sind. Unter den Gemälden des Innenraumes ist das kostbarste das in barocker Fassung über dem Hochaltar die Apsis beherrschende Polyptychon des Gaudenzio Ferrari.

Sacro Monte. Am Platz, wo der Aufstieg zum Sacro Monte zu Fuß beginnt, und wo sich auch die moderne Schwebebahn steil emporschwingt, steht die Kirche Santa Maria delle Grazie. In ihrem Innern fassen die 1513 von Gaudenzio Ferrari geschaffenen Fresken das Leben und Leiden Christi in einem einzigen Gemälde zusammen. In der Wallfahrtsstätte auf dem Sacro Monte hingegen ist es auf nicht weniger als einundfünzig Kapellen-Stationen verteilt. Man sollte statt der Schwebebahn oder des für Autos befahrbaren Weges wenn möglich den Fußpfad wählen, der, an schattigem Waldhang mäßig emporsteigend, von Nordwesten her den Sattel gewinnt. Zwischen den Bergen nördlich von Varallo und ihrem steil abfallenden Sporn gelegen, trägt er den berühmten Sacro Monte.

Es gibt gerade im östlichen, an die Lombardei grenzenden Piemont mehrere ›Heilige Berge‹ ähnlicher Art: bei Orta, bei Varese, in Crea im östlichen Montferrat, dazu gehört auch die Madonna del Sasso oberhalb des schweizerischen Locarno. Sie alle sind während der Gegenreformation zumindest in ihrer heutigen Form entstanden, als weit über Mailand hinaus der damals dort als Erzbischof wirkende Karl Borromäus den von der Reformation bedrohten alten Glauben mit den verschiedensten Mitteln neu zu entfachen suchte. Zu den edelsten dieser Mittel gehörten die Bildenden Künste, die sich zwischen Renaissance und Barock im Zeichen des mit der geistigen Krise der Gegenreformation zusammenhängenden Manierismus gerade in Oberitalien besonders reich entfalteten. Die Idee zum Sacro Monte in Varallo entstand freilich schon vor der Zeit des heiligen Karl Borromäus, nämlich durch einen in Varallo lebenden Franziskanermönch, den später selig gesprochenen Bernardino Caini, der nach einer Pilgerfahrt ins Heilige Land die dort an Christus erinnernden Stätten in seiner Heimat wiedererstehen lassen wollte. Er gewann für seinen Plan den ebenfalls aus Varallo stammenden Maler Gaudenzio Ferrari, der einige Kapellen des ›Neuen Jerusalem‹, wie die ganze Anlage auch genannt wurde, mit Fresken schmückte. Das Hauptverdienst an der Verwirklichung jedoch hatte Karl Borromäus, der für die Aufgabe bedeutende Künstler verpflichtete, darunter die Baumeister Galeazzo Alessi und Pellegrino Tibaldi, ferner die Maler Antonio Zanetti, Giulio Cesare Luini und andere.

Figuren und Fresken. Die rund sechshundert Statuen aus Holz sowie die rund viertausend Figuren in den Fresken an Wänden und Wölbungen der 51 Kapellen gehören zum Eigenartigsten dieses Komplexes. Seltsam muten vor allem die plastischen Figuren durch ihre Bemalung und ihre vielfach natürlichen Haare an, was an den Realismus des spanischen Barock erinnert. Einzelne von ihnen stammen von dem sonst als Maler bekannten Gaudenzio Ferrari, die meisten aber von wenig bekannten Meistern, und bei manchen ist der Urheber unbekannt. So volkstümlich in ihrem Realismus alle diese Statuen sind, so einheitlich erweist sich ihre Wirkung zusammen mit den durch die Architektur gestellten, mit Malereien geschmückten Szenarien. Diese Einheit, welche ja im Grunde das große Anliegen des Barock ist, bleibt bei den im 17. und 18. Jahrhundert geschaffenen Szenen bestehen und wird auch durch die im 19. und 20. Jahrhundert entstandenen Ergänzungen nicht wesentlich beeinträchtigt.

Nicht jede der einundfünfzig Kapellen besitzt ein eigenes Bauwerk. Bisweilen ist eine ganze Gruppe von Kapellen von einem einzigen Gebäude umschlossen. Dabei ergibt sich vom Thema her ein sinnvoller Zusammenhang, so bei den Szenen, die sich um die Geburt und die früheste Zeit des Jesuskindchens ordnen, oder bei jenen Passionsszenen, die sich im Hause des Pilatus abspielen, das samt seiner Treppe, der berühmten ›Scala Santa‹, in freier Weise rekonstruiert wurde.

Höchst eindrucksvoll ist die Verbindung von Skulptur und Malerei. Die Figuren bilden theatralisch effektvoll aufgestellte Szenen, wie wir sie auch von alpenländischen oder neapolitanischen Weihnachtskrippen her kennen, nur daß sie hier, wie auch auf den übrigen ›Heiligen Bergen‹, lebensgroß sind. Die durch die Statuen dargestellten Handlungen werden durch Figuren aufgenommen, die al fresco gemalt sind, und so entsteht immer wieder ein eigentümlich fesselndes Wechselspiel zwischen den greifbar körperlichen Figuren der eigentlichen Szenen und jenen, die, nur dem Auge sichtbar, von den Wänden oder von den Gewölben herab Antwort geben. Die Verbindung zwischen den verschiedenen Daseinssphären, die auf diese Art entsteht, wird verdeutlicht durch einzelne, ebenfalls plastische Landschaftselemente, wie Felsen und Bäume, die, wie auf einer Bühne, zum gemalten Prospekt der Seitenwände und des Hintergrundes vermitteln. Bemerkenswert sind auch die Unterschiede, die zwischen den verschiedenen, an der Gestaltung dieser Stationen beteiligten Epochen sichtbar werden: In den ältesten, noch der Renaissance angehörenden Kapellen herrschen durchaus die plastischen Figuren vor, so in der Anbetung des Jesuskindes durch die Hirten, im Aufbruch der Weisen aus dem Morgenland oder in der Darbringung im Tempel und in der Aufforderung des Engels zur Flucht nach Ägypten.

Der Manierismus des späten 16. Jahrhunderts verrät sich in einer bis zur Rivalität gesteigerten Zweiheit zwischen der Sphäre der plastischen und jener der sie umgebenden gemalten Figuren, wobei im bethlehemitischen Kindermord zugleich an den Effekt des ›Theaters im Theater‹ angespielt wird. In der fast gleichzeitigen Taufe Christi sind die Ufer des Jordans zwar plastisch dargestellt, die Landschaft aber ist als Folge von Wandbildern derart in die Architektur eines polygonalen Innenraumes eingelassen, daß man annehmen soll, der Raum öffne sich nach außen.

Nach der bewußten Doppeldeutigkeit des Manierismus bringt der Barock die Entspannung, indem sich nun die Szenen in immer fließenderen Übergängen in eine gemalte Unendlichkeit weiten. Ein eindrucksvolles Werk dieser Art stellt die Verklärung Christi in Kapelle XVII dar, wo die plastischen Figuren bis hinauf zu Christus und den ihn umgebenden beiden Propheten – alle drei stehen auf noch immer plastisch geformten Wolken – in die gemalte Unendlichkeit der himmlischen Heerscharen aufgenommen sind. Im allgemeinen liebt der Barock die gedrängte Fülle vielfiguriger Szenen, wobei in dem gemalten Schauplatz palastartiger Innenräume eine möglichst große Zahl von Nebenfiguren erscheint, so wenn Jesus Pilatus, dem Hohepriester oder König Herodes vorgeführt wird. Besonders großartig ist das Ecce Homo, bei dem die plastischen Figuren im Hofe des Gerichtshauses zum Balkon drängen, auf welchem Christus der Menge dargestellt wird. Vollends im Spätbarock des 18. Jahrhunderts weitet und lichtet sich die Szene, und zwar auch dort, wo, wie im Abendmahl, ein Innenraum dargestellt wird.

Volkstümliche Religiosität. Der heilige Berg von Varallo wurde in einer Zeit religiöser Anfechtungen errichtet, Anfechtungen, die wohl zunächst vor allem einzelne Intellektuelle erfaßten, welche sich mit den Gedanken Luthers, Zwinglis und Calvins befaßten, doch die darüber hinaus auch das gewöhnliche Volk zu ergreifen drohten. Denn gerade in den Bergtälern lebte mittelalterliches Sektenwesen weiter, das sich nicht einfach unterdrücken, sondern viel eher mit gleichfalls religiösen Mitteln bekehren ließ.

So ist dem Monte Sacro – und zwar ganz allgemein – von Anfang an ein sehr volkstümliches Element eigen, in Varallo schon durch seinen Gründer, den Franziskanermönch Bernardino Caini, sowie durch den wichtigsten Förderer, den Mailänder Kardinal-Erzbischof Karl Borromäus, der wohl aus gräflichem Geschlecht stammte, sich in seinem umfassenden Wirken aber auch um die inneren Anliegen des Volkes kümmerte. Zu einer dem Volk verständlichen Kunst bot das 16. Jahrhundert, in welchem der Heilige Berg von Varallo seine Gründung und wichtigste Gestaltung erfuhr, günstige Voraussetzungen, denn damals erfuhr die schon mit der Frührenaissance einsetzende Hinwendung zur Natur ihren Höhepunkt, und ähnlich verhielt es sich mit dem Interesse am Menschen sowohl in seiner Physis wie in seiner Psyche. Zu all dem gab es freilich im Manierismus auch die Gegenströmung des Exklusiven: im Gesellschaftlichen wie im Intellektuellen, was sich künstlerisch in einem raffiniert überspitzten Formalismus äußerte. Davon ist in dem Kapellen-Komplex des Monte Sacro verhältnismäßig wenig zu spüren, es sei denn, in der von Galeazzo Alessi geschaffenen Außenarchitektur einzelner Kapellen, an denen das Palladiomotiv mit Säulengesimsen und Bogen dem eigentlichen Bau in manieristischer Art als Kulisse vorgestellt wird. In den plastischen Figuren aber herrscht nicht erst im Barock das Greifbare, Handfeste, bis zur Übertreibung Realistische. Denn als Übertreibung wirken letzten Endes die natürlichen Haare, die auf den holzgeschnitzten Köpfen in einer unheimlichen Weise an moderne ›Collagen‹ erinnern. Bestürzend lebensnahe sind die meisten Physiognomien, insbesondere die der Schergen, die Jesus verspotten und peinigen, oder beim

Volk, das zum Ecce Homo drängt. Aber auch die Wächter, die Beamten und Höflinge, die bei den Gerichtsverhandlungen assistieren, sind ganz unmittelbar dem Leben entnommen. Christus steht in einer um so ergreifenderen Verlorenheit in dieser menschlichen Wüste, ausgesetzt aller Gemeinheit, als Mensch unter Menschen, und trotz allem nicht nur gezeichnet, sondern ausgezeichnet. Man muß die in ihrer Demut so erschütternde Gestalt oft suchen, bis man sie im Getümmel der vielen Figuren entdeckt, in einem seelisch nachhaltigen Vexierspiel, ähnlich wie auf den Bildern des großen niederländischen Manieristen Pieter Brueghel. Die große Kreuzigungsszene dagegen, die als eine der ältesten Schöpfungen im wesentlichen auf Gaudenzio Ferrari zurückgeht, hebt Christus durch das Kreuz als leidenden Triumphator über die hier im Stil der Hochrenaissance stärker geordnete Masse empor.

Neben den dramatischen Szenen, in denen das Laute und Schrille herrscht und in denen Christus von der menschlichen Gemeinschaft überwältigt zu werden scheint, gibt es auch das Leise und Verhaltene in Gruppen von ergreifender Innerlichkeit. So in den letzten Akten der Passion, da sich die Menge verlaufen hat und nur mehr die Christus Nahestehenden sich um den Toten bemühen: in der Kreuzabnahme und der Beweinung. Die erst im 19. Jahrhundert entstandene Grablegung kann den bisherigen Ton nicht mehr ganz durchhalten und verfällt bereits in eine gewisse Sentimentalität. Lyrisch zart dagegen und doch getragen von der heroischen Kraft eines großen Stils sind die Szenen der Verkündigung mit dem in Gewandung, Haltung und Ausdruck gleich schönen Engel, von ergreifender Hingabe ihm gegenüber Maria, oder der ob dem Wunder erschrockene Josef in der Anbetung des neugeborenen Jesuskindleins.

So wie die im Leben und Leiden Christi sich vollendende Heilsgeschichte sich wie ein kunstvoll verwickelter Faden durch die stillen und die lauten Szenen zieht, bald klar und rein sich offenbarend, bald im Getümmel einer grausamen Welt sich fast verlierend, so wird auch der Betrachter von Station zu Station emporgeführt bis zur Vollendung des Erdendaseins Christi. Der Weg führt von Kapelle zu Kapelle, von denen sich einzelne zu Gruppen vereinen, andere allein im Grünen stehen. Was schon durch das aufsteigende Gelände an Mannigfalt gegeben ist, wiederholt sich in den Bauten, die von der Schlichtheit einer Bergkapelle bis zur Stilarchitektur eines von der nahen Lombardei beeinflußten Manierismus und Frühbarock reichen. Auch die Bodenformen werden zur Darstellung herangezogen; so steht der von Galeazzo Alessi – dem führenden Baumeister des oberitalienischen Frühbarock – errichtete Rundbau mit der Szene ›Christi Verklärung auf dem Berge Tabor‹ tatsächlich auf einem kleinen Hügel.

Marienheiligtum. Zuoberst auf dem Gipfelplateau tritt die uns zuvor aufs innigste mit Bäumen, Buschwerk und Rasen begleitende Natur zurück. Der von niedrigen Buchsbaumhecken eingefaßte Weg mündet auf einen Platz, um den sich größere Gebäude schließen, darunter der ›Palast des Pilatus‹, wo in eindrucksvollen Massenszenen über Jesus Gericht gehalten wird. Der Platz wird beherrscht von der Kirche, durch deren kühle Neurenaissance-Fassade man in das Innere tritt. Der an sich schlichte Wandpfeilersaal, der jedoch in reichstem Spätbarock geschmückt ist, dient der Verherrlichung der Muttergottes, die schon in den letzten Szenen der Passion ihre ergreifende Rolle spielte. Maria schwebt in der teils plastischen, teils gemalten Darstellung der Himmelfahrt über dem Hochaltar aus der Apsiswölbung zur Kuppel empor, in der sich der ganze Himmel öffnet. Nun nicht mehr mit der Spannung des Manierismus wie in so manchen Szenen des Stationenwegs, sondern in der ekstatischen Verklärung des reifen Barock entfaltet sich hier noch einmal in rauschender Orchestrierung das heilige Schauspiel zum gewaltigen Finale.

Tritt man wieder hinaus aus dem Marienheiligtum, das bei allem überirdischen Glanz uns doch fast höhlenartig umschließt, und blickt man von den einzelnen Terrassen über den Abgrund des hier ungemein steil abfallenden Berges hinweg zu anderen Bergen, über denen sich nun wieder der reale Himmel wölbt, dann fühlt man sich über den Gipfel dieses Heiligen Bergs hinausgehoben in eine Welt, in der innerer und äußerer Bereich, nämlich faßbare Natur und bereits ins Übersinnliche weisendes Heilsgeschehen, beglückend stark zusammenklingen.

Santuario d'Oropa

Man fährt von Biella aus in vielen Windungen empor durch die reizvolle Hügelzone am Fuß der Alpen, die bald den Blick auf die felsigen und baumlosen Vorberge, bald auf die sich meist im Dunst verlierende Ebene freigibt. Die Nähe aber ist wie ein einziger großer Park mit zedernumstandenen Villen, Weinbergen und anderen Kulturen; in die üppig gedeihende Natur hineingesetzt sind Weiler und Dörfer mit städtisch eng zusammengeschlossenen Häusern. So wie hier sah es einst auch in der Umgebung von Lugano aus, bevor sie der Spekulation verfiel und sich unproportionierte, dicht beisammenstehende Wohnblocks breitmachten, die hier, vorerst, zum Glück noch fehlen.

Geschichte. Nach einer Fahrt von nicht viel mehr als einer halben Stunde kündigt ein Stationenweg den Wallfahrtsort an, der zu den besuchtesten nicht nur von Piemont, sondern von ganz Italien zählt und auch vielen Pilgern aus dem Ausland als Ziel dient. Oropa beansprucht den Ruhm, das älteste Marienheiligtum des Abendlandes zu sein. Im Jahre 369 soll der heilige Eusebius, damals Bischof von Vercelli, hier oben eine Kapelle gestiftet haben, und zwar für eine hölzerne Marienfigur, die angeblich aus Jerusalem stammte und von dem Evangelisten Lukas – der ja bekanntlich die Madonna malte – geschnitzt worden sein soll. Die ersten gesicherten Nachrichten über das Heiligtum von Oropa stammen freilich erst aus dem 13. Jahrhundert. 1294 nämlich wurde neben der ursprünglichen Kapelle eine größere Kirche erbaut und 1459 mit dem Kapitel von S. Stefano in Biella verbunden. Im Unterschied zur Sagra di San Michele, wohin die Wallfahrt bereits stark abnahm, mehrten sich die Pilgerzüge nach Oropa gegen Ende des Mittelalters und nahmen in den darauffolgenden Jahrhunderten immer größere Ausmaße an. Dies bezeugen die heute bestehenden Bauten. 1599 wurde während einer Pest eine neue Kirche gelobt und von 1600 bis 1606 erbaut. Es ist die noch heute das Gnadenbild umschließende Basilika des Frühbarock. 1620 war die Zufahrtsstraße fertig, die den Bau der 1644 begonnenen Pilgerhäuser ermöglichte. Diese Anlage gehört zu den eindrucksvollsten ihrer Art und kann mit den größten Schloßbauten wetteifern, so sehr ist sie auf eine geradezu fürstliche Repräsentation hin geschaffen. Zugleich waren die umfangreichsten Erdbewegungen nötig, um Platz zu bekommen nicht nur für die Flügel und Pavillons, sondern auch für die Höfe, Treppenanlagen und Vorplätze. Mit dem Ende des Barock im ausgehenden 18. Jahrhundert war die von Architekten vom Range Gallos und Vittones geschaffene Anlage vollendet. Doch fehlte noch eine das Ganze krönende Kirche. Diese entstand erst im 19. und 20. Jahrhundert. 1885 wurde sie begonnen, 1939 verändert und erst 1960 geweiht.

Lage und Anlage. In mehr als einer Hinsicht erscheint Oropa als Gegensatz zur Sagra di San Michele: Dort ein männlicher Engel, der auf steilster Felsspitze verehrt wird, hier die menschliche Muttergottes, der eine erdennahere Verehrung zuteil wird. Dort das Mittelalter in seiner Himmelsgebundenheit, deren Mißachtung fast unweigerlich den Niedergang des Klosters bedeutete, hier dagegen eine Jenseitsbindung, die irdisches Wohlleben mit einbezieht, sofern es die Grenzen nicht überschreitet, mit einbezieht in jenem allumfassenden Gewährenlassen, das gerade den katholischen Barock kennzeichnet. Im Unterschied zu dem fast unzugänglichen Felsengipfel von S. Michele in Chiusa liegt Oropa in einem weiten Talkessel, umgeben von Wiesen und hochstämmigen Wäldern mit einer bequemen Zufahrt. Die Kirche, in welcher in der Sagra die Gebäude gipfeln, ist in Oropa dem Ganzen wenig integriert; die beiden Gotteshäuser, das schlichte frühbarocke und das pompöse der modernen Zeit, widersprechen sich eher, als daß sie sich ergänzen. Das neue stellt das ältere als überholt in Frage und wirkt doch selbst wie ein unfertiges Provisorium, vom übrigen Komplex merkwürdig abgesondert. So liegt das Hauptgewicht auf den eher profanen Bauten, auf dem Kloster und mehr noch auf allem, was den Pilgern dient, sowohl zur Erbauung wie auch zur leiblichen Erquickung.

Die Straße, die bisher dem Hang gefolgt war und nun bereits von den Kapellen des Stationenwegs begleitet ist, biegt ein in einen breiten Talgrund, in dessen Mitte sie, gesäumt von alten Linden, nun emporsteigt. Sie folgt einer schräggeneigten, künstlich planierten Rasenfläche und endet schließlich in einem ersten, talabwärts offenen Hof. Dieser wird eingefaßt von seitlichen Flügeln, deren Hauptgeschoß sich in Säulenarkaden in der Gruppierung des Palladio öffnet, an den südlichen Enden überragt durch turmartige Eckpavillons, die zugleich die breite Zufahrt flankieren und dem Ganzen das Ansehen eines Schlosses geben. Einen ersten Anklang an die Sphäre des Sakralen gibt die Mitte des rückwärtigen Hofflügels. Die mehrfach gebrochene Freitreppe wäre mit ihren Balustraden und Obelisken auch an einem Schloßbau möglich; die Säulenfront, die als zweigeschossige Ordnung von einem Sprenggiebel gekrönt ist und die vor die im Palladiomotiv sich öffnende Loggia und die darüber sich hinziehenden glatten Fensterfronten tritt, entfaltet das Pathos sowohl einer Kirchenfassade wie auch einer zweigeschossigen Palastfront. Doch ist es kein Portal im gewöhnlichen Sinne, sondern ein Durchgang, den man über die so stattliche Freitreppe betritt. Dahinter nämlich öffnet sich ein zweiter, höher gelegener Hof, den nunmehr ältere Flügel umschließen und an dessen rechter Seite die frühbarocke Kirche steht.

Die Kirche ist erfüllt von Wallfahrern, die sich vor dem Gnadenbild drängen. Wie in Einsiedeln und wie so viele Ikonen, ist es schwarz, wozu die von Taft und Seide und Preziosen glänzende Einkleidung die wirkungsvollste Folie bildet. Die zahllosen Votivtafeln mahnen bis in unsere Zeit an die hier geschehenen Wunder. Einen Höhepunkt erhält der Kult jeweils in den Sommermonaten durch den Zustrom von Kranken, die hier ähnlich wie in Lourdes Heilung suchen.

Über die schlichten Bogenreihen der bergseitigen Flügel, die gleich der Wallfahrtskirche im frühen 17. Jahrhundert erbaut wurden, blickt etwas kühl und fremd der säulengeschmückte Kuppelbau der neuen, der Regina Montium geweihten Kirche. Ihre kalte Pracht wird nicht gemildert, sondern verstärkt durch den kolossalen Maßstab, und beim Näherkommen, wenn man den oberen Hof mit der alten, so viel intimeren Kirche verlassen hat, wird vollends deutlich, wie beziehungslos und isoliert der Riesenbau in eine ungestaltet öde Umgebung gesetzt ist. Denn fast unmittelbar daneben und dahinter beginnt eine schon alpine Natur mit Weiden anstelle planierter Wiesen und Buschwäldern anstelle hochstämmiger Bäume wie im unteren Teil der Anlage, die man nun verlassen hat, um in einen Bergkessel zu gelangen, den in der Höhe Felsen und Geröllhalden zwischen baumlosen Matten beherrschen.

Unten aber, vor allem in dem gegen Süden geöffneten Vorhof, herrscht meist reges Pilgerleben, ein Hin und Her der Wallfahrer und Touristen. Und es ist wirklich für alle gesorgt: Man kann in einem teueren Restaurant an weißgedeckten Tafeln speisen, aber auch gegenüber an einfachen Tischen sich billig verpflegen. Wen es zwischen den Gebeten im oberen Bezirk hier unten nach Billardspiel und Fernsehen gelüstet, findet dazu Gelegenheit. Es gibt sogar ein Western-Kino und in den Ständen und Läden neben Devotionalien auch – Kinderpistolen!

Santuario di Vicoforte

Zu den wichtigsten unter den vielen Gnadenorten Piemonts gehört das Sanktuarium von Vicoforte bei Mondovì in der Provinz Cúneo. Seinem Ursprung nach ist es das jüngste. Denn erst gegen 1540 ereignete sich hier jene wunderbare Erscheinung der Madonna, der zu Ehren zunächst ein bescheidenes Tabernakel – ein ›Bildstock‹ würde man in Süddeutschland sagen – errichtet wurde. Nach weiteren wunderbaren Begebenheiten folgte dem Bildstock eine Kapelle, in der das Gnadenbild bald wachsende Verehrung fand. Im Jahre 1595 begann man damit, die Kapelle durch eine Kirche zu ersetzen, doch als der ob seiner Frömmigkeit bekannte Herzog Karl Emanuel I. von Savoyen davon hörte, unterbrach er die eben begonnenen Bauarbeiten. Denn ihm schien nur ein Wettbewerb unter den damals führenden Architekten eine würdige Gestaltung des neuen Gnadenortes zu gewährleisten. Diesen gewann Ascanio Vittozzi, der Hauptmeister des piemontesischen Frühbarock. Auf ihn geht sowohl die von niedrigen Bauten regelmäßig gesäumte Platzanlage wie auch der Plan für die im Zentrum stehende Kirche zurück. Im Sommer 1596 fand unter großen Festlichkeiten die Grundsteinlegung statt, doch war das Unternehmen vorerst zu groß geplant; es stockte, nachdem 1615 der fromme Mäzen gestorben war. Erst 1701 schien sich neue Hoffnung für den Bau zu ergeben, als mit seiner Fortführung der damals noch sehr junge Francesco Gallo aus dem nahen Mondovì betraut wurde. Aber der inzwischen ausgebrochene Spanische Erbfolgekrieg brachte neue Verzögerungen, so daß erst 1729 über dem mächtigen Unterbau Vittozzis mit der nicht minder großartigen Tambourkuppel begonnen werden konnte. Juvarra beriet Francesco Gallo, der sich inzwischen zu einem der erfolgreichsten Kirchenarchitekten im westlichen Piemont entwickelt hatte, und in der erstaunlich kurzen Zeit von zwei Jahren war die Kuppel und zwei Jahre danach auch die Laterne vollendet. Die Ausschmückung des Innern, die nicht nur die neuen, sondern auch die schon viel früher vollendeten unteren Teile umfaßte und an der neben anderen auch der berühmte Theatermaler Giuseppe Galli da Bibiena beteiligt war, dauerte freilich bis 1752. Die Hauptfront und die Glockentürme entstanden sogar erst im späten 19. Jahrhundert.

Wenn auch umgeben von Hügeln, die allmählich zu den Höhen der Meer-Alpen und des Apennins emporsteigen, ist das Sanktuarium von Vicoforte doch kein eigentliches Bergheiligtum. Vielmehr beherrscht der Bau einen flachen Talgrund, der weiten Plätzen und großzügigen Anlagen Raum bietet. Der Außenbau der Wallfahrtskirche ist gekennzeichnet durch eine eigentümliche Mischung von fast schon plumper Schwere und reicher Gliederung. Dem entspricht der Kontrast zwischen der in kraftvoll geschlossenem Frühbarock gestalteten Haustein-Architektur Vittozzis und dem feiner und straffer gegliederten Kuppelaufbau Gallos mit seinem das Auge fast schon impressionistisch ansprechenden, flimmernden Backstein. Die vier Ecktürme, die erst im 19. Jahrhundert ausgeführt wurden, gehen in ihrer Idee auf einzelne Pläne des 16. Jahrhunderts für den Neubau von St. Peter in Rom und die davon beeinflußte Kirche S. Maria di Carignano in Genua, doch letzten Endes auf den Salomonischen Tempel in Jerusalem zurück. Die Türme umstehen gleich würdigen Trabanten das riesige, in die Tiefe gerichtete Oval der Mittelkuppel, deren Konstruktion aus Ziegeln eine der altrömischen Wölbungstechnik vergleichbare Leistung darstellt.

Das Kircheninnere. Den Innenraum betritt man durch eine imposante Vorhalle, die dem eigentlichen Kuppelraum quer vorgelagert ist. Der Hauptraum dehnt sich nach der Tiefe in jener Ellipsenform, wie sie in Piemont vielfach anzutreffen ist. Gewaltige Pfeilermassen, acht an der Zahl, bilden zusammen mit den sie verbindenden Rundbogen einen majestätischen Kranz. Sie umschließen eine untere, durch ein kräftiges Gebälk nach oben abgeschlossene Zone, die sich in vier Kreuzarmen erweitert, von denen der dem Eingang gegenüberliegende Arm als Chor nochmals vertieft ist. Die Diagonalen zwischen den Kreuzarmen öffnen sich in mehrfach gestaffelten Säulenstellungen nach der Tiefe. Über dem horizontal den Säulen aufliegenden Gebälk sind niedrige Emporen angebracht, von denen die beiden westlichen zu seiten des Haupteingangs durch reichgeschmückte Orgelgehäuse belebt sind.

Machtvoll und kontrastreich ist in dieser unteren Zone die Wucht der Pfeiler und der Wechsel der seitlichen Ausweitungen. Die Vielheit sprengt in der Wandzone beinahe die Einheit, die jedoch durch das kräftige Gebälk darüber wiederhergestellt wird. Darüber liegt nochmals eine Wandzone, die eigentlich schon als Tambour anzusprechen ist und doch genau dem schon im Grundriß vorgezeichneten Rund folgt wie im altrömischen Pantheon, nur daß dessen Kreisrund nunmehr zur Ellipse gedehnt ist. Diese Tambourzone ist gleichmäßiger gegliedert, und die Geschlossenheit der Wände wird weniger durchbrochen. Als Öffnungen figurieren nunmehr Fenster, die in acht Dreiergruppen zusammengefaßt sind, wobei die über den Kreuzarmen, also in den Hauptachsen liegenden Fenster leicht durch einen Bogen ausgezeichnet sind, im Unterschied zu den unter geradem Sturz bleibenden Fenstern in den Diagonalen. Das diese zweite Zone nach oben beschließende Kranzgesims faßt nun zum zweiten Mal den Raum als einheitlichen Ring zusammen, doch ist es weniger plastisch profiliert, wodurch eine gewisse perspektivische Wirkung zustande kommt. Darüber leitet eine Attika zur Kuppelschale empor, die von acht Hochovalfenstern durchbrochen ist.

Die Kuppel. Sie war in ihrer ungeheuren, dem Grundriß in der Art des Pantheon konformen Weite schon von Vittozzi geplant, doch wurde sie erst durch Gallo mit den fortgeschrittenen technischen Mitteln und dem mathematischen Können des 18. Jahrhunderts ausgeführt. Doch wird dieses Können keineswegs betont zur Schau gestellt, sondern im Unterschied zur funktionsbewußten Ingenieurskunst des 20. Jahrhunderts völlig überspielt durch die Freskomalerei von Ferdinando Galli da Bibiena. Man soll die Konstruktion vergessen im Aufblick zu einem Himmel der Engel und Heiligen, der gnadenbringenden Jungfrau Maria und schließlich der höchsten Dreifaltigkeit, durchwogt von Wolken, die zum Teil die gemalten Einfassungen der Kuppelfenster überfluten und auf denen sich die Heiligen und Engel in einer Weise präsentieren, daß sie von den in die Kirche einziehenden Pilgern wie ein sakrales Schauspiel erlebt werden können. Wolken ziehen über große Teile der gemalten Kuppelkassetten hinweg, als ob die Wunder des

Himmels sich auf eine meteorologisch natürliche Weise offenbarten. Doch Felice Biella, der hier, unterstützt von dem auf solche Dinge spezialisierten Szenographen Ferdinando Galli da Bibiena, als Maler wirkte, schreckt auch vor Attrappen nicht zurück, wie wir sie sonst nur im Theater gewohnt sind. Um das Wunder der Himmelfahrt Mariens dem Betrachter nahezubringen, überschneiden nicht nur Girlanden, sondern auch Wolken samt darauf plazierten Engeln einzelne Kuppelfenster sowie den unteren Rand der sich im Kuppelscheitel öffnenden Laterne.

Es ist ein schwebendes Schauspiel, wie sich die Figuren hier auf Wolken bewegen. Maria in hellrotem Gewand und einem Mantel von luzidem Blau erscheint über einer Bahn von blendend weißem Hermelin unter einem von Engeln emporgetragenen Baldachin, dessen kühne Verkürzung das Auge bestürzt. Engel spielen dazu, wobei einer von ihnen in einem Gewand von lichtestem Blau, Weiß und Gelb ein Cello streicht. Nicht sehr weit darunter stehen Peter und Paul; die übrigen Apostel besetzen den Rand der Kuppelschale, alles schon bewegt in jener milden, das Tragische vermeidenden Ekstase, wie sie für das aufgeklärte Settecento bezeichnend ist.

Auch die Wandarchitektur ist bis in die unterste Zone hinab durch die lichten, lappig bewegten Fresken des piemontesischen Rokoko ihrer ursprünglichen Wucht, Strenge und Schwere völlig enthoben und zu einem Spiel verklärt, in dem die Teile ineinandergleiten, die Konturen verwischt werden und helles Beige, lichtes Oliv-Grau und Gelb vorherrschen, bisweilen durchzogen von kühlerem Schiefergrau. Zwischen den Bogen der untersten Zone steigert sich die Bewegtheit leicht, namentlich in den rein ornamentalen Rahmenformen, welche die architektonischen Linien überschneiden.

Das ganze umfassende Schauspiel dieser den Raum ins Musikalische transponierenden Malereien ist jedoch nur Antwort, nur Resonanz zum Gnadenaltar, der auf leicht erhöhtem Kreispodium mit seinen Marmorpfeilern und -säulen einen gegen den Haupteingang und Chor geöffneten Ehrentempel darstellt, in welchem Engel ein Kreuz über den Tabernakel halten, dessen goldfunkelnder Zierat das Gnadenbild umschließt.

Superga

In der für Piemont so bezeichnenden Sakrallandschaft bildet die Superga in mehr als einer Hinsicht einen Höhepunkt. Weithin beherrscht ihr Kuppelbau das Land, flankiert von zwei Türmen, von denen je nach Standort bald nur dieser, bald nur jener zu sehen ist. An die hochragende Kirche mit ihrem gelockerten Umriß schließt die langgestreckte, geschlossene Masse des Klosters; das Ganze auf einer der höchsten Erhebungen jener lieblichen Collina, in welcher das Hügelgebiet des Montferrat unmittelbar vor Turin sein westliches Ende nimmt.

Lage. Eine breite Terrasse ist in großenteils künstlicher Planung dem Dome vorgelagert. Von hier aus fällt der Blick über Wälder und reich bepflanzte Hänge hinab zum Po, der noch bis in die beginnende Nacht hinein als rötlich überhauchtes Silberband die Grenze zwischen Berg und Ebene markiert und von Westen her in der Dora Ripária einen Zufluß gewinnt. An den Po drängt die Stadt, deren geschichtlicher Kern mit Kastell und Schloß und Kathedrale den modernen Häusermassen noch Halt zu gebieten und ein Zentrum zu geben vermag. Hinter weitausgreifenden, großflächigen Industriezonen ahnt man im Dunst wieder offenes Land, aus dem fast unvermittelt steil und schroff die Alpen aufsteigen. Ihr Kranz wird dort, wo er am nächsten rückt, vom Tal der Dora Ripária durchbrochen. Gegen Norden hin ziehen sich die Kämme und Gipfel zurück; nur bei klarer Sicht vermag das Auge den Gran Paradiso zu erkennen und noch weiter östlich die Stelle, wo die Dora Báltea durch die Moränenhügel in die Poebene mündet.

Über dem für das ganze Panorama so markanten Austritt der Dora Ripária aus den Bergen zeichnet sich über die Entfernung hinweg der Klosterfelsen der Sagra di San Michele ab, wie man auch von dort aus bei gutem Wetter die Superga über dem

Dunst der Stadt schweben sieht. Alpen und Hügelland, Mittelalter und neuere Zeit antworten einander über die seither beängstigend angewachsene Hauptstadt des Landes hinweg. Weiter westlich ahnt man Torre Péllice, Siedlung und Mittelpunkt der Waldenser; dann wird das weiterschweifende Auge gebannt durch die unheimlich steil den sonst eher gleichmäßigen Alpenhorizont durchbrechende Pyramide des Monviso, an dessen Fuß der Po entspringt.

Der Anlaß des Baus. Die ferne, mittelalterliche Sagra und das barocke Bauwerk der Superga, so sehr verschieden sie an Lage, Gestalt und weitgehend auch an Bedeutung sind: gemeinsam ist ihnen doch das Motiv des Kampfes. Dort, über San Michele, der Kampf des Erzengels gegen die von Westen her aus dem einst gleich einer Wüste gefürchteten Hochgebirge in die fruchtbare Ebene brechenden Dämonen, denen später immer wieder auch reale Feinde folgten – hier das triumphale Denkmal für jenen am 7. September 1706 erfolgten Sieg, in dem Prinz Eugen, zusammen mit seinem Vetter, Herzog Viktor Amadeus II., die Stadt aus der Umklammerung von den ebenfalls von Westen in die Ebene eingedrungenen Truppen Ludwigs XIV. befreite. Dort, auf dem fernen Felsen, ein noch mythisches Geschehen, in dem sich der Mensch dem Jenseits verbunden fühlte – hier ein bestimmtes historisches Ereignis, topographisch genau auszumachen: Genau unter dem Hügel der jetzigen Superga, östlich der Stadt, fand der entscheidende Angriff auf die Franzosen statt, durch den der Belagerungsring gesprengt wurde.

Der ›edle Ritter‹ Prinz Eugen als Held von einmaliger geschichtlicher Realität und doch auch zu einer mythischen Figur entrückt und damit ›nicht ganz von dieser Welt‹, lebt in diesem frommen Siegesdenkmal weiter, als welches Kirche und Kloster der Superga errichtet wurden. Denn der Überlieferung nach hat Herzog Viktor Amadeus II. gelobt, er werde anstelle des hier stehenden Gnadenkirchleins ›Sancta Maria sub Pergola‹ einen neuen, großen Bau errichten, falls ihm der Sieg zufalle. Als er dies versprach, rekognoszierte er wenige Tage vor der Schlacht von hier aus den Belagerungsring der Franzosen. Zehn Jahre später, 1716, begann nach zahlreichen Vorstudien und Skizzen Filippo Juvarra den Bau, der am 5. November 1731 unter dem Sohn seines Auftraggebers, König Karl Emanuel I., eingeweiht wurde. Doch mochte auch nachträglich Viktor Amadeus den Sieg von 1706 eher für sich als für seinen Vetter in Anspruch nehmen, so bleibt die Superga dennoch ein Ruhmesbau für den Prinzen Eugen, nachhaltend, wenn auch weniger bewußt. So wird über die Erinnerung an den militärischen Sieg hinaus der Kuppelbau auf der Collina zu einem Monument des barocken Gottesgnadentums, das damals eine seiner reichsten und eindrucksvollsten Verwirklichungen in dem kurz darauf zur Königswürde erhobenen Haus Savoyen fand. Vom Menschen im vollen Bewußtsein seines Vermögens Ersonnenes und Geschaffenes beansprucht auch noch im Zeitalter des Rationalismus den Segen des Himmels und stellt sich unter das Zeichen des Kreuzes. Fürstliche Macht fühlt sich in ihrem Glanz, ja vielleicht gerade wegen dieses Glanzes, gebunden durch göttliche Gnade, eine Gnade, die im selben Jahrhundert schließlich durch die Aufklärung auf das gründlichste geleugnet werden sollte. Jetzt aber, in der ersten großen Reife des Spätbarock, erscheint diese Gnade nicht als nur angemaßter Vorwand für fürstliche Willkür, sondern viel eher als tragende Kraft, als innerer Halt, ja als Verpflichtung zumindest in künstlerischen Dingen. Die Kirche der Superga bezeugt es.

Der Bau. Als Haupt der langgestreckten, gleichförmigen Klosteranlage entwickelt sich die Kirche nach vorne ebenso wie nach oben. Aus dem breitgelagerten Unterbau löst sich nicht nur eine Vorhalle, sondern rechtwinklig zu dieser nach beiden Seiten je ein Glockenturm. Beide steigen oben zwar isoliert empor, doch sie bleiben auf das intensivste auf die Kuppel bezogen, die mit ihrem Säulenkranz die Pilastergliederung des Unterbaues aufnimmt und aus der Bindung an die schwere Masse zu relativer Freiheit und Vollkommenheit führt. Relativ, denn überall sind es die Relationen, die dem Bau seine reiche Harmonie schenken. Alles steht hier im Zusammenhang zueinander, und zwar im Sinne der Entwicklung und Entfaltung oder – um den bei aller Kunst zugleich sehr natürlichen Charakter dieses Bauwerks zu kennzeichnen – als ein Wachsen, Knospen, Blühen und Reifen. So steht neben der reifen Frucht der Kuppel die fast exotisch schöne Blüte der Glockentürme, in deren Spitzen sich die Halbkugel der Kuppel zu pagodenhaft geschweiften Zwiebeln abwandeln.

In den drei Ausformungen, in denen sich die Außenansicht der Superga sublimiert, gewinnt eine besondere Bedeutung die Vorhalle, zu der man von drei Seiten auf breiter Freitreppe emporsteigt. Die großen korinthischen Säulen, zu denen sich die Pilasterordnung der Wände steigert, bereiten wohl auf die in noch kostbarerem Marmor schimmernden Säulen des Innern vor. Aber im Unterschied zu diesen stehen sie völlig im Freien, das sie mit seinem nach Wetter und Stunde wechselnden Licht umspielt und umschließt. Die Säulen tragen ein Gebälk, das sich in seiner Front zum Giebel hebt. Wäre nicht über dem Dachansatz das pompöse Motiv der Balustrade wiederholt, das den der Kirche wie der Vorhalle vorgelagerten Sockel umzieht, und wäre nicht auf allen drei Seiten das mittlere Säuleninterval betont, so glaubte man einen altrömischen Tempel, etwa in der Art der ›Maison carrée‹ in Nîmes vor sich zu haben. So aber wandelt sich das klassisch-heidnische Motiv zur prächtigen Vorhalle eines christlichen Gotteshauses, als feierliches Präludium und zugleich als stolzes Aus-Sich-Heraustreten. Mit den Mitteln vornehmster Repräsentation wird hier eine unvergleichlich großartige Landschaft herausgefordert, so wie diese ihrerseits nach der menschlich-göttlichen Antwort dieses Kirchenbaus verlangt. Wie hier Natur und Kunst im Wechselspiel zusammenklingen, stehen sich auch Mensch und Gott in gegenseitigem Nehmen und Geben gegenüber.

Der Innenraum. Das Innere erweist sich als Verbindung eines groß bemessenen Hauptraumes mit einem nicht nur wesentlich kleineren, sondern auch grundsätzlich anders geformten Chor. Das mächtige Rund, das den Tambour und die Kuppel des Hauptraumes bestimmt, ist schon im Grundriß vorbereitet und bestimmt auch die Wandzone: Im Kreis umstehen auf hohen Sockeln acht Säulen mit ihren strotzenden korinthischen Kapitälen den unteren Teil des Kuppelraumes. Sie tun es als Kolossalordnung, der eine sekundäre Ordnung korinthischer Pilaster unterlegt ist. Zugleich aber faßt die Große Ordnung die beiden an sich verschiedenen Wandgeschosse zusammen. Doch nur in den Diagonalen ist diese Wandzone sichtbar, und auch hier öffnet sie sich oben zu balustradengeschmückten Emporen, sogenannten ›Coretti‹, und unten zu Durchgängen, die zu selbständigen Nebenräumen führen. Noch sehr viel stärker ist die Öffnung des Raummantels in den Hauptachsen, die sich zu eigentlichen Kreuzarmen entwickeln. Mit einem Reichtum und einer flüssig die Gegensätze überspielenden Eleganz, wie sie für den piemontesischen Spätbarock bezeichnend sind, wird aus dem Kreis das Achteck und das griechische Kreuz herausgearbeitet; gleichzeitig wird der Hauptraum von einem Kranz von Nebenräumen umgeben.

Der Raum unter der Hauptkuppel umschließt und entläßt zugleich den Besucher; entläßt ihn in die Nebenräume, die sich dunkel in den Diagonalen auftun, entläßt ihn vor allem in den Chor, der sich nach oben in einer Tambour und Kalotte vereinenden Kuppel öffnet und dessen Seitenwände durch den verengerten Choreingang reizvoll verborgen bleiben. Durch die ihrerseits seitlich sich ausweitende Altarnische entsteht eine sich szenographisch verjüngende Folge von nicht weniger als drei Räumen.

Doch auch nach oben wird der Blick in eine nicht nur sich verjüngende, sondern recht eigentlich sich verklärende Folge entlassen. Im Tambour wiederholen sich die auf Sockel gestellten Säulen der korinthischen Ordnung, aber sie sind jetzt um so viel kleiner und auch im Marmor heller, daß das von unten emporschauende Auge versucht ist, diese Unterschiede aus der größeren Entfernung und aus dem helleren Licht der Tambourfenster zu erklären. Als Entrückung und Verklärung kann also die Entwicklung erlebt werden, die sich in eigener Dramatik von unten nach oben vollzieht. Aber auch die Wandgliederung wandelt sich in der oberen Zone. Statt dem Wechsel größerer und kleinerer Nebenräume, die noch real betretbar bleiben, erscheint die Tambourzone in den Bereich des nur noch Sichtbaren entrückt. Demgemäß entfaltet sich hier allein für das Auge ein subtiles Spiel von Säulen und Pilastern größeren und kleineren Ausmaßes, von Fenstern, die zwar gleich groß, doch durch ihre Umrahmung unterschieden sind: einfacher in den schmalen Diagonalen und reicher in den breiten Hauptachsen, wo Sockel und Gesimse in wellenförmiger Bewegung leicht vorschwingen. Die Unterscheidungen aber sind so zurückhaltend, daß über die in der unteren Zone ungleich stärkere Vielheit nunmehr die Einheit siegt und vollends in der zur Laterne sich öffnenden Kuppelschale triumphiert.

Dem Licht des Himmels vermählt, hat der Kuppelraum die Bedeutung des Himmels, dessen Gewölbe in Stein und Stuck beschworen wird. Tritt man nun wieder hinaus ins Freie, dann ist man, mehr noch als beim Ankommen, überwältigt von dem Einklang zwischen großer Natur und einer ihr ebenbürtigen Architektur.

Krypta. Der nach außen hin bei aller Größe bescheidene Ziegelbau des Klosters will nichts anderes sein als dienender Körper für das Haupt, das sich in der kuppelgekrönten Kirche darstellt. Das Innere des 1730 von Viktor Amadeus II. zur Ausbildung des hohen Klerus gegründeten Klosters birgt eine kostbare Bibliothek und umschließt einen auch der Öffentlichkeit zugänglichen Kreuzgang. Von diesem aus – nicht unmittelbar aus der Kirche – steigt man zur unter dem Kirchenchor gelegenen Krypta hinab, die dem Haus Savoyen als Grablege dient. Wohl gibt es savoyische Fürstengräber auch in der Santissima Sindone hinter dem Turiner Dom, desgleichen in der Bergkirche der Sagra di San Michele, dort auf künstlicher Erhöhung, hier auf steilstem Felsengipfel der Natur. Die Superga jedoch vereinigt beides: die in den Boden versenkte Gruft mit einem Bergheiligtum, dessen Blickweite in ganz Piemont nicht zu finden ist.

In der Krypta der Superga sind denn auch die bedeutendsten Vertreter des Hauses Savoyen beigesetzt, nämlich die Könige Viktor Amadeus II. († 1732), der aus Dank für seinen Sieg den Bau der Kirche stiftete, sein Enkel Viktor Amadeus III. († 1796), der die Krypta vom Architekten Carlo Amedeo Rana aus Susa und anderen Künstlern ab 1777 erschaffen ließ, und schließlich Karl Albert († 1849), genannt ›Il Magnànimo‹, der 1849 nach der Niederlage von Novara nach Portugal ins Exil ging, um dadurch seinem Sohn Viktor Emanuel II. den Weg zur Einigung Italiens und damit zum Thron im römischen Quirinal zu erleichtern. Viktor Emanuel II. ist als erster König von Italien 1878 gestorben und als ›Padre della patria‹ im Pantheon zu Rom beigesetzt worden. In der Krypta der Superga sind auch die übrigen Könige des 18. und frühen 19. Jahrhunderts begraben, zusammen mit Königinnen, Prinzen und Prinzessinnen, von denen einzelne Gestalten wie Maria Theresia von Lothringen, Großherzogin von Toskana, Maria Adelheid von Habsburg oder Prinz Hieronymus Napoleon, ein Vetter Napoleons III. und Gemahl der im Ruf der Heiligkeit verstorbenen Maria Clothilde, die über die Nationen hinwegreichenden Beziehungen des Hauses Savoyen verdeutlichen können.

Die Gräber der noch im 18. Jahrhundert Beigesetzten stehen mit ihren Genien und allegorischen Figuren noch in der Tradition des Spätbarock, auch wenn Einzelheiten bereits zum Klassizismus weisen. Am oberen Rand der Wandzone mahnen geflügelte Totenköpfe mit anderen Zeichen an die Vergänglichkeit des Irdischen. Doch im farbigen Schimmer des reich geäderten Marmors lebt noch der Zug zum Festlichen, mit dem das 18. Jahrhundert auch seine Totenfeiern zu umgeben wußte. Noch sollte der Tod als Übergang in eine andere Welt gefeiert werden, »wo der Verstorbene zurücktrat in den Kreis seiner erlauchten, im Jenseits wartenden Familie, der man einst selber angehören würde«. (Helmut Domke)

Settecento um Ivrea

Barock gibt es in Piemont überall, doch nirgends – die Ebene zwischen Turin und Cúneo ausgenommen – in so vielen kleineren Orten wie nördlich von Turin und hier wiederum in der weiteren Umgebung von Ivrea, das zwar selbst keine bedeutenderen Bauten aus dieser Epoche besitzt, sich jedoch als Rastort vorzüglich eignet. Die Fahrt führt von Turin aus abwechslungsreich durch Ebene und Hügel in die Moränenlandschaft am Ausgang des Aostatales, wo östlich der Dora Báltea der reizvolle Lago di Viverone liegt. In dessen weiterer Umgebung finden sich ähnlich besuchenswerte Barockkirchen wie zwischen Turin und Ivrea. So verwandt diese in ihrer großen Mehrheit aus dem dritten Viertel des 18. Jahrhunderts stammenden Kirchen einander sind, so zeigt doch jede die individuelle Abwandlung der damals die Architektur in Piemont bestimmenden Ideen. Diese durch die Persönlichkeit der Baumeister – unter denen insbesondere Vittone vertreten ist – bestimmten Modifikationen lassen, zumindest für den Liebhaber, die sich hier ausbreitende Fülle barocker Eindrücke zum Erlebnis werden.

Venaria Reale. Am Anfang dieser Kette steht eine der großartigsten Schöpfungen der barocken Profanarchitektur Piemonts: die Venaria Reale. Die gleich Stupinigi als Jagdschloß errichtete Anlage wurde um 1700 durch Amedeo di Castellamonte zu einer weitläufigen Sommerresidenz ausgebaut, wobei neben der zeitgenössischen Pariser Architektur auch die französischen Elemente des von Amedeos Vater Carlo erbauten Castello del Valentino richtungweisend waren. Der französische Einfluß verstärkt sich in den nach 1714, also im Anschluß an den Spanischen Erbfolgekrieg, errichteten Trakten, indem nun die Dächer steiler und mit Mansarden gestaltet werden. Die ›Scuderia‹, das heißt der Marstall, und die in ihrem Innenraum sich besonders stark an den französischen Kirchenbau anlehnende Schloßkapelle sind Meisterleistungen Juvarras, der dafür zahlreiche, in Brinckmanns ›Theatrum novum Pedemontii‹ publizierte Entwürfe schuf, doch kommen diese Bauten wie das ganze Schloß heute nicht mehr zur Geltung, weil es inzwischen für militärische Zwecke entfremdet ist und dringend einer Wiederherstellung bedarf.

San Benigno. Wenn sich der Umweg über die Venaria nur für den besonders Interessierten lohnt, so liegt S. Benigno günstiger an unserer Route, die uns neben der Autobahn Turin–Ivrea–Aosta durch eine Reihe städtisch gebauter Dörfer mit ansehnlichen Pfarrkirchen führt. In S. Benigno empfängt uns die Hauptkirche, S. Maria Assunta, mit der Front eines säulengetragenen Tempelportikus, ein Motiv, das sonst Juvarra kennzeichnet, hier aber von Bernardo Vittone gemeinsam mit Lodovico Maria Quarini benutzt wurde, als sie die Kirche zwischen 1750 und 1760 erbauten. Das weiträumige Innere wandelt als longitudinale Kuppelkirche das Schema von Il Gesù zu der reich rhythmisierten Räumlichkeit des Spätbarock ab, die Marmorpracht und den Freskenschmuck des römischen Vorbildes durch den spirituelleren Aufwand rein architektonischer Linien in den Pilastern, Gesimsen, Gurten und Stichkappen ersetzend.

Foglizzo. Weiter auf der alten Staatsstraße in Richtung Ivrea fahrend, wechseln wir bald nach rechts auf die östliche Seite der Autobahn hinüber, um Foglizzo zu erreichen. Der auf leichter Anhöhe gelegene Flecken wird durch eine wiederum sehr stattliche Pfarrkirche S. Maria Maddalena gekrönt, diesmal von Vittone allein entworfen. Ein basilikaler Hauptraum, dessen Hochschiff-Fenster weit in die Wölbung hinaufreichen und dessen großräumige Kapellen durch kleine Durchgänge zu einer

Art Seitenschiff gestaltet sind, ist auf kapriziöse Weise mit dem durch eine Kuppel verselbständigten Chor verbunden, indem in die Abschrägungen vor dem Choreingang trapezförmige Kapellen gelegt sind. Das Schiefwinklig-Verschobene, das bereits Guarini in seinem Turiner Palazzo Cavalchini-Garofoli gestaltete, wird hier ins Räumliche erweitert. Die Hauptraum und Chor verbindende Pilasterordnung wirkt durch ihre Marmorierung eher beunruhigt als belebt, so daß man zweifeln kann, ob dieser Dekor den Intentionen Vittones entspricht.

Rivarolo Canavese. Nach Foglizzo kreuzen wir die Autobahn abermals, um westwärts über Nebenstraßen die größere, von Arkaden durchzogene Ortschaft Rivarolo zu erreichen. Hier ist es der stattliche Sakralbau von S. Michele, der 1759 von Vittone begonnen wurde und schon in seiner Fassade die ganze Geschmeidigkeit zeigt, in welcher der rötliche Ziegel zu einer aus Geraden und Kurven reich bewegten Bühnenarchitektur modelliert ist. Denn als Bühnenarchitektur kann man das agierende Sich-Präsentieren der einzelnen Teile sehr wohl bezeichnen. Das Innere wandelt das Achteck in Säulen, Gesimsen und Fenstereinfassungen ab, deren Schmucklosigkeit bereits den beginnenden Klassizismus verrät.

Malgrà. In der Nähe von Rivarolo liegt die unter den Grafen San Martino di Rivarolo erbaute Burg Malgrà, eine der bemerkenswertesten Burgen Piemonts, deren zinnenbekrönte Ziegelmauern mehrere mit Fresken geschmückte Räume bergen. So sieht man in einer der Lünetten eines Kreuzgewölbes die zu Beginn des 15. Jahrhunderts gemalte Landschaft des Canavese gegegen Norden mit vielen turmbewehrten Schlössern auf den Hügeln: ein Landschaftsbild wie es uns beispielsweise auch im Montferrat begegnet. Dem Zug zum Selbstverständnis, wie er sich seit dem ausgehenden Mittelalter ankündigt, entspricht die in vielen Einzelheiten bereits sehr genaue ›Porträtierung‹ des Schlosses von Malgrà im Vordergrund. Farbtafel v gibt das beschriebene Fresko wieder.

Agliè

Von Rivarolo gelangen wir nordwärts nach Agliè, wo auf leicht erhöhter Terrasse das *Schloß* liegt, an das sich ostwärts parkartige Wälder anschließen. Das Schloß beherrscht die südlich davor ausgebreitete Ebene durch seine schweren Pavillons, die ganz im Sinne eines römischen Castrum die Ecken betonen, jedoch durch verschieden hohe Flügel nach Westen und Norden hin ergänzt werden. Der Bau, der seit 1764 im Besitze des savoyischen Herrscherhauses war, wurde im wesentlichen erst 1775 in die heutige Form gebracht und ist heute als staatliches Museum öffentlich zugänglich. Gegen den Ort hin öffnet sich nach französischem Muster ein Ehrenhof, dessen östlicher Flügel mit seinem Säulenportal und den von reichen Kartuschen ausgefüllten Segmentbogenabschlüssen über den schmalen Fenstern im Hauptgeschoß ins frühe 18. Jahrhundert zurückgeht. Schon im Zeichen des beginnenden Klassizismus gliederte zwischen 1771 und 1775 Birago di Borgaro die beiden anderen Fronten mit einer Kolossalordnung aus flachen korinthischen Pilastern, zwischen die sich die Eingänge und die Rundbogenfenster der beiden Geschosse spannen. Der durch Palladio inspirierte Wille zur Größe verbindet sich mit der Eleganz eines fein differenzierten, beinahe zarten Wandreliefs, in welchem die Mittelachse nur sehr diskret durch ein fahnengefaßtes Wappen über dem Haupteingang betont ist.

Die um einen zweiten, allseitig umschlossenen Hof angeordneten Schauräume sind wegen der ausgestellten alten Möbel, Bilder und Porzellane, aber auch wegen der bemalten Holzdecken und illusionistischen Wand- und Deckenbilder sehenswert. Die Decken und Wandmalereien gehen auf den früheren, 1706 durch die Franzosen stark mitgenommenen Bau zurück. Auch die Schloßkapelle stammt aus dem Hochbarock. Ihre Stukkatur umschließt die kleinen Bilder in der Achteckskuppel, in den Zwickeln und über dem Altarraum gleich Edelsteinen in reich gearbeiteter Fassung. Das Schloß vollendet sich in seinen Gartenterrassen mit Buchsbaumhecken und Blumenrabatten sowie dem großen, skulpturengeschmückten Nymphäum.

Vor dem Schloß steht die ebenfalls von Birago di Borgaro erbaute Pfarrkirche, deren leicht gestreckter Zentralraum durch das Fehlen von Stukkatur und Freskomalerei zwar groß, doch etwas leer wirkt. Sehr viel bedeutender ist unweit davon, im Zentrum des Ortes, die kleine, 1760 von dem sonst unbekannten Architekten Costanzo Michela entworfene Kirche *Santa Marta*. Schon der aus Ziegeln errichtete Außenbau entwickelt das bezauberndste Kurvenspiel nicht nur in der durch Säulen und eine Balkonnische ausgezeichneten Fassade, sondern auch an seinen Seiten. Betrachtet man den Grundriß, so bildet dieser ein selbständiges Ornament, das mit seinen sich kontrapunktisch ergänzenden Kurven mehr dem organischen als dem kristallischen Bereich verbunden ist. Wie auch sonst bisweilen in Piemont ist im Innern der Chor erhöht, und zu ihm führen aus den Seitenschiffen schmale, leicht einwärts gebogene Treppen hinauf, das Motiv der Sindone-Kapelle hinter dem Turiner Dom abwandelnd. Die Seitenschiffe sind samt den über ihnen angelegten Emporen durch doppelte Kurven begrenzt: durch jene der Außenmauern und durch ein inneres Kurvensystem, das im Gebälk faßbar wird. Dieses wird von Pilastern getragen, die sich gegen das Hauptschiff vor- und zurückbewegen. Die Bewegung verläuft wellenförmig in dem Sinne, daß Konkave und Konvexe ineinandergleiten, doch gleich einer sich überstürzenden Woge an einzelnen Stellen gegeneinander gebrochen sind. Das Gebälk setzt unter der

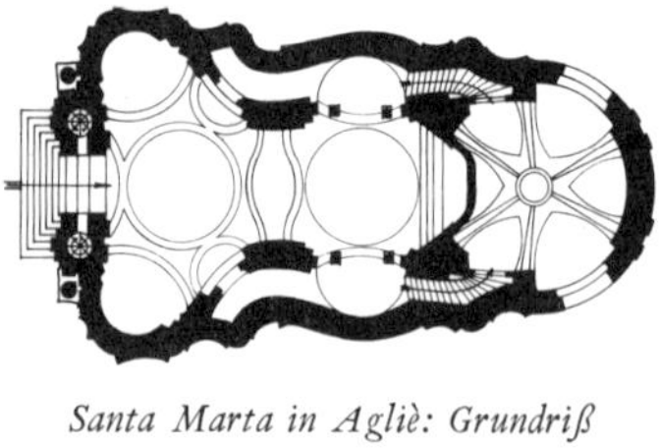

Santa Marta in Agliè: Grundriß

mittleren der drei einander folgenden Kuppeln aus, so daß hier das Zentrum einer Vierung angedeutet wird. Die zum Teil windschief geführten Gurte steigern in den Wölbungen einerseits das Leben dieser Architektur, andererseits dämpfen sie das in der Wandzone so lebhafte Zusammenspiel plastischer und räumlicher Werte ins Flächige.

Báiro. In dem unweit nordwärts gelegenen kleinen Ort Báiro ist die 1764 begonnene, doch erst 1796 vollendete Kirche schon durch die schlichten Einzelformen des Klassizismus bestimmt. Als Raumbild aber weist sie noch immer jene Folge sich verjüngender Räume auf, wie sie der Perspektive eines barocken Bühnenbildes entspricht. Wenig östlich von Báiro liegt am Moränenhang das kleine Heiligtum S. Maria delle Grazie, das mit bescheidenen Mitteln im Stil des ausgehenden Barock sich schon von weitem als Wallfahrtsziel bekundet.

Strambino

Weiter ostwärts gelangt man auf gewundenen Nebenstraßen durch eine idyllisch kleinteilige Hügellandschaft in die Ebene der Dora Báltea, wo sich die neuen Olivetti-Schreibmaschinen-Fabriken in nicht nur großen, sondern auch großzügig konzipierten Anlagen ausbreiten. Noch weiter östlich empfängt uns in Strambino die vielleicht bedeutendste unter den vielen bedeutenden Pfarrkirchen Piemonts, *SS. Michele e Solutore.* Die einen weiten Vorplatz beherrschende Kirche, die 1764–1781 von Carlo Amedeo Rana aus Susa erbaut wurde, fesselt vor allem durch ihr Inneres. Denn hier erfährt trotz der späten Entstehungszeit barocke Raumgestaltung eine letzte Steigerung, während der Dekor bereits frühklassizistisch ist. Zarte Farbnuancen im Verputz tragen zur Differenzierung des Raumbildes bei, das als Ganzes noch im Sinne des Barock als szenographische Folge erlebt werden darf. Diese beginnt mit einem querovalen Vorraum, über dem die Orgelempore angeordnet ist. Von diesem Vorraum aus erschließt sich das in die Tiefe weisende Oval des großen und hohen Hauptraumes mit je zwei großen und einer kleinen Nische auf den Seiten, Nischen, die in verschieden flachem Rund zurückschwingen und je nach ihrer Größenordnung mit gurtengegliederten Halbkuppeln oder mit einem Muschelmotiv überwölbt sind. Korinthische Pilaster differenzieren diesen Rhythmus und fassen ihn zu-

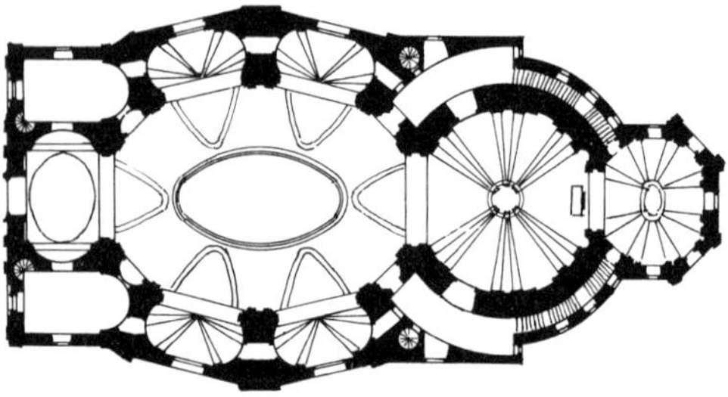

Santi Michele e Solutore in Strambino: Grundriß

gleich zusammen. Der Grundriß des Hauptraumes reduziert sich im Unterschied zu S. Marta in Agliè auf eine einfache Ellipse; doch um so kühner ist das Spiel der Bogen. Die Bewegung der flächig zarten Formen setzt sich gesteigert fort in der von Fenstern durchbrochenen großen Kuppelschale. Diese wird durchnervt von windschief geführten Gurten, die gegen eine oval gefaßte Mitte laufen. Dort, wo der Hauptraum sich zum Chor hin öffnet, geschieht dies in zwei Zonen, denn über dem eigentlichen Chorbogen ist auch die Kuppelschale durchbrochen, und zwar in einem Nierenfenster. Trotz solcher Verbindungen dominiert der Hauptraum, so daß man die perspektivische Raumfolge des Barock bereits in ihrer Rückbildung erfährt, und die sehr komplizierte Chorpartie mehr nur als Annex erscheint. Aus einem ersten, in sich zentralisierten Chor blickt man empor zu einem zweiten Chor, der das eigentliche Wallfahrtsheiligtum umschließt, und steigt auf Treppen empor, die seitlich den runden ersten Chor umfassen, auch hier wie in Agliè und anderen Orten als eine Erinnerung an die Cappella della SS. Sindone hinter beziehungsweise über dem

Hochaltar des Domes in Turin. Der Übergang vom ersten zum erhöhten zweiten Chor ist mit den reichsten Mitteln vollzogen, mit Marmorpilastern und von Engeln getragenen Stuckvorhängen, und doch ist dies nur die Einfassung für ein letztes Portalmotiv, das sowohl den Abschluß für die vom Hauptraum her gewonnene Bühnenperspektive bildet, wie auch die kostbare Fassung für das hier in erhöhter Position zu verehrende Gnadenbild der Muttergottes.

Ivrea

Dort, wo die Dora Báltea aus dem Aostatal in einem letzten, bereits niedrigen Engpaß in die Ebene bricht und auf langgestrecktem Hügel ein Kastell die Brücke über diesen Engpaß schützt, liegt Ivrea. Die 17000 Einwohner umfassende Stadt ist zwar nicht durch eigentlich bedeutende Barockbauten ausgezeichnet, doch dafür haben ältere Epochen etwa in den Resten eines an der Straße nach Vercelli gelegenen römischen Theaters, dem weithin sichtbaren Schloß und den romanischen Teilen des sonst modernen Domes ihre sichtbaren Zeichen hinterlassen.

Das Schloß, *Castello delle Quattro Torri*, geht in seinem heutigen, durch runde Ecktürme überragten Geviert auf Amadeus VI. von Savoyen zurück, der 1358 diesen Bau beginnen ließ. Schon im frühen Mittelalter residierten hier Herzöge der Langobarden und später, zur Zeit des Frankenreichs, die Grafen der Mark Ivrea. Sowohl in den Wirren, die auf die Teilung des Großreichs Karls des Großen folgten, wie auch im Kampfe zwischen Kaiser und Papst spielte Ivrea eine nicht unwichtige Rolle. Im 13. Jahrhundert wurde die Stadt zunächst von den Grafen von Montferrat, später von Karl von Anjou erobert und gelangte 1313 unter die Savoyer, deren Herrschaft später nur vorübergehend durch die Spanier und die Franzosen abgelöst wurde.

Auch die ein wenig unterhalb des Schlosses gelegene *Kathedrale*, Mariä Himmelfahrt geweiht, reicht in ihrer Geschichte bis in römische Zeit zurück, da bereits 397 hier ein Bischof seinen Sitz nahm. Romanisch sind die im 11. Jahrhundert erbauten beiden Glockentürme sowie die Galerie, die das Äußere der Apsis in eng nebeneinanderstehenden kleinen Bogen umzieht, und der in ähnlicher Weise gegliederte Vierungsturm. Auch im Chorumgang haben sich romanische Säulen mit einfachen Kapitellen erhalten. Das übrige erweist sich als Konglomerat verschiedener Epochen bis hin zu der hochgestellten Tempelfront, die der Klassizismus der Eingangsseite vorsetzte. Das Innere, eine dreischiffige Basilika mit flacher Vierungskuppel, ist im wesentlichen durch den Neubarock des späteren 19. Jahrhunderts bestimmt. Eine der Seitenkapellen birgt ein Bild der Geburt Christi von Defendente Ferrari (1519).

Östlich des Domes liegt der 1715-1746 nach Plänen von Juvarra errichtete Bau des Bischöflichen Seminars. Die barocken Kirchen S. Croce und S. Udalrico – die letztgenannte ist ausgezeichnet durch einen reich in Marmor gefaßten Hochaltar – sowie die südlich der Brücke im neueren Stadtteil unweit des Bahnhofs gelegene Kirche S. Gaudenzio, die Vittone zugeschrieben wird, vertreten das 18. Jahrhundert. In den ausgedehnten Grünanlagen, die das nördliche Ufer des sich nun ausbreitenden Flusses säumen, erhebt sich als isolierter Rest der einstigen Kirche S. Stefano ein wuchtig proportionierter romanischer Campanile. Im Westen der Stadt liegt der ältere, doch heute gleichfalls modernisierte Teil der Olivetti-Werke, die seit 1908 Schreibmaschinen erzeugen.

Südöstlich von Ivrea, in einer Landschaft, die durch den Übergang der Moränen in die Ebene ihren besonderen Reiz gewinnt, liegen in ansprechenden Dörfern weitere Kirchen, von denen jede wieder auf eigene Weise den so fruchtbaren Zeitstil des piemontesischen Spätbarock abwandelt. Wer diesen Stil schätzen gelernt hat – und für den Architekturfreund dürfte dies nicht schwer sein –, kommt auch hier zu genußreichen Erlebnissen, und zwar gerade durch die auf einer Autoreise möglichen Vergleiche. So kann man von Ivrea aus das im folgenden besprochene Gebiet bequem in einem halben Tag besuchen. Man kann es aber auch als Rückweg eines von Turin aus unternommenen Tagesausflugs durchfahren.

Lago di Viverone. Von Ivrea aus gelangt man in Richtung Vercelli in der Nähe des wiederausgegrabenen römischen Theaters vorbei zum Lago di Viverone. Der rund drei Kilometer breite See ist fast kreisförmig in die Moränenlandschaft eingebettet, deren markantester Bergzug, die sogenannte ›Serra‹, sich etwas weiter nördlich mit Buschwäldern am Bergrücken und Rebhängen und Landhäusern an der Südseite dahinzieht. Das von der Straße leicht zu erreichende Nordufer des Sees hat im Sommer lebhaftes Strandleben mit zahlreichen Gaststätten, unter denen sich der schlichte, im 18. Jahrhundert errichtete Zentralbau des kleinen Sanktuariums S. Maria delle Grazie abhebt. Die gegenüberliegenden Ufer sind dagegen noch unberührt mit ihren sanften, von Buschwäldern bedeckten Höhen, zwischen denen halb verborgen Äcker und Maisfelder liegen. Man mag hier erinnert werden an jenen anderen Moränensee am Fuß des Mont Blanc, unmittelbar gespeist von den Eismassen des Miage-Gletschers, der sich gewissermaßen in statu nascendi befindet, und der nun hier unten, am Ende jener größten Ausdehnung des einst das Aostatal durchziehenden Gletschers, seinen alt und still gewordenen Bruder hat.

Cavaglià. Südöstlich des Viverone-Sees, schon mehr gegen die Ebene hin, liegt Cavaglià mit einer bedeutenden Pfarrkirche des ausgehenden Barock. Noch diesem verpflichtet ist die Raumform des gestreckten griechischen Kreuzes, an das sich Chor und Apsis anschließen. Die durch Säulenstellungen akzentuierte Architektur hat noch durchaus die szenographischen Wirkungen des Barock, während die zum Teil illusionistisch gemalten, zum Teil plastisch geformten Palmetten und Rosetten schon zum Dekor des Klassizismus gehören. Über alle klassizistische Beruhigung hinaus aber gewinnt der Raum in seiner ausgewogenen Weite und seiner gemessenen Würde eine geradezu klassische Schönheit.

Borgo d'Ale

Gegen Südwesten abbiegend kommt man auf der großen, von Biella nach Chivasso und Turin führenden Staatsstraße nach acht Kilometern nach Borgo d'Ale, einem Dorf, das zwar noch in der Ebene, doch schon im Angesicht der Berge liegt. Die Kirche *San Michele*, die von Vittone 1770-1788 errichtet wurde, ist ein Zentralbau, doch wird die Kreisform erfinderisch abgewandelt und mit longitudinalen Tendenzen durchsetzt. Diese

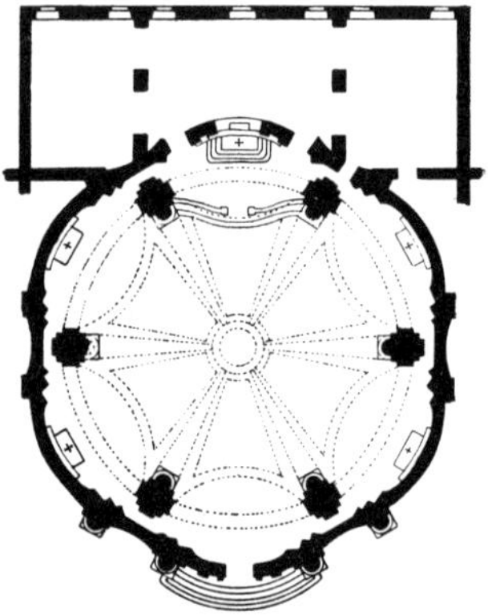

San Michele in Borgo d'Ale: Grundriß

äußern sich bereits im Sechseck, das die Pfeiler derart markieren, daß die Längsachse durch je ein Pfeilerintervall betont, die Querachse jedoch durch je einen Pfeiler verstellt ist. Der Orgelempore über der Eingangsnische antwortet ein Altarraum, der von geheimnisvoll im Dunkeln sich verlierenden Nebenräumen umgeben ist. Ein in flachen Kapellennischen leicht ausgerundeter Umgang umzieht mit seiner kleinteiligen Pilasterordnung den durch große korinthische Säulen gegliederten Hauptraum, wobei die Säulen mit ihren Gebälkstücken den einzig festen Halt im beschwingten Reigen der auf- und absteigenden Profile darstellen. Die sechs Bogen, in denen sich der Hauptraum gegen den Umgang öffnet, sind von Voluten überhöht, auf denen kleine Engel Kränze halten, ein Schauspiel, das sich vom Licht abhebt, welches in dem für Vittone üblichen Raffinement nicht direkt in den Hauptraum dringt, sondern im Sinne eines Zweischalenraumes zunächst eine Art von Lichtkammern füllt, aus denen es durch nierenähnlich geformte Fenster in das eigentliche Innere tritt. Dieses ist durch eine von den genannten Öffnungen angeschnittene Kalotte überwölbt, deren straff geführte Gurte aus der großen Säulenordnung entspringen, um sich im Scheitel zu einem zentralen Ring zu vereinen.

In dem zwischen 1770 und 1780 entstandenen Raume wirkt der Bewegungsreichtum noch erstaunlich barock. Und doch ist diese Bewegung in zweitrangige Bereiche verwiesen. In erster Linie herrscht die Ruhe, der auch der sehr gemessene, doch nirgends starr und angeheftet wirkende Schmuck entspricht. Zu den zierlichen Bouquets und zarten Gehängen des Stucks tritt eine schön geschnitzte Rokoko-Kanzel.

Maglione. Der Weg von Borgo d'Ale zu dem nordwestlich gelegenen Borgomasino führt nun durch eine reichbewachsene Moränenlandschaft mit Dörfern von noch unberührtem Zauber, so Maglione, wo der kleine Platz zur reich profilierten Barockfassade der Kirche ansteigt. Deren Inneres ist in der üblichen Art durch das gestreckte griechische Kreuz mit eingeschobenem Zwischenjoch vor der Apsis bestimmt. Schön geschnitzte Holztüren und ein ebensolches Chorgestühl zeichnen die spätbarocke Ausstattung aus. Es lohnt sich, links neben der Kirche die Via Castello hinaufzugehen, um die weite Aussicht auf die fruchtbare, von Dörfern durchsetzte Ebene bis zu den Hügeln des Montferrat zu genießen, oder gegen Norden und Westen über das Gewoge der Moränen hinweg zu den Bergen zu schauen, zwischen denen sich die Mündung des Aostatals abzeichnet.

Borgomasino

Das nächste Ziel ist, wiederum nur wenige Kilometer entfernt, das auf einer flach auslaufenden Moräne liegende Dorf Borgomasino. Auch hier stammt die sehr ansehnliche Pfarrkirche *San Salvatore* von Vittone, der den erst 1773 vollendeten Bau verhältnismäßig früh, nämlich 1755, begann. Der bedeutende Innenraum entwickelt aus einem Achteck, das von säulengeschmückten Pfeilern gestellt wird, durch Betonung der Hauptachsen ein griechisches Kreuz, das in der Querachse durch große Seitenaltäre, in der Längsachse durch die Orgelempore und den Altarraum akzentuiert wird. Hinter dem Hochaltar erweitert sich der Chor zu einem niedrigen zweiten Raum, dessen Ausmaße vom Hauptraum aus nicht genau wahrgenommen werden können. Das in seinen Seiten rhythmisch wechselnde Achteck des Hauptraumes ist über dem Hauptgebälk durch eine hohe Attika bekrönt, welche in den Hauptachsen durch die vier Bogen der Kreuzarme, in den Diagonalen aber von Fenstern durchbrochen wird. Das diese Attika abschließende Gesims wird durch Schwingungen und Brechungen reich bewegt. An Stelle der Dreiviertelsäulen in der unteren, zum Umgang sich öffnenden Zone gliedern Pilaster auf eine zarte, nicht mehr plastisch greifbare, sondern nur noch sichtbare Weise das bereits ins Licht entrückte Obergeschoß. Daraus entwickelt sich die für Vittone typische Gurtenkuppel, die nicht durch Fresken und skulpturalen Schmuck – wie beispielsweise in der Schloßkapelle von Agliè –, sondern nur mehr mit architektonischen Mitteln gestaltet ist. Wie diese Mittel in der Gesamtrechnung des Raumes verwendet werden, wie sich der Aufwand von unten nach oben verfeinert und zugleich bereichert, wie die Bewegung der Gesimse mit der Verteilung der Lichtquellen zusammengeht, zeigt einmal mehr die Meisterschaft Vittones.

Von Borgomasino aus kann man über Strambino nach Ivrea oder auch nach Turin zurückkehren.

Das Montferrat

Das Muster der Landschaft

Neben den Alpen, ihren inneren Tälern und ihrem gegen die Ebene auslaufenden Hügelrand, neben den Ebenen des Po und dessen Zuflüssen ist es das mäßig hohe, doch überaus reichgegliederte Montferrat, das topographisch, doch auch geschichtlich und kunstgeschichtlich den Charakter von Piemont bestimmt. Von großem landschaftlichem Reiz sind die zahllosen Höhenzüge, vermischt mit Schluchten, Tälern und kleinen Ebenen, alles von außergewöhnlicher Kleinteiligkeit und von einem oft verwirrenden Wechsel der Bodengestalt auf verhältnismäßig engem Raum. Schon das Relief weist einen schwer zu übersehenden Reichtum auf: Wie emporgerafft, gleichsam emporgezupft, wirken die Hügelspitzen, die sich aus sanften Hängen und breiten Talgründen, bisweilen aber auch über Schluchten entwickeln. Das alles vollzieht sich in engen Maßen, die das Einzelne – den einzelnen Hügel, den Talgrund, die Hangmulde oder auch die schroff erodierte Schlucht – als etwas Eigenes, Individuelles zur Geltung bringen. Obzwar freilich die gedrängte Nähe des Verschiedenen und die dauernden Wiederholungen nicht eigentlich monoton wirken, so erinnern sie doch ein wenig an gewisse Tapetenmuster.

In den breiten Talmulden und an den sanften Hängen herrscht die Rebe, auch Äcker, oft beides neben- oder übereinander. Zahlreich sind die Obstkulturen, darunter viele Kirschen und Pfirsiche, deren Blüte der Landschaft schon im April einen Liebreiz schenkt, wie ihn höchstens noch das Gold des Herbstes erreicht. Wälder fehlen. Lichtes Buschwerk füllt die Schluchten und trennt, bisweilen zu Grünhängen verdünnt, die einzelnen Wiesen, Äcker und Weinberge. In den

Talgründen stehen Pappeln aufgereiht. Alte, schöne Bäume umstehen in heute oft verwilderten Gärten die Schlösser und Kastelle.

Die vielen auf das Mittelalter zurückgehenden Orte sind nach den damaligen Geboten der Sicherheit gewöhnlich auf steilen Höhen gebaut, zu denen sich in vielen Windungen das Sträßchen hinaufschlingt. Die zum Glück noch nicht zahlreichen Durchgangsstraßen ziehen auch hier die Industrie an sich. Dann gewinnt das Land modernen Charakter: Fabriken, banale Wohnhäuser, Garagen, Tankstellen, kurz, alles, was der Automobilist, der rasch vorwärtskommen möchte, auch anderswo antrifft. Der Besuch des Montferrat aber braucht Zeit. Abseits der Hauptstraßen, also dort, wo sich erst der eigene Zauber dieser Landschaft enthüllt, ist die Orientierung zwar oft schwierig, doch Zeit und Mühe lohnen sich.

Man fühlt sich im Montferrat an den südlichsten Tessin erinnert, doch ist das Gebiet – zumindest bis heute – weniger erschlossen, weniger vom Verkehr durchschnitten, zersiedelt und industrialisiert. Vieles gemahnt auch an die Rebenhügel der Toskana, das Tal des Chianti. Doch was für die Toskana der den Horizont begrenzende Apennin, das sind für das Montferrat die Alpen, deren schimmernder Gletscherkranz selbst noch südlich des Tánarotales, das heißt der Linie Asti–Alba, von hohen Punkten und an klaren Tagen den Horizont im Norden wie im Westen säumt. Von dem gegenüber den Alpen weniger hohen Kamm des Apennins ist das Montferrat nicht durch eine Ebene getrennt, sondern mit ihm durch das südlich anschließende Hügelgebiet der Langhe unmittelbar verbunden.

Im Unterschied zu den höheren und damit rauheren Langhe ist das Montferrat auf das reichste bebaut: mit Wiesen, Äckern, Obst und Wein. Der Wein besitzt in der weiteren Umgebung von Alba und Asti berühmte Lagen, wovon schon beim Besuch Astis die Rede war. Die Ursprünglichkeit des bäuerlichen Lebens hat sich im allgemeinen noch erhalten, und in sichtbaren Zeugen ist die Erinnerung an den einst hier herrschenden Adel geblieben. Denn Städte mit geschichtlichem Eigenleben finden sich, wenn man von Asti und Alba absieht, eigentlich nur am Rande dieser Hügelzone, in Casale Monferrato, Alessándria und Chieri, wobei unmittelbar am Rand des Montferrat ja auch Turin liegt, denn die Collina, welche im Westen der Stadt unmittelbar über dem Po emporsteigt, ist der westlichste und zugleich höchste Teil des ganzen Hügelgebietes.

An Stelle der Städte sind es hier Burgen und Schlösser, die, meist eng zusammen mit einem Dorf, die Hügel krönen und den hochfeudalen Charakter der ganzen Landschaft bezeugen. Diese gehörte im Mittelalter den Grafen von Montferrat, die aber ihre Macht als Lehen an kleine Adelige weitergaben. Und auch unter den späteren Herren des Montferrat, den Paläologen, den Gonzaga und den Savoyern, blieb der Adel im Besitz der Schlösser, zu denen die mittelalterlichen Burgen inzwischen ausgebaut worden waren. Noch bis ins 18. Jahrhundert hinein bezogen die Feudalen aus ihrem Umkreis Einkünfte und übten gewisse Rechte aus.

Neben den Schlössern, doch meist etwas tiefer, gleichsam in ihrer Obhut, stehen die Kirchen. Zusammen mit den Türmen und Wehrmauern oder den in neueren Jahrhunderten geschaffenen Palastfronten bilden sie die Krone der auf dem engen Raume einer Hügelkuppe zusammengedrängten Häuser, die von weitem durchaus den Eindruck eines alten Städtchens machen und auch darin an die Bergnester der Toskana und Umbriens erinnern. Die weithin sichtbaren Gotteshäuser entstammen gewöhnlich dem 18. Jahrhundert, in welchem eine Welle des Wohlstands nicht nur über Piemont und Oberitalien, sondern mehr oder weniger über ganz Mitteleuropa hinwegging, vor dem Ende, das bald darauf die Französische Revolution dem alten Europa brachte: Es sind schlanke, vor allem in ihren offenen Glockenstuben kapriziös geformte Türme und nicht minder elegant konzipierte Fassaden mit zweigeschossigen Pilastergliederungen, die, abgeschlossen durch den klassischen Dreiecksgiebel, die Würde eines Tempels mit der spielerischen Anmut des Rokoko verbinden. Alles aber ist wie von leichter Hand geformt, aus Backstein, dessen bald gelblich graue, bald rötlich braune Töne so schön mit dem Erdboden frischgepflügter Äcker zusammenklingen. Im Unterschied zu den unverputzten Ziegeln der Kirchen leuchten die Wände der Häuser in heller Tünche. Auch die mittelalterlichen Burgen zeigen, gleich den viel jüngeren Kirchen, denselben Backstein, nur daß dieser hier viel weniger gegliedert ist, sondern als kompakte Masse in Erscheinung tritt.

Das Montferrat ist reich auch an mittelalterlichen Kirchen, die meist nicht besonders groß sind und seltener auf Hügeln als in Talgründen stehen. Dies trifft insbesondere für die romanischen und frühgotischen Bauten zu. Die von der Lombardei beeinflußte Backsteingotik findet sich in den Städten, in Casale und Alessándria, in Asti und Alba sowie in einzelnen kleineren Orten, namentlich im östlichen Montferrat, in Moncalvo zwischen Casale und Asti oder in Cassine zwischen Alessándria und dem Bäderort Ácqui. In den mittelalterlichen Monumenten herrscht der gleiche kleine Maßstab, welcher der Landschaft ihre Anmut schenkt. Um so erstaunlicher ist demgegenüber der Reichtum der spätbarocken Pfarrkirchen, der aber auch im übrigen Piemont, ja eigentlich beidseits des Alpenrandes, seine Entsprechungen besitzt, im Montferrat jedoch durch die Hügellage nochmals, im eigentlichen Sinne des Wortes, hervorgehoben wird.

Ein solcher Reichtum, sowohl der Bodengestalt wie der Kulturen, der Dörfer wie der Schlösser und Kirchen, ist in seiner Kleinteiligkeit schwer zu überblicken. Das Montferrat richtig zu erleben, es nicht nur zu durchfahren, sondern es zu er-fahren, braucht Zeit. Man muß das Gebiet in verschiedenen Richtungen und, wenn möglich, zu verschiedenen Malen bereisen, um aus dem Vielerlei das gemeinsame Muster zu erkennen, um die einzelnen Akzente zu entdecken, die jedoch nie isoliert werden dürfen, so sehr ist hier jedes mit jedem verwoben.

Die Wege, die hier im einzelnen beschrieben werden, wollen nur Vorschläge sein, die miteinander verbunden und durch weitere Fahrten ergänzt werden können. Sie können das Montferrat allein zum Ziel haben, wobei Turin oder Casale, aber auch Asti und Alba als Ausgangspunkte dienen. Dieselben Wege können aber auch auf der Zureise von Mailand nach Turin über Casale und Asti oder, von Mittelitalien herkommend, über Piacenza nach Alessándria, und von dort über Asti nach Turin und umgekehrt benutzt werden.

Von den hier beschriebenen Wegen führt einer von Turin über die Superga, Baldissero und Montaldo zur mittelalterlichen Abtei von Vezzolano, dann über das hochgelegene Albugnano nach Piovà Massáia und Montíglio. Von dort geht es nordostwärts nach Murisengo und schließlich nach dem hochgelegenen Wallfahrtsheiligtum von Crea. Von Crea aus kann man entweder direkt nach Casale Monferrato oder auf Umwegen über die östlichen Hügel nach Casale oder Alessándria oder – und das ist unser zweiter Weg – über Moncalvo nach Chieri gelangen. Man kann natürlich auch, wenn man am Morgen zeitig aufbricht und auf den Umweg über die Superga verzichtet, direkt von Turin aus über Chieri und Castelnuovo Don Bosco zur Abtei von Vezzolano und weiter über Moncalvo, Montechiaro, Piovà Massáia und Cortazzone wieder nach Chieri und Turin zurückfahren. Als Route, die sich für den Hin- oder Rückweg von Casale oder auch Vercelli aus nach Turin eignet, sei die Straße am nördlichen Rand des Montferrat entlang empfohlen mit einigen sehenswerten Denkmälern und herrlichen Aussichten über die Poebene bis zu den bei klarem Wetter sichtbaren Alpen. Diesem Weg – von Turin aus – gilt unsere dritte Beschreibung.

Von Turin nach Crea

Man kann diesen Weg beginnen mit einem Besuch der Wallfahrtskirche Superga, die das westliche Ende der Montferraterhebungen krönt. Man hat damit den prachtvollen Auftakt für die zahlreichen Kirchen des Spätbarock, die das Montferrat schmücken. Von der Superga fährt man bergauf und -ab auf gewundenen, doch aussichtsreichen Nebenstraßen durch eine noch von keiner Industrie berührten Landschaft ostwärts zunächst nach *Baldissero*, das eine Pfarrkirche des 18. Jahrhunderts besitzt, über *Paravolo*, mit Kastell und Kirche auf isoliertem Hügel liegend, und weiter über *Montaldo* und *Moncucco* zur einsamen Abtei von Vezzolano. Der kürzere Weg dorthin führt über Chieri und Castelnuovo Don Bosco.

Die Abtei von Vezzolano, Abbazia di S. Maria di Vezzolano, liegt für sich allein zwischen lockeren Wäldern und dichten Weinbergen in einem Wiesengrund, sie stellt in ihrer Einsamkeit sehr eindrucksvoll ein Denkmal mittelalterlicher Einkehr vor Augen. Das kleine Tal öffnet sich nach Süden; die Kirche wird überragt von einzelnen Zypressen; neben dem Eingang wachsen Rosen und Oleander. Das mäßig hohe Gotteshaus, überragt von einem erst in der Renaissance vollendeten Campanile, die um den Kreuzgang gruppierten Konventsgebäude, das alles schließt sich überaus harmonisch zusammen und fügt sich selbstverständlich in die Landschaft. Denn so niedrig sich die äußerlich bescheidenen Bauten nebeneinander lagern, so sorgfältig abgestuft sind die verschiedenen Firsthöhen und so wohldifferenziert wirkt das Gegeneinander der Richtungen.

Die einst von Augustiner-Mönchen bewohnte Abtei wurde der Legende nach von Karl dem Großen gegründet, der hier im Jahre 773 auf der Jagd eine religiöse Erscheinung erlebte, auf die sowohl die Fresken im Kreuzgang wie das Hochaltarbild Bezug nehmen. Die Kirche wurde 1095 begonnen und 1189 vollendet. Ihre Fassade, durch zierliche Wandsäulen in mehrere Zonen gegliedert und im Mittelteil mit Skulpturen geschmückt, wird dadurch zu einem Schaustück und bereitet zugleich in ihrer Staffelung auf das basilikale Innere vor. Das südliche Seitenschiff ist durch eine später eingefügte Zwischenmauer zum Kreuzgang geschlagen worden, wobei die entsprechende südliche Nebenapsis verbaut wurde. Doch auch in dieser Asymmetrie ist der nicht sehr große Innenraum von hohem Stimmungsgehalt, durch den Zusammenklang der eckig gegliederten Pfeiler mit den bereits frühgotischen Gewölben und durch den reichen Schmuck der noch romanischen Skulpturen an den Kapitellen und am Fenster der Hauptapsis, wo die Verkündigung dargestellt ist. Seinen bedeutendsten Akzent aber gewinnt das Innere durch den Lettner, der sich nach den ersten beiden Jochen quer durch das Mittelschiff legt und nicht nur als Motiv, sondern auch in den elegant durchprofilierten Säulenbogen nach Frankreich weist. Älter als diese dem frühen 13. Jahrhundert angehörenden Arkaden sind im Mauerwerk über den Bogen die beiden Reliefzonen, die, der Inschrift nach, ein Meister burgundischer Herkunft schuf. In offensichtlich in Burgund heimischer Stilisierung sind die Vorfahren Mariens sowie Grablegung und Himmelfahrt der Muttergottes dargestellt, eingefaßt von den Symbolen der Evangelisten. Der Hochaltar zeigt unter einem gotischen Baldachin in einem polychromen Tonrelief des späten 15. Jahrhunderts als Triptychon die Madonna und daneben einen Mönch, der Kaiser Karl den Großen als Gründer der Abtei dem heiligen Augustin präsentiert. Im stimmungsvollen Kreuzgang, der einen kleinen Klostergarten umschließt, haben sich Reste von Fresken des 14. Jahrhunderts erhalten, desgleichen im anstoßenden Kapitelsaal.

Oberhalb der Abtei liegt auf besonders aussichtsreicher Terrasse das Dorf *Albugnano*, von wo aus man zu der Hauptstraße gelangt, die das südliche Montferrat von Chivasso bis Asti durchquert. Wir folgen ihr in Richtung Asti, um nach fünf Kilometern linker Hand nach *Montíglio* abzuzweigen. Der im Zentrum eines großen Weinbaugebietes liegende Ort bietet eine umfassende Aussicht dank seiner Lage auf einer alleinstehenden Anhöhe, die von einem im 13. Jahrhundert gegründeten und im 15. Jahrhundert wiederhergestellten Schloß gekrönt ist. In dessen verwildertem Park, der heute zu einem Wald geworden ist, liegt die nicht ohne weiteres zugängliche Kapelle S. Andrea, in deren zum Teil noch romanischem Rechtecksraum sich aus dem 14. Jahrhundert ein umfangreicher Freskenzyklus erhalten hat. In strengen Formen, die hier ausnahmsweise nicht nach dem Norden, sondern nach Mittelitalien weisen, sind Szenen aus der Passion Christi dargestellt. Noch tiefer ins Mittelalter zurück versetzt uns die im 12. Jahrhundert errichtete Kapelle S. Lorenzo neben dem südöstlich unterhalb des Dorfes gelegenen Friedhof. Der kleine Bau zeigt in seinem Äußeren einen Fries sich kreuzender Bogen und in der Apsis eine Gliederung aus von Masken gekrönten Lisenen. Doch noch mehr beeindruckt das Innere. Denn der durch eine Längstonne zusammengefaßte Hauptraum öffnet sich nach beiden Seiten in Nischen, deren abgetreppte Bogen von kurzen Bündelpfeilern getragen werden. So wuchtig und gedrungen die Proportionen dieser zum Teil aus Halbsäulen, zum Teil aus Pilastern zusammengestellten Stützen sind, so reich erweist sich der aus stilisierten Pflanzen, Tieren und Flechtband gehauene Schmuck der Kapitelle.

Von Montíglio aus durchquert man das hier enge Tal der Versa, durch das die Bahnlinie Asti–Chivasso läuft, und steigt östlich davon empor nach *Murisengo*, das sich zwischen den Tälern der Versa und der Stura besonders steil zu Schloß und Kirche emporbaut. Die gegen Mitte des 18. Jahrhunderts errichtete Pfarrkirche S. Antonio Abate ist eine der ansehnlichsten ihrer Art. Namentlich das Innere fesselt durch den architektonischen Reichtum. Nicht nur ein kuppelgekröntes Quadrat weitet sich hier zum griechischen Kreuz, sondern zwischen die Kreuzarme – an deren östlichen sich ein tiefer Chor anschließt – sind Diagonalräume gelegt, von denen die mit vorschwingenden Balkonen geschmückten Emporen sich als ein allein dem Raumbild dienender Schein entlarven, sobald man hinter die Vierungspfeiler tritt. Gemalter Schein ist auch das wie plastisch wirkende, ›schattenwerfende‹ Ornament, in welchem die Rocaille eine südlich schwere Abwandlung erfährt. Um so effektvoller hebt sich der reale Säulenbau des Hochaltars von der ihn umgebenden Illusionsmalerei ab, der die Nebenaltäre verpflichtet sind. Auch sonst herrscht ein eigentümliches Spannungsverhältnis zwischen Realität und Illusion, wirklichen Säulen, Pilastern, Kapitellen und Gesimsen und ihrer Einbettung in eine das Auge trügende Erscheinung. Zu dieser tragen die lichten Creme-Töne sowie die Fülle des sich zunächst in den Nebenräumen verfangenden Lichtes wesentlich bei, so daß man hier noch mehr als in den zu gleicher Zeit entstandenen Kirchen des nordwestlichen Piemont an das oberbayerische Rokoko gemahnt wird. Doch noch umfassender als dort eröffnet sich in einem Raum wie in Murisengo eine Theaterwelt, die es darauf anlegt, den Betrachter auf eine oft geradezu handgreifliche Art zu täuschen.

Nördlich von Murisengo liegt in der Nähe des bescheidenen Hügelortes *Corteranzo* ganz für sich allein die Friedhofskapelle S. Luigi, die auch in ihrer heutigen Vernachlässigung ein kleines Juwel der Baukunst des Settecento darstellt. Der den Kreis zum Vierpaß modifizierende Zentralbau ist 1760 denn auch von keinem Geringeren als Bernardo Vittone errichtet worden, dessen geniale Hand sich im unverputzten Backstein des in vier Zonen emporsteigenden Außenbaues ebenso wie in der fast abstrakten, weil auf Ornament verzichtenden Geometrie des Innern offenbart.

Südlich dieser Straße liegt zwischen den Tälern der Stura und der Versa das sogenannte ›Belvedere‹ von *Villadeati*. Der Name Belvedere besteht für diese Villa zu Recht, denn fast wie im Auslug einer Festung fühlt man sich durch Terrassen, Loggien und einzelne Pavillons, die sich halb als Wachhäuschen, halb als Säulentempelchen darstellen, in die Landschaft hinausgehoben. Man wird aber auch durch das große, von Säulengängen bekrönte Halbrund ganz bewußt an das Belvedere im Vatikan erinnert, das nach Plänen Bramantes in der Klassik des 16. Jahrhunderts begonnen wurde und das nun hier im späten 18. Jahrhundert seine klassizistische Abwandlung erhält.

Wir folgen dem Lauf der Stura ostwärts auf einer fast geraden Straße, um kurz vor ihrer Einmündung in die von Casale nach Asti führende Hauptstraße zum hochgelegenen *Heiligtum von Crea*, Santuario di Crea, abzubiegen. Hier, auf einer der östlichsten Erhebungen des Montferrat, suchte der heilige Eusebius, Bischof von Vercelli, um die Mitte des 4. Jahrhunderts Zuflucht vor den ihn verfolgenden Arianern; doch erst im 16. Jahrhundert bildete sich eine Wallfahrt größeren Umfangs aus. Zusammen mit den Klostergebäuden schiebt sich die Kirche auf dem schmalen, steil nach beiden Seiten abfallenden Bergsporn nach Osten vor, während die Gebäude der Pilgerherberge sich unregelmäßig um den breiten Vorplatz im Westen der Kirche gruppieren. Die Fassade, die durch Vorhalle und Mittelloggia aufgelockert wird, ist eine tüchtige Arbeit des Neubarock vom Anfang unseres Jahrhunderts. Das dreischiffige, von Kreuzrippen überspannte Innere umfängt uns mit dem Dämmer einer gotischen Halle, in deren Hintergrund die zahllosen Kerzen des Gnadenaltars leuchten. Der 1756 errichtete Säulenbau des Gnadenaltars bezeugt noch den ausgehenden Barock, während die reiche Marmorverkleidung des Kapellenraumes erst 1867 geschaffen wurde. In einer eigenen Kapelle neben dem Hochaltar ist das Martyrium der heiligen Margarete dargestellt, das den anmutigen Frauenkörper an den Armen aufgehängt und bis zu den Hüften entblößt zeigt. Im Chor ist eine Thronende Madonna zu sehen, verehrt von Heiligen vor einer schon ganz vom Zauber der Frührenaissance durchwebten Landschaft: ein Tafelbild von Macrino d'Alba von 1503.

So gut man schon von weitem den Wallfahrtsberg von Crea wahrnimmt, so muß man doch von der Kirche und vom Kloster aus westwärts ein Stück den bewaldeten Grat emporsteigen, um von einer kleinen Barockkapelle aus die volle Rundsicht zu genießen, die über die nach Nordosten ausschwingenden Hügel zur Poebene und bei klarem Wetter über diese hinaus bis zu den Alpen reicht, während man im Süden Teile des Apennins erkennt.

Von Crea nach Chieri

Von Crea aus kann man in Richtung auf Casale Monferrato das Montferrat verlassen. Man kann sich aber auch auf der zunächst den Talgrund durchlaufenden Hauptstraße südwärts gegen Asti wenden, wobei man nach *Moncalvo* gelangt. Hier ist man unerwartet in einer kleinen Stadt, die von einem Sattel aus zu einem kleineren Teil nach Osten, zu einem größeren Teil nach Westen emporsteigt. Auf der östlichen Erhebung steht als dreischiffiger Hallenraum die gotische Backsteinkirche

S. Francesco und noch weiter östlich ein aus demselben Material gemauertes Kastell mit runden Eckbastionen, Reste der im 16. Jahrhundert bedeutenden Festung. Von hier aus bietet sich eine ähnliche Rundsicht wie von Crea aus. Im westlichen Stadtteil, in dem sich am Anfang der Hauptgasse eine Hausfront mit gotischen Fenstern findet, liegt die spätbarocke Chiesa della Madonna, ausgezeichnet durch die Eleganz ihrer schlank proportionierten Ziegelfassade.

Über Calliano fahren wir vorerst südwärts gegen Asti weiter, doch biegen wir, im Tal der Versa angelangt, ungefähr zehn Kilometer hinter Moncalvo nach Westen in die nach Chivasso führende Verbindungsstraße ab, um nach ungefähr acht Kilometern nach links abbiegend auf einem Nebensträßchen das auf dem Höhenzug gelegene Dorf *Villa San Secondo* zu erreichen. Wir lassen den Wagen auf dem Dorfplatz und steigen am besten zu Fuß zu der schönen Rokoko-Kirche empor, die mit ihrer – trotz des ›billigen‹ Materials – vornehmen Ziegelfassade und den edlen Proportionen ihres kreuzförmigen Baus den Hügel krönt. Auf dem Höhenzug weiter führt uns die Nebenstraße nordostwärts nach *Montechiaro d'Asti*, dessen städtisches Aussehen die Selbstverwaltung in Erinnerung ruft, die der Ort im 13. Jahrhundert besaß. Nordöstlich liegt einsam in den sanften Wiesenhängen, von wenigem Gebüsch umgeben, S. Nazzario, ein kleiner romanischer Bau aus dem späten 11. Jahrhundert, dessen Fassade von Lisenen und unter dem Giebel von Blendbogen zart gegliedert ist. Der stattliche Campanile ist auf ähnliche Weise belebt, wozu hier noch die wechseln den Lagen von Haustein und Ziegel kommen.

Nicht allzu weit westlich von Montechiaro liegt, auf Nebenstraßen jenseits der den Talgrund durchziehenden Hauptstraße zu erreichen, über dem Dorf *Cortazzone* nochmals eine kleine, besuchenswerte Kirche aus derselben romanischen Epoche, doch bereits dem 12. Jahrhundert entstammend. Es ist S. Secondo, das einen Hügel krönt und gleich einem kostbaren Schrein auf allen Seiten mit flachen Lisenen und Blendbogenfriesen geschmückt ist. Dazu kommt als Auszeichnung der schmalen Hochschiffenster kunstvoll verschlungenes Flechtband und an anderen Stellen einzelne figürliche Motive.

Wir kehren zur Hauptstraße zurück und fahren im Talgrund nordwestwärts, auf den Höhen begleitet von Dörfern mit Kirchen und Kastellen. Zu einem dieser Bergdörfer steigen wir empor: Es ist *Piovà Massáia*, dessen stattliche Kirche S. Giorgio sich auf eigenem Bergvorsprung vom Ort absondert und uns wieder in das für Piemont so fruchtbare 18. Jahrhundert führt. Der zwischen 1749 und 1774 von Benedetto Alfieri errichtete Sakralbau, der im Äußeren wie im Inneren noch alle Möglichkeiten des nun bald endenden Stils spielen läßt, steht am Ausgang des Spätbarock. Doch verzichtet der Raum bereits auf den bisherigen Dekor, um in einer weitgehend abstrakten Architektur aus dem Quadrat das Achteck und aus diesem das griechische Kreuz zu entwickeln. Wie in der verwandten Raumkomposition des nahen Murisengo öffnen sich zwischen den Kreuzarmen eigene Räume. Doch so sehr noch Durchbrechungen, Aushöhlungen und Auskehlungen im Raum dominieren, so ist im Zeichen eines ersten Klassizismus bereits alles härter geworden. Der Raummantel beginnt sich wieder zu verfestigen, gleich einem alternden Körper, an welchem statt des schwellenden Fleisches nun Knochen und Sehnen hervortreten. Sehr stattlich ist die von einem eleganten Glockenturm überhöhte Fassade, die sich aus dem von einem achteckigen Kuppelturm gekrönten Kreuzbau heraus in bewegtem Kurvenspiel mit allen Reizen des Spätbarock entfaltet.

Von Piovà Massáia aus, der letzten Station auf unserer Rundfahrt, fahren wir auf bequemer Straße nach *Castelnuovo*, der Heimat des heiliggesprochenen Pädagogen Don Bosco, und von dort aus durch die Ebene nach Chieri und Turin.

Am Nordrand des Montferrat entlang

Die Hügellandschaft des Montferrat entfaltet einen eigenen Reiz gerade dort, wo sie sich zwischen Turin und Casale Monferrato durch den Lauf des Po deutlich von der Ebene abhebt.

Es sind vorwiegend die landschaftlichen Reize, die zu diesem Weg verlocken, was den Besuch einzelner bedeutender Denkmäler wie der romanischen Abteikirche S. Fede bei Cavagnolo nicht ausschließt.

Die schon von den Römern benutzte Straße, die von Turin aus den Po entlang führt, berührt am Fuß des Superga-Berges *San Mauro Torinese*, das in seiner Pfarrkirche S. Maria, einer ehemaligen Benediktinerabteikirche, einen Glockenturm in den romanisch-gotischen Übergangsformen des 12. und 13. Jahrhunderts besitzt, während die Außengliederung der Apsis mit ihrem eigentümlichen Steinwechsel möglicherweise ins 11. Jahrhundert zurückgeht. Das Innere ist 1665 barockisiert worden. – In *Gássino Torinese* zeichnet sich im wohlerhaltenen alten Ortskern die zweigeschossige Kirchenfassade von Spirito Santo durch ihre wellenförmige Bewegtheit aus, ein Thema, zu dem der piemontesische Spätbarock immer wieder neue Variationen fand.

Man umfährt nun den nördlichsten Vorsprung des Montferrat, wo auf aussichtsreicher Höhe gegenüber *Chivasso* die stark veränderte romanische Kirche S. Genésio steht, um bei *Cavagnolo* eines der schönsten Beispiele dieser Epoche anzutreffen: die kleine Kirche S. Fede, die in einem lieblichen Wiesental wenige Kilometer südlich von Cavagnolo liegt. Sie ist der heiligen Fides geweiht, von deren wichtigstem Verehrungsort aus, nämlich Conques in der südlichen Auvergne, die kleine Abtei bei Cavagnolo in der zweiten Hälfte des 12. Jahrhunderts gegründet wurde. Der damals errichtete Bau, der heute noch im ganzen wohlerhalten steht, ist denn auch ein verkleinertes Abbild von Sainte-Foy-de-Conques. Schon die Fassade zeigt mit ihrem reich skulpierten Stufenportal und den eigentümlich isolierten Wandsäulen, welche die Stirnmauern der Seitenschifffronten schmücken, französischen Einfluß. Dieser wird noch deutlicher im Inneren, einer knapp bemessenen kreuzförmigen Basilika mit sehr kleinen, nur auf der einen Seite in das Tonnengewölbe eingeschnittenen Hochschiffenstern. Das fünfte Joch unterbricht mit einem Kreuzgewölbe als Andeutung einer Vierung die Längstonne, die sich darauf in einem sechsten Joch bis zur Apsis fortsetzt. Die zu den Seitenschiffen sich öffnenden Bogen sind mit halbkreisförmigen Wülsten gegen die Mauer abgesetzt. Dazu kommen schwach profilierte Kämpfergesimse und Kapitelle, von denen einzelne erneuert sind. So wirkt das Innere vergleichsweise höhlenartig dumpf und ungegliedert, wodurch Eigentümlichkeiten, die schon die auvergnatische Romanik besitzt, in provinzieller Art verstärkt werden.

Wir kehren nach Cavagnolo und damit an den Rand der Ebene zurück, in der wir über *Brusasco* – wo sich eine kleine romanische Friedhofskapelle und eine große, ländliche Barockkirche befinden – auf der Straße nach Crescentino weiterfahren. Doch ungeachtet der dortigen Brücke über den Po bleiben wir auf dessen südlichem Ufer und gelangen, immer noch am Fuß der Höhen, nach *Gabiano*, das von einem in moderner Zeit erneuerten Kastell überragt ist. In Gabiano verläßt unsere Straße die Ebene, um von nun an in vielen Kurven über die nördlichsten Hügel des Montferrat zu führen. Die von jetzt an immer wieder auftauchende Bezeichnung ›Strada panoramica‹ besteht zu Recht, denn sowohl gegen die Poebene wie ins Innere der Hügellandschaft ist die Aussicht voll der reichsten Abwechslungen. Die von der Straße geforderte Aufmerksamkeit lohnt sich, vor allem, wenn man gelegentliche Halte einschaltet. So gelangen wir nach *Camino*, von wo aus die Straße über den nahen Po nach Trino und weiter über die Ebene nach Vercelli führt. Ostwärts, zum Flusse parallel, verläuft eine andere Straße, sie erreicht zunächst *Pontestura* und geht dann weiter durch die nunmehr immer sanfter ausschwingenden Hügel nach Casale Monferrato am Ostrand des Montferrat.

In den westlichen Tälern

Das Susatal

Rívoli. Dort, wo die in der Vorzeit aus dem Tal von Susa kommenden Gletscher eine umfangreiche Moränenlandschaft zurückgelassen haben, liegt auf einer ersten Erhebung das Städtchen Rívoli. Der Ort, den man heute auf schnurgerader Schnellstraße von Turin aus rasch erreicht, besitzt ein Kastell mit weiter Aussicht, verschiedene Kirchen mit mittelalterlichen Türmen sowie malerisch gewundene Gassen. Am Rand der Altstadt umgibt ein schöner, öffentlich zugänglicher Garten mit hohen Bäumen ein Stadthaus von biedermeierlicher Anmut.

Rívoli ist reich an geschichtlichen Erinnerungen. Denn hier, am Austritt der Mont Cenis-Straße in die Poebene, kam es jahrtausendelang immer wieder zu Kämpfen. Hier besiegte Kaiser Konstantin im Jahre 312 zum ersten Mal seinen Gegenkaiser Maxentius. Hier kam es im 16., 17. und 18. Jahrhundert zu Kämpfen mit den von Westen her eingedrungenen Franzosen. Allerdings, die berühmte Schlacht, die sich mit dem Namen Rívoli verbindet und der zu Ehren Napoleon I. in Paris längs des Tuileriengartens die berühmte Prachtstraße bauen ließ, fand gar nicht hier, sondern unfern der Veroneser Klause statt, wo Bonaparte 1797 die Österreicher besiegte. Aber auch im Frieden spielte die Stadt eine hervorragende Rolle, namentlich als Lieblingsaufenthalt der Savoyer, unter deren erstem König Juvarra den spätbarocken Ausbau des Schlosses begann, jedoch bis auf die eindrucksvollen Fragmente von Hof und Treppenhaus nicht vollendete.

Sant' Antonio di Ranverso. Von Rívoli fährt man, am Kastell vorbei, zunächst auf der hochgelegenen alten Straße westwärts und biegt ungefähr zwei Kilometer vor Avigliana nach rechts ab, wo am Rand der Talebene die Abtei S. Antonio di Ranverso liegt. Unweit der großen Straße und doch abseits vom Verkehr, eine kleine Insel des Friedens, gehörte die 1188 gegründete Abtei einst zu den Rastorten am Pilgerweg über den Mont Cenis. An demselben Weg erhebt sich einige Kilometer weiter westlich hoch über dem Tal das Bergheiligtum der Sagra di S. Michele. S. Antonio di Ranverso wurde von Vienne unterhalb von Lyon im Rhônetal besiedelt, was einen gewissen französischen Einfluß in der Architektur der mäßig großen Kirche erklärt, und zwar insbesondere im polygonalen Chorabschluß der zu Anfang des 13. Jahrhunderts über merkwürdig unregelmäßigem Grundriß errichteten Pfeilerbasilika. Im Außenbau gehört der von einem achteckigen Spitzhelm abgeschlossene Campanile noch dem Übergang von der Romanik zur Gotik an, während die übrigen Teile, nämlich die auf der Nordseite das Seitenschiff ersetzenden Kapellen und namentlich die aus dem 15. Jahrhundert stammende Fassade, durchaus die Merkmale der piemontesischen Spätgotik zeigen. So steigen über den drei Eingängen terrakottageschmückte Wimperge sehr steil und spitzig empor, ein Motiv, das sich auch sonst in Piemont findet, besonders ausgeprägt in Chivasso, und das auch in Aosta vorkommt. Die von kleinen Türmchen besetzten Spitzen dringen in dynamischem Kontrast gegen den Vorsprung des verhältnismäßig flachen Giebeldachs vor. Über dem Dach steigt nochmals ein auf piemontesisch-lombardische Weise mit Fialen geschmückter Giebel auf.

Das stimmungsvolle Innere, in dem das Hauptschiff dominiert, indem es sich in verhältnismäßig niedrigen Bogen nach dem Seitenschiff öffnet, lebt aus dem Wechsel zwischen verschiedenfarbigen Ziegeln, den roten der Pfeiler und den rotweißen der Rippen der Kreuzgewölbe. Die Kappen der Gewölbe und zum großen Teil auch die Wände sind mit verblichenen Fresken geschmückt, von Meister Giacomo Jaquerio um 1426 gemalt, ebenso wie der etwas jüngere Passions-Zyklus in der Sakristei. Sehr eindrucksvoll ist hier die Kreuzigung derart in ein gedrücktes Bogenfeld komponiert, daß Christus sich deutlich von der Menge abhebt, deren Stangen und Fahnen in ihrer Gesamtheit dem Rund des Bogens folgen, sosehr auch im einzelnen die Richtungen verschieden sind. Gotische Gesamtbewegung herrscht auch in den elastisch sich biegenden Körpern, während in den Köpfen bereits ein bisweilen krasser Realismus zum Ausdruck kommt. Bis zur Karikatur gesteigert ist dieser Realismus auch in einzelnen Physiognomien am Hochaltar: In dem Polyptychon, das Defendente Ferrari 1531 malte, sind einzelne Heilige und als Mittelstück die Geburt Christi in jenem unitalienisch herben Stil dargestellt, wie er diesem Meister und vielen seiner piemontesischen Zeitgenossen eigen war. Neben der Kirche liegt ein nicht mehr ganz erhaltener Kreuzgang, der sich gegen einen kleinen Klostergarten öffnet.

Avigliana. Von S. Antonio di Ranverso aus fahren wir wieder hinauf in das Hügelgebiet der Moräne, wo auf mehrere Anhöhen verteilt das uralte Avigliana liegt. Der an geschichtlichen Erinnerungen reiche Ort ist von hohem landschaftlichem Reiz, sowohl in seiner näheren Umgebung, wo am Weg hinauf zur Sagra di San Michele ein schöner See liegt, wie auch in der weiteren, die von den gegen die Ebene ausschwingenden Gebirgen beherrscht wird. So begegnen und ergänzen einander Nähe und Ferne in immer wieder neuem Zusammenklang der Linien, die in den Ruinen der Savoyer Burg sowie in den Fialen und den Steinhelmen der Kirchtürme ihren von Menschenhand geschaffenen Akzent gewinnen. Die Häuser im Städtchen, manche davon noch aus der Gotik, breiten sich niedrig, mit flach geneigten Rohrziegeldächern vor allem in den Senken des vielseitig bewegten Geländes aus, und es ist nur zu hoffen, daß dieses ganze, so freundliche Gebiet künftig noch lange nicht die schlimmen Auswirkungen der nahen Großstadt zu spüren bekommt.

Avigliana war wahrscheinlich schon in keltischer Zeit besiedelt. Avilius, ein keltischer Gott, gab dem Ort seinen Namen. Im frühen Mittelalter, als hier die Fürsten von Turin herrschten, gründeten Benediktinermönche ein Hospital für die von Frankreich nach Rom ziehenden Pilger. Im 10. Jahrhundert hatte die ganze Gegend unter den Sarazenen zu leiden, gegen die Arduino Glabrione 942 ein Kastell errichtete. Während der Kämpfe zwischen Kaiser und Papst zerstörte Friedrich I. Barbarossa den Ort mitsamt den Kirchen. Der Wiederaufbau folgte bald; doch erst unter den Savoyern, die hier nach 1418 eine starke Festung gegen die Angriffe von Westen errichteten, wurden die drei noch heute unterscheidbaren Ortsteile durch eine gemeinsame Mauer vereinigt.

Im sogenannten ›Borgo Nuovo‹, der sich gegen das Kastell hinaufzieht, liegt die Kirche S. Giovanni, die im wesentlichen dem 13. Jahrhundert angehört und das Fassadenmotiv von S. Antonio di Ranverso auf einen einzigen, steilen Wimperg beschränkt. Das saalförmige Innere, das man durch einen nach außen abgeschlossenen Vorraum betritt, ist im 17. Jahrhundert barockisiert worden. Hier hängen einige Altarbilder aus der Renaissance, darunter solche von Defendente Ferrari. Weiter gegen Norden liegt am Rand des ›Borgo Vecchio‹ die Kirche S. Maria. Der im Innern barock erneuerte Bau hat nach außen sein italienisch-gotisches Gepräge bewahrt. Ein Kleinod mittelalterlicher Baukunst ist S. Pietro, im gleichnamigen Stadtviertel – Borgo S. Pietro – auf einer Anhöhe südlich der Durchgangsstraße gelegen. Bauteile des 11. bis 15. Jahrhunderts fügen sich harmonisch zusammen. Dem romanischen Glockenturm im Westen antwortet im Osten über dem gerade geschlossenen Chor ein mit einem Ziegelfries geschmückter und von Fialen überhöhter Giebel. In dem sorgfältig wiederhergestellten Innenraum endet das eine der beiden Schiffe in einer romanischen Apsis, in der sich neben Fresken des 14. und 15. Jahrhunderts auch noch solche des 12. Jahrhunderts erhalten haben. Vollständig ausgemalt ist auch die Kapelle neben dem Chor mit Szenen aus dem Leben Mariens und dem Neuen Testament, in einem Stil, der bereits den Übergang zur Frührenaissance verrät.

Sant' Ambrogio di Torino. Von Avigliana aus kann man zu den nahen Lago Grande und Lago Piccolo gelangen, auf die man vom barocken Sanktuarium der Madonna dei Laghi aus eine schöne Sicht hat, und von hier aus kann man weiter zur Sagra di San Michele hinauf fahren. Wir aber halten uns rechts, um wieder auf die nach Susa führende Hauptstraße zu kommen. Bereits im nächsten Dorf, in S. Ambrogio di Torino, gibt es eine stattliche Pfarrkirche zu bewundern, S. Giovanni Vincenzo, die Bernardo Vittone 1760 bis 1763 in dem für ihn bezeichnenden Übergang vom Spätbarock zum Klassizismus schuf. Zu der in einzelnen Kurven bewegten Backsteinfront bietet der romanische Glockenturm ein eindrucksvolles Gegenstück.

Wir sind hier dicht unter dem steil abfallenden Felsgipfel der Sagra di San Michele, ohne freilich jene Sicht auf das Bergkloster zu genießen, die nur aus der Entfernung möglich ist. Aber auch zu seinen Füßen ist historischer Boden, denn dort, wo die Ausläufer des Berges eine Talenge bilden, fanden immer wieder Kämpfe statt, am bedeutendsten darunter ist wohl die Schlacht, in der im Jahre 773 Karl der Große den Langobarden mit der Eroberung des Talausgangs den Schlüssel zu Italien entwand. Die Legende berichtet, wie ein Priester die Gebirgspfade verriet, auf denen ein Teil der Heermacht Karls die in der Talenge kaum zu überwindende Stellung der Langobarden umgehen konnte.

Susa. Die Orte, die wir durchfahren, sind im Kern noch altertümlich. In Bussoleno finden wir eine große, von einem Schüler Vittones errichtete Pfarrkirche. Doch wichtiger ist Susa dank seiner altrömischen Denkmäler, worin es an Zahl und Erhaltung nur noch von Aosta übertroffen wird. Im Vergleich zu jenem jedoch ist Susa ursprünglicher, weil kleiner und weniger industrialisiert, so daß die Denkmäler noch erfreulicher zur Geltung kommen. Die Berge treten hier enger zusammen, das Tal, das jetzt einen wilderen Charakter annimmt, beginnt zu steigen: An eben dieser Schwelle zum Alpinen entstand schon in der Zeit der römischen ›Gallia Cisalpina‹ ein wichtiger Stützpunkt. Als ›Segusio‹ erlebte Susa seit Kaiser Augustus, vor allem aber seit Nero, eine Blütezeit, die erst unter Kaiser Konstantin endete, der die mit seinem Rivalen Maxentius verbündete Stadt im Jahre 312 zerstörte. Nachdem sie im 10. Jahrhundert unter der Besetzung der die Westalpen heimsuchenden Sarazenen stark zu leiden hatte, wurde sie 1168 von Barbarossa abermals zerstört. In neuerer Zeit wiederum waren es die Franzosen, die sie bei ihren Kämpfen um Piemont besetzten. Danach wurde Susa ein stilles Landstädtchen, nicht nur in manchem mit Aosta verwandt, sondern auch mit Sitten im schweizerischen Wallis, doch von beiden an moderner Entwicklung deutlich überflügelt.

Daß solches für den eher geruhsamen Touristen keineswegs ein Nachteil sein muß, beweist die relative Ruhe in den Gassen, auf den Plätzen und in den die römischen Bauten umgebenden Grünanlagen. Bereits die engen Gassen, durch die man von der Durchgangsstraße zur Dora Ripária gelangt, und vollends nach deren Überquerung die sympathische Unregelmäßigkeit der sich nun zu meist kleinen Plätzen erweiternden Gassen, all das umschließt den Besucher wie den Bewohner mit der Geborgenheit eines städtischen Organismus, der im Laufe der Epochen auf natürliche Weise gewachsen ist.

Zwanglos laufen mehrere Gassen auf dem Platz vor der Kathedrale S. Giusto zusammen. Ihr besonders wuchtiger Turm mit seinen romanischen Blendbogenfriesen, verschieden gruppierten Rundbogenfenstern und Ecklisenen hat Verwandte in vielen Orten der Westalpen und könnte auch im Wallis stehen. Der polygonale Spitzhelm, den wie üblich Ecktürmchen flankieren, verrät in den betont steilen Proportionen seine gotische Herkunft. Sein vollständig romanisches Gegenstück findet er in Susa im Turm von S. Maria Maggiore. Die Kathedrale, die im übrigen erst seit 1772 Bischofskirche ist, war vorher die Kirche einer Benediktiner-Abtei, die bis ins 8. Jahrhundert, also bis zur Zeit Karls des Großen zurückgeht. Sie ist dem heiligen Justus geweiht, der beim Einfall der Sarazenen zum Märtyrer wurde. Seine Mitbrüder aus dem Kloster Novalesa im

Susa-Tal flüchteten vor den Sarazenen ins Kloster Oulx südwestlich von Susa, wurden auch von dort vertrieben, aber schließlich durch eine himmlische Erscheinung zur Gründung eines neuen Klosters eben hier in Susa veranlaßt. Das hallenartige Innere der Kathedrale besteht ausnahmsweise aus vier Schiffen; an das nördliche Seitenschiff schließt sich nochmals eins mit Kapellen an. Einzelne Altäre des 16. bis 18. Jahrhunderts, darunter eine Madonna mit Heiligen, gemalt von dem Lombarden Ambrogio Bergognone, sowie das reiche gotische Chorgestühl aus dem 13. und 14. Jahrhundert, bilden die Ausstattung des Raumes, der architektonisch mehreren Epochen verpflichtet ist und dadurch etwas charakterlos wirkt.

Vom romanischen Campanile überragt, steht in nächster Nähe der Kathedrale die ›Porta Savoia‹, das von zwei Rundtürmen flankierte römische Stadttor, das jedoch erst im 4. Jahrhundert, nach der Zerstörung der Stadt durch Konstantin, errichtet wurde, um das wiederaufgebaute Gemeinwesen gegen die Barbareneinfälle zu schützen. Durch seinen auffallend großen Bogen gelangt man aus der mittelalterlichen Stadt hinaus in eine Grünanlage, die mit einem neuzeitlichen Abguß der berühmten Statue des sogenannten ›Augustus von Primaporta‹ geschmückt ist. Am oberen Ende des recht eigentlich der historischen Besinnung dienenden Parks steht in der Nähe des auf den Ruinen des Palastes von König Cozius errichteten Kastells der Augustus-Bogen, den im Jahre 8 vor Christus der damalige Fürst von Susa, Cozius I., zu Ehren des Kaisers errichten ließ und der sich durch seine schlankeren, edleren Proportionen von seinem Gegenstück in Aosta vorteilhaft unterscheidet. Die beiden Bogen in Susa, jener des durchaus als Wehrbau errichteten Stadttors und das weit mehr in Schönheit sich erfüllende Ehrenmal, das allein steht, ergänzen sich in ihrer Nachbarschaft aufs eindrucksvollste. In der Nähe des Parks gibt es noch zwei zusammengebaute Bogen, die aus großen Marmorblöcken gemauert sind, die ›Due Porte‹, sie stellen vermutlich die Reste eines altrömischen Aquäduktes dar. Im Süden der Stadt findet man bescheidene Reste eines Amphitheaters.

In Susa gabelt sich die Straße, um in einem rechten Ast zum 2084 Meter hohen Mont Cenis-Paß emporzusteigen, dem Col di Moncenisio, und dann durch das bereits französische Tal des Arc nach Modane, dem westlichen Ausgang des Mont Cenis-Eisenbahntunnels und weiter nach der einstigen Savoyer-Residenz Chambéry zu führen. Wir jedoch folgen dem vorläufig noch von der Eisenbahn durchzogenen Tal der Dora Ripária, nun allmählich ansteigend, an den letzten Weinbergen vorbei, mit dem Blick auf kleine Bergdörfer, Weiden und Buschwälder auf der sonnigen Seite und auf Nadelwälder auf der Schattenseite. In *Exilles* beeindruckt die im 17. Jahrhundert angelegte Grenzfestung mit gewaltigen Bastionen samt den dahinterliegenden Kasematten und Kasernen sowie einer langen Zufahrtsrampe, Anlagen, die in den Kriegen zwischen Piemont und Frankreich mehrmals zerstört und wiederaufgebaut wurden. Dazwischen diente die Festung auch als Staatsgefängnis und beherbergte in dieser Eigenschaft nach der Mitte des 17. Jahrhunderts auch den berühmten ›Mann mit der eisernen Maske‹, dessen geheimnisvolle Persönlichkeit die Volksphantasie beschäftigt hat. Die mittelalterliche Dorfkirche von Exilles hat ein schönes, einfaches romanisches Stufenportal.

Oberhalb von *Salbertrand* weitet sich die Landschaft zum breiten Talboden von Oulx, von wo aus die Eisenbahn nun dem Tal der Dora di Bardonécchia folgt, um von dem Ort Bardonécchia aus durch den fast 13 Kilometer langen Tunnel von Fréjus, auch Mont Cenis-Tunnel genannt, zu dem französischen Modane und weiter über Chambéry nach Lyon zu führen. Der 1871 eröffnete Tunnel ist der älteste Alpendurchstich, denn die schon 1867 fertiggestellte Brennerbahn durchquert die Alpen ohne Scheiteltunnel, während der Gotthardtunnel erst 1882, derjenige durch den Simplon 1905 eröffnet wurde.

Bis *Bardonécchia*, dem obersten Dorf im Tal der Dora Ripária, führt auch eine gute Straße. Die Durchgangsstraße jedoch steigt von *Oulx* aus, wo der aus der zweiten Hälfte des 16. Jahrhunderts stammende Palazzo Ambrosiano an die Waldenser-Kämpfe erinnert, durch ein Nebental mehr oder weniger südwärts empor nach *Sauze di Cesana*, von wo aus eine Straße in Richtung nach Südwesten über den Montgenèvre-Paß nach dem französischen Briançon führt. Die andere Straße, der wir folgen, biegt in Sauze di Cesana nach Osten und steigt am Sonnenhang des Tales bis über die Waldgrenze empor, wo auf breitem Sattel 2035 Meter über dem Meer *Sestriere* liegt. Die schneesichere Höhe und die breiten, nur von wenigen lockeren Lärchenwäldern unterbrochenen Hänge, die meist nicht sehr steilen, von Felsen fast freien Berge der näheren Umgebung, das alles sind hier hervorragende Voraussetzungen für den Skisport. Kein Wunder, daß sich in den letzten Jahrzehnten hier rapid ein Wintersport-Zentrum entwickelt hat, dessen ältere, zwischen 1928 und 1932 gebaute Hotels als riesige Zylindertürme den ›Modernismo‹ jener Ära demonstrieren sollten. In den sechziger und siebziger Jahren sind zahlreiche andere Hotels hinzugekommen, deren architektonische Erscheinung ähnlich problematisch ist wie in Cervinia. Dazu gesellen sich die zahlreichen Sportbahnen mit ihren nicht nur die Hänge, sondern auch Grate und Gipfel weithin beherrschenden Anlagen. Das alles nimmt man im Winter als Nutznießer der Technik eher in Kauf, doch im Sommer, wenn der Ort nur wenig besucht wird, wirkt sich die Beeinträchtigung der Natur doppelt schmerzlich aus.

Das Tal des Chisone

So verläßt man zumindest in der schneefreien Jahreszeit Sestriere mit gemischten Gefühlen, von denen man sich allenfalls durch eine Kabinenfahrt auf einen der nahen Aussichtsberge befreien kann. Das Tal gewinnt an Schönheit, wenn man nunmehr in der Richtung nach Nordosten dem Laufe des Chisone folgt. Der Blick von der hoch am linken Talhang entlangführenden Straße nach Süden zunächst in das von der Ripa durchflossene Seitental und dann in das eigentliche Tal des Chisone mit seinen bis zu 3000 Metern aufsteigenden Gipfeln ist äußerst eindrucksvoll. Das Valle del Chisone, das sich mit dem von Westen kommenden Tal vereinigt, biegt nach einiger Zeit gegen Südosten und dann leicht wieder gegen Norden ab. An einer der günstigen Verengungen erscheint auch hier eine der großen Grenzfestungen, wie sie frühere Jahrhunderte anlegten. Sie liegt hier nicht im Talgrund, sondern zieht sich als von Schießscharten durchbrochenes Mauerwerk einen ganzen Berghang hinauf. Es ist die Festung *Fenestrelle*, die im 17. Jahrhundert von den damals dieses Gebiet beherrschenden Franzosen erbaut und später modernisiert worden ist. 4000 Stufen führen die steile Verteidigungslinie bis zum obersten Fort empor.

Das von der Mitte des 17. Jahrhunderts bis zum Ende des Spanischen Erbfolgekriegs, also 1713, zur französischen Dauphiné gehörende Gebiet reichte noch weiter talabwärts bis in die Gegend von Perosa, wodurch auch geschichtlich die Grenze zwischen den Gebirgstälern und den ungleich dichter besiedelten Hügeln und Ebenen, die den Bergen vorgelagert sind, noch unterstrichen wird. In diesem Sinne sind wir erst richtig wieder in Piemont, wenn der Fluß Chisone sein nicht mehr von Tannen und Lärchen, sondern von Laubwäldern bewachsenes Tal verlassen hat und uns die schon von Avigliana her vertraute Moränenlandschaft um Pinerolo empfängt.

Pinerolo. Die Stadt, die gegen den Nordwind geschützt am Rande sanfter Hügel liegt und wegen ihrer meist milden Winter das ›Nizza von Piemont‹ genannt wird, teilt sich in eine Altstadt, die sich hügelan bis zur hochgelegenen Kirche S. Maurizio emporzieht, und in die neueren Teile, die sich mit großen Plätzen und Gärten in der Ebene ausbreiten. Fast am Rand der Altstadt, noch in der Ebene, steht der von einem wuchtigen Glockenturm überragte Dom S. Donato, eine spätgotische Basilika, die im wesentlichen dem 15. Jahrhundert entstammt und in ihrem dunklen Innern in neuerer Zeit ausgemalt wurde, doch noch immer die Geschlossenheit des südländischen Massenbaues mit der gotischen Gliederung der Kreuzrippengewölbe zu einer bedeutenden Raumwirkung vereint. Das gedämpfte

Ziegelrot des breitgelagerten Außenbaues fügt sich den umgebenden Bürgerhäusern schön ein. Der Dom wurde zum ersten Mal 1014 genannt, rund sechzig Jahre nach den ersten Urkunden über die Stadt, die seit 1226 im Besitz der Savoyer war und sich im 15. und 16. Jahrhundert dank ihrer Lage zum bedeutenden Handelsplatz entwickelte.

Vom Dom aus gelangt man in westlicher und dann nördlicher Richtung durch die altertümliche Via Principi d'Acaja, die einzelne gotische Häuser von halb palastartigem, halb burgähnlichem Aussehen säumen, zur aussichtsreich gelegenen Kirche S. Maurizio, einer fünfschiffigen, hallenartigen Anlage, die im Innern auf das raffinierteste mit neugotischer Scheinarchitektur ausgemalt ist. Diese Art der Ausschmückung, die sich ähnlich auch in den Domen von Saluzzo und Biella findet – und vor der gegenwärtigen Purifizierung auch im Dom von Mailand fand –, möchte man romantisch nennen, doch lebt in ihr noch sehr viel von der barocken Illusionsmalerei, wie sie während des 18. Jahrhunderts in ganz Oberitalien blühte. Zum Greifen täuschend sind die Schatten eines nur scheinbar plastischen Maßwerks gemalt, und insbesondere in der Umrahmung der Sakristeitüre vermengen sich Sein und Schein auf verblüffende Weise. Echtes Rokoko bestimmt den Seitenaltar mit der schönen Himmelfahrt Mariens des Tessiner Malers Giovanni Battista Petrini. Einen besonders schönen Rundblick genießt man östlich der Kirche von dem in Neurenaissanceformen um 1910 erbauten kleinen Santuario della Madonna delle Grazie. Die Aussicht auf die Stadt, die – mit Ausnahme des vorläufig einzigen modernen Scheibenhauses, das seine internationale Häßlichkeit in provinzieller Weise betont – sonst so erfreulich ist, auch dort, wo neuere Architektur steht, reicht weit über die Ebene, aus welcher im Südwesten der Burgfelsen von Cavour emporsteigt, und darüber hinaus bis zu den vom Monviso beherrschten Alpen.

Von der Madonna delle Grazie aus kann man durch Grünanlagen in die Unterstadt hinabsteigen, zu den großen öffentlichen Gebäuden, dem Spital, dem Bischöflichen Seminar und dem Stadthaus (Municipio), in welchem auch die Stadtbibliothek mit ihren wertvollen Inkunabeln sowie das Stadtmuseum untergebracht sind, in dem vorwiegend naturwissenschaftliche Sammlungen aufbewahrt werden. An das Stadthaus schließt sich südlich die baumbestandene Piazza Vittorio Veneto mit ansehnlichen Bauten an, die, mit Ausnahme des von Bernardo Vittone 1740 erbauten Schulgebäudes, dem 19. Jahrhundert angehören, das sich hier wie im übrigen Piemont von seiner vorteilhaften Seite zeigt. Unweit östlich liegt die als Parkanlage gestaltete Piazza Garibaldi mit dem Bahnhof, dessen Umgebung das eben gerühmte Jahrhundert gern zu einem repräsentativen Empfangsraum für die ganze Stadt gestaltete.

Westlich der großen Piazza Vittorio Veneto erreicht man die Piazza Cavour mit der spätbarocken Kirche S. Rocco, deren Sakristei Vittone zugeschrieben wird. Und nochmals westlich von Piazza Cavour liegt an einem mit Grünanlagen geschmückten Platz die Waldenser-Kirche (Tempio Valdese), Zeuge der noch heute in diesen Teilen Piemonts verbreiteten Religionsgemeinschaft, deren Zentrum wir im nahen Torre Péllice kennenlernen werden.

Die Waldenser-Siedlung

Man gelangt von Pinerolo aus zum Hauptort der Waldenser nach einer Fahrt von wenig mehr als zwanzig Kilometern, indem man in das vom Chisonetal südlich gelegene Tal der Péllice einbiegt, das ohne eigenen Übergang bis zu den hier rund zweieinhalbtausend Meter hohen Grenzbergen gegen Frankreich emporsteigt. In diesem bis Bóbbio Péllice befahrbaren Gebirgstal liegt nahe an seinem südlichen Austritt in die Ebene Torre Péllice, berühmt als heute wichtigste Siedlung jener mittelalterlichen Sekte der Waldenser, die im 13. und 14. Jahrhundert aus dem Südwesten Frankreichs in die Alpentäler westlich von Turin einwanderten, um sich trotz aller Verfolgungen in Italien neben der katholischen Kirche als wichtigste christliche Minderheit zu behaupten. Wenn sich die ›Chiesa Valdese‹ sonst nur in betont bescheidenen Kirchenbauten darstellt, so verbindet sich solche Zurückhaltung in Torre Péllice mit einem gewissen Stolz, der gerade durch seine Bescheidenheit beeindruckt. Der 1852 in den einfachen, doch klaren Formen eines späten Klassizismus errichtete Kirchenbau umschließt einen von Emporen begleiteten Predigtsaal, in dem die Kanzel die Bedeutung des Altars übernimmt. Im übrigen folgt der Raum den Vorbildern evangelischer Kirchen in Holland und England sowie der einst hugenottischen Teile Frankreichs und gemahnt damit an die bis heute andauernde Verbundenheit mit den evangelischen Ländern, die insbesondere in Notzeiten den Waldensern Hilfe spendeten. In einer insbesondere der protestantischen Westschweiz eigenen Weise erinnern auch die der Kirche benachbarten Gebäude, welche die Schule, die Bibliothek und das waldensische Konvikt beherbergen, an entsprechende Bauten, wie sie in den evangelischen Gebieten auf der anderen Seite der Alpen, vorweg im frühen und mittleren 19. Jahrhundert, errichtet wurden. Besonders deutlich erscheint der Zusammenhang mit den reformierten Gegenden an den Ufern des Genfer Sees, und zwar nicht nur bei den kirchlichen Zwecken dienenden Gebäuden, sondern bei großen Teilen von Torre Péllice überhaupt, wo die 1844 auf Geheiß von König Karl Albert errichtete katholische Kirche in ihren betonten Ansprüchen auf Repräsentation fast wie ein Fremdkörper auftritt. Demgegenüber wirkt trotz der fast tropisch üppigen Gärten, die an den weich auslaufenden Gebirgshängen aufsteigen, das waldensische Element eigentümlich puritanisch. Man begreift in dieser Atmosphäre, die – zumindest in der Kunst – dem Sinnlich-Sinnfälligen abgewandt und durch lange Verfolgungen geläutert ist, den Vergleich, den der in dieser Gegend im späten 19. Jahrhundert lebende Dichter Edmondo de Amicis mit der Stadt Calvins zog, indem er Torre Péllice das ›Genf Italiens‹ nannte.

Von Turin nach Cúneo

Unsere erste Route in südlicher Richtung von Turin nach Cúneo führt zunächst zu dem nahe bei Turin gelegenen Jagdschloß Stupinigi, einem der Juwelen des europäischen Spätbarock. An der einstigen Zisterzienser-Abtei von Staffarda vorbei, über die an historischen Denkmälern reiche Grafenstadt Saluzzo geht es dann zum Hauptort des südwestlichen Piemont, der durch viele Belagerungen berühmten Festung Cúneo, die im Kapitel ›Städte‹ gesondert gewürdigt ist. Zwischen diesen Hauptpunkten reihen sich kleinere Orte mit einzelnen Sehenswürdigkeiten, stets begleitet von einer ansprechenden Landschaft, der vom Po und seinen Zuflüssen durchzogenen Ebene samt ihrem Alpensaum, der im Monviso (3841 m) zu einem seiner markantesten Gipfel emporsteigt.

Jagdschloß Stupinigi

Der Corso Unione Sovietica, unmittelbar westlich des Turiner Hauptbahnhofs beginnend, führt zu einem der schönsten königlichen Schlösser aus der Zeit des Gottesgnadentums. Stupinigi liegt wenige Kilometer südöstlich der Hauptstadt in der Ebene, deren – auch heute noch vorhandenen – Wälder einst den Anstoß für ein Jagdschloß gaben. Dieses wurde zwischen 1729 und 1736 auf dem Terrain des schon im Mittelalter für die Jerusalem-Pilger gegründeten Ordens der Heiligen Mauritius und Lazarus errichtet, dem es noch heute gehört. Der Orden ließ die dem Ordenszweck so fremde Verwendung damals nur zu, um die Gunst des ersten Königs aus dem Haus Savoyen, Viktor Amadeus II., und damit das Grundstück zu behalten.

Filippo Juvarra hat nach vielen, von Brinckmann in seinem schon erwähnten Buch ›Theatrum novum Pedemontii‹ veröffentlichten und meisterhaft erläuterten Entwürfen hier schließlich eine Anlage geschaffen, die zu den fesselndsten unter den zahlreichen verwandten Anlagen des Spätbarock gehört. Wenn das Wort, man wisse vom 18. Jahrhundert nicht, ob es reicher an Geist oder an Schönheit gewesen sei, irgendwo zutrifft, dann hier. Denn nirgends: weder im übrigen Italien noch in Frankreich, Österreich oder Deutschland, auch nicht in den damals vom Barock erschlossenen slawischen Ländern sind die Möglichkeiten des in der Ebene sich ausbreitenden Schloßbaues geistvoller gestaltet worden, ohne daß die Schönheit dabei etwas von ihrer natürlichen Selbstverständlichkeit verloren hätte.

Die Anlage. Die breite, von Baumreihen und Rasenstreifen gesäumte Avenue trifft auf ein erstes Gitter. Dahinter liegt ein von niedrigen, nur anderthalb Geschosse hohen Flügeln gesäumter Platz, der sich öffnet und zugleich schließt. Das heißt, er schickt sich an, sich zu schließen, um dann in einem tieferen Bereich nochmals aufzugehen und sich danach endgültig zu schließen, in einer Bewegung, die auf dem Plan an ein zum Trapez auseinanderfahrendes Scherengitter erinnert. Der eigentliche Nagel dieser aus- und einfahrenden Schere ist der alles überragende Hauptpalast, der mit seinem von einer Mansardenkuppel gekrönten Mittelrisalit das in die Tiefe gerückte Zentrum der ganzen weitausgreifenden Anlage bildet und zugleich Ziel und Blickpunkt, ›point de vue‹, einer bühnenmäßig gestalteten Perspektive ist. Es mag denn auch kein Zufall sein, daß sich für das Hauptgebäude eine ähnlich kapriziöse, halb auseinandergefaltete Form sowohl in der kurz vorher veröffentlichten ›Historischen Architektur‹ Fischers von Erlach als Entwurf für das Altansche Gartenschloß findet, wie auch in Boffrands heute zerstörtem Schloß Malgrange.

So sehr die Beherrschung weiter Flächen durch geometrisch geordnete und hierarchisch gestaffelte Flügel französisch ist und in Versailles das weithin wirkende Hauptwerk besitzt – von der Symbolkraft des sich das Land unterwerfenden Königtums gar nicht zu sprechen –, so offensichtlich sind in Stupinigi italienische Kräfte am Werk, insbesondere die im 17. und 18. Jahrhundert von Oberitalien aus weite Teile Europas beherrschende Theaterkultur. Diese war damals noch durchaus höfisch geartet und erfüllte sich in einer Bühnenarchitektur, die nicht das starre Bild, sondern die vor den Augen der Zuschauer sich vollziehenden Verwandlungen zum Ziele hat. Doch nicht nur die spätbarocke Szenographie diente als Vorbild und Begleitung, sondern ebenso die damaligen militärischen Schauspiele mit ihren kunstvollen Evolutionen, sei es in friedlicher Parade oder auf dem eigentlichen ›Kriegstheater‹, dessen das Auge in höchstem Grade fesselnde Zurüstungen und Regeln zwar blutige Opfer nicht ausschlossen, doch diese – im Vergleich zu anderen Zeiten – in erstaunlich niedrigem Maße forderten.

Die Gestaltung der von flachen Zinnen abgeschlossenen Flügel wie des von einer hohen Dachhaube gekrönten Mittelbaues ist in ihrer sehr flächigen Gliederung und starken Durchfensterung sowie in den ausgeprägten Vertikalen weniger italienisch als vielmehr so von französischen, aber auch niederländischen Elementen bestimmt, wie sie südlich der Alpen nur in Piemont und auch hier nur in der Zeit nach dem Spanischen Erbfolgekrieg möglich waren.

Das Hauptgebäude gewinnt seine zentrale Bedeutung in mehrfacher Hinsicht, und zwar dabei stets in selbständiger Weise, wobei sich in einem durchaus barocken Sinne die verschiedenen Sphären in einer höheren Harmonie vereinen. Die Funktion im Grundriß als zentrales Gelenk einer gleich einem Scherengitter ausfahrenden Anlage wird durch das Vorrunden des Mittelteils besonders betont. Die hohen Rundbogen der sich hier öffnenden Türen wiederholen sich in den ähnlich groß bemessenen und geformten Fenstern des Obergeschosses, das nur hier im Mittelbau die Flügel überragt und dadurch in seinem zur Ellipse abgeflachten Rund voll zur Geltung kommt.

So verschieden die Höhe der Trakte, so verwandt ist das System der sparsam von Pilastern an einzelnen Stellen akzentuierten flachen Lisenen, und so gemeinsam ist zumindest im inneren Teil der Anlage der Abschluß durch eine Balustrade, die auf festliche Weise von Statuen, Vasen und Trophäen gekrönt ist. Über die Balustrade des Mittelbaues steigt, im Unterschied zu den flachen Zinnen der anstoßenden Trakte, in komplizierter Brechung das Mansardendach empor, das auf seinem kuppelartigen Abschluß als Zeichen des Jagdschlosses eine weithin sichtbare Hirschfigur trägt.

Auf der Gartenseite, die der bereits gärtnerisch mit Rasenflächen und Blumenbeeten behandelten Hofseite abgewendet liegt, wiederholt sich der Aufbau der Fronten und Dächer, nur daß den drei großen Fenstertüren statt einer flachen Freitreppe eine niedrige, von Balustraden eingefaßte Terrasse vorgelagert ist. So ist auf beiden Seiten die Verbindung vom Haus zum Außenraum fast ebenerdig und damit in größtem Maß bequem gestaltet, was der bei allem Aufwand im Grunde doch intimen Haltung eines spätbarocken Jagdschlosses entspricht.

Der Festsaal. Die Auszeichnung einer herrschenden Mitte wiederholt sich im Innern des Hauptgebäudes im Großen Festsaal. Man kann ihn unvermittelt durch eine der drei großen Fenstertüren oder auch von den in den seitlichen Flügeln angeordneten Räumen her betreten, deren äußere in ihrer zurückhaltenden Farbe und Gliederung als Atrium gekennzeichnet sind. Um so überwältigender ist daraufhin der Glanz des Hauptraumes, der die anstoßenden Flügel so weit überragt, daß sich auch zu ihnen je ein im runden Bogen schließendes Fenster öffnet, als Ergänzung zu den je drei Öffnungen auf den beiden Hauptseiten des querelliptisch angelegten Hauptraumes. Eine schmale Galerie mit Balustraden aus dunklem Marmor trennt das untere, durch Pilaster geordnete Geschoß von einem oberen ab, das mit reichgefüllten Paneelen mehr anmutig dekoriert als architektonisch gegliedert wird. Die ein- und ausschwingenden Galerien werden in ihrer bewegten Führung gehalten und gefestigt durch vier mit Pilastern geschmückte Pfeiler, aus denen sich vier Bogen entwickeln, die ihrerseits die freskengeschmückte Kuppel tragen. Anspannung und Entspannung, Verfestigung und Auflösung durchdringen und ergänzen einander im natürlichen Rhythmus des Atmens. Es herrscht die Kunst der reichsten Übergänge. Nicht nur, daß der Hauptraum in flachen Konchen nach außen vorspringt, was im Zurückschwingen der Galerien seine Antwort findet, auch Wand und Wölbung durchdringen einander in der von einzelnen Rundfenstern durchbrochenen Kuppelschale. Überdies gibt es die reichsten Übergänge zwischen Sein und Schein, angefangen von der noch in Wänden und Pfeilern faßbaren Architektur bis zu den illusionären Höhen der Kuppel mit ihren mythologischen Jagdszenen, die in dem 1738 von Giuseppe Valeriani gemalten ›Triumph der Diana‹ gipfeln.

Dazu tritt das höchst subtile Gleichgewicht zwischen den Achsen: Die Längsachse des elliptisch geformten Festsaales legt sich quer zur kürzeren Achse, die als Teil der großen, die ganze Schloßanlage bestimmenden Achse somit auch den Saal durchzieht und ihn dadurch nicht nur mit dem Außenraum, sondern auch mit dem übrigen Schloß in die stärkste Beziehung setzt. Die Fülle des Lichtes fällt aus den Fenstertüren und Fenstergruppen der beiden Breitseiten und dämpft sich in den nur durch je ein Oberfenster erhellten seitlichen Achsen zu Dämmerlicht, demgegenüber die gleichmäßig beleuchtete Kuppel den Ausgleich bringt.

Juvarra, der auch im Innern die Oberleitung hatte, dirigiert mit sicherem Takt ein ganzes Orchester, das seinen französischen Ursprung allenthalben verrät, jedoch in der stärkeren Fülle des Details, dem kräftigeren Relief und der gesteigerten Bewegtheit das italienische Element verspüren läßt. In diesem Sinne wirken auch die illusionistischen Malereien, in denen reale Gesimse und plastischer Dekor durch täuschenden Schein ersetzt sind. Ebenfalls oberitalienisches Settecento sind die szenographischen Effekte einer Architektur, die sich auch im Innenraum wie im Theater entwickelt, dem Auftritt der hier einst versammelten Gesellschaft eine Bühne schenkend, auf der sie Akteur und Zuschauer zugleich war.

Die Gemächer. An den großen Mittelsaal schließen sich rechts nach dem Garten hin die Gemächer der Königin an, zunächst das Vorzimmer oder ›Anticamera‹, dessen Decke der Veneziainer Giovanni Battista Crosato, der nächste Rivale Tiepolos, mit der von Artemis verlangten, dann aber im letzten Augenblick verhinderten Opferung Iphigeniens schmückte. Tapeten und Möbel stammen aus dem Jahre 1786, ebenso die mit Architekturphantasien geschmückten Innenseiten der Fenstertüren – doch bei aller Anmut zeigt dies alles schon die gefaßtere und gehaltenere Art des Klassizismus. Im anstoßenden Schlafgemach der Königin malte Carlo van Loo 1733 das Deckenfresko. Die Merkmale der niederländischen Abstammung des Malers verloren sich ganz in der französischen Wahlheimat, so daß auch bei diesem seinem Abstecher nach Piemont die Nähe eines amourösen, sinnlich genießerischen Louis XV. zu spüren ist. Dasselbe französische Rokoko hat auch in den kostbaren Fassungen der Türen sowie der Wandsockel und Hohlkehlen seinen Niederschlag gefunden, während die Tapeten und die nach innen geöffneten Fensterläden schon frühklassizistisch sind, ohne jedoch aus dem Ensemble herauszufallen.

Die Gemächer des Königs, die ursprünglich für die Königin gedacht waren, und umgekehrt, antworten jener der Königin auf der Gartenseite links vom Hauptsaal. Sie sind weniger einheitlich gestaltet, da die Oberleitung von Juvarra fehlte, der inzwischen nach Madrid zum Bau des dortigen Königspalastes berufen worden war. Doch nicht nur Juvarra, sondern auch Crosato und van Loo waren nicht mehr verfügbar, so daß hier nur noch mittelmäßige Maler zum Zuge kamen. Auch an den Wänden des Vorzimmers gibt es hier keine kostbaren Tapeten mehr. Immerhin zeigen die mit Landschaften geschmückten Türen und Sockelstreifen ein feines, in seiner Symmetrie schon zum Klassizismus überleitendes Ornament. Reicher als die ›Anticamera‹ ist das Gemach des Königs dank der Türen, der

Möbel und der Tapeten, die alle aus dem späten 18. Jahrhundert stammen. Besonderen Charme atmet die Mischung von Chinoiserien und abendländischen Grotesken im Ankleidekabinett des Königs.

Man betritt den großen Festsaal gewöhnlich nicht unmittelbar durch eine der drei großen Fenstertüren, sondern wird von den Flügeln her durch eigene Eingangsräume, lange Galerien und dann nochmals durch leicht erhöhte Vorzimmer allmählich hingeführt, wobei an dieser Vorbereitung auch die Raumgestaltung mitwirkt. Diese bleibt in ihrer verhältnismäßig strengen, flächig zurückhaltenden Gliederung und in ihrem kühlen Weiß der Außenarchitektur verpflichtet und hält sich in rein dekorativen Effekten noch weitgehend zurück im Sinne jener wohlbemessenen Abstufung, in der das spätbarocke Gesamtkunstwerk genau der damaligen Gesellschaftshierarchie entsprach.

Durch jene Eingänge, die schließlich zum Mittelbau führen, gelangt man in die beiden ersten Eckgelenke, von wo aus nicht nur der große Innenhof umfaßt wird, sondern zudem kürzere Flügel nach außen ausstrahlen. Darin finden sich wiederum ganze Gruppen aufeinander abgestimmter Prunkgemächer. Vor allem die östliche der beiden Gruppen besticht durch die Vollständigkeit der Ausstattung wie ihre hohe Qualität, sowohl was die Wände, Hohlkehlen und Decken, wie auch das kostbare Mobiliar angeht. So fesseln der ›Salone‹ und das Parade-Schlafzimmer sowie die ›Sala del Bonzanigo‹ durch die zarten, auf das raffinierteste abgestuften Deckenmalereien der Brüder Pietro Antonio und Giovanni Pozzo, nicht zu verwechseln mit dem durch seine vorgetäuschten Perspektiven bekannten Jesuitenpater Andrea Pozzo: Sie wirkten fast zwei Generationen nach diesem, nämlich kurz nach der Mitte des 18. Jahrhunderts. Die anstoßenden Räume zeigen solche den Realraum überhöhenden Deckenmalereien in einer womöglich noch verfeinerten Form, verraten jedoch in den Wänden und Möbeln bereits den Übergang vom Rokoko zum frühen Klassizismus. Von höchster Brillanz erscheint sodann das Spie-

20 *Filippo Juvarra: Ideenskizze zur Basilika La Superga bei Turin*

Die Abbildungen 20 bis 27 sind Wiedergaben eigenhändiger Skizzen und Entwürfe von Filippo Juvarra

Fassadendetail von Santa Cristina in Turin 21

→

22 San Filippo Neri in Turin

23/24 *Jagdschloß Stupinigi: Mitteltrakt und Blick auf die Gesamtanlage*

15

25 *Bühnenbildentwurf für ein Theater in Turin*

26 *Großer Saal im Castello Reale in Rivoli*

27 Innenraum der Schloßkapelle von Venaria Reale bei Turin

gelkabinett, das an seiner Decke ein wahres Feuerwerk von zart gefaßten Spiegeln entfaltet.

Die Folge dieser Zimmer ist nicht nur durch die Vielfalt reich, mit der das reife Rokoko immer wieder neu abgewandelt wird, sondern ebenso durch den Wechsel der Ausmaße und auch der einstigen Zweckbestimmung, auf welche nicht nur einzelne Möbel, sondern gelegentlich auch die Malerei anspielt, so besonders reizvoll im großen Spielzimmer, in dessen Wandfeldern Affen und Vögel ihr eigenes Spiel treiben. Bemerkenswert sind dabei auch die Anlehnungen an den fernen Osten, wie sie in den Residenzen des mittleren 18. Jahrhunderts eine weitverbreitete Mode darstellten. Aber auch sonst erweist sich Stupinigi nicht nur in seinem Außenbau, sondern gerade in seinen überaus reichen Folgen von Innenräumen als eine der großen Spitzenleistungen des europäischen Geschmacks, der damals zu seinen zartesten und intimsten Blüten reifte.

Auch auf der anderen, der westlichen Seite des Hofes findet sich nach einem ähnlich kühlen Atrium eine ansehnliche Folge von Räumen; doch klingt hier der Spätbarock ab zu einem Klassizismus, der wohl noch immer voller Anmut ist, doch die Champagner-Laune des Rokoko scheint hier bereits verflogen.

Zwischen Stupinigi und Saluzzo

Von Stupinigi führt die Straße zunächst schnurgerade durch den von regelmäßigen Schneisen durchzogenen Schloßpark südwestlich nach *Airasca*, wo die Pfarrkirche in ihrem Barockinnenraum Fresken und ein Chorgestühl aus dem 17. Jahrhundert birgt. Von Airasca kann man nach Cavour, unserem nächsten Zwischenziel, auf zwei Straßen gelangen, entweder über das westlich gelegene Pinerolo, das in diesem Buch schon auf der Fahrt über Susa und Sestriere berührt wurde, oder über das südlich gelegene *Moretta*, das in seiner 1716 erbauten Pfarrkirche einen ansehnlichen Ovalbau besitzt. Die im Gegensinn dazu leicht einschwingende Fassade erhebt sich wirkungsvoll über die niedrigen Arkadenhäuser der Hauptstraße. Nach zweieinhalb Kilometern treffen wir, in Richtung Cavour weiterfahrend, auf die kleine *Chiesetta delle Missioni*, die, im 15. Jahrhundert errichtet und im 18. Jahrhundert erneuert, mit spätgotischen Fresken verschiedener Meister geschmückt ist.

Cavour. Wir fahren auf die Berge zu und erreichen das ansprechende Landstädtchen Cavour, das von seiner Rocca überragt wird. Dieser aus der Ebene steigende Burghügel diente schon in vorgeschichtlicher Zeit den Kelten als Zuflucht und behielt diese Rolle auch später, was freilich die Sarazenen an der Zerstörung des Ortes nicht hindern konnte. Später gingen Burg und Städtchen von Hand zu Hand, bis sie 1242 von Kaiser Friedrich II. an Savoyen verliehen wurden. In Cavour gewährte Herzog Emanuel Philibert unter dem Druck der protestantischen Mächte 1561 den Waldensern ein Toleranzedikt. 1771 wurde die aus Chieri stammende Familie der Benso mit Cavour belehnt und erhielt zugleich den Grafentitel und den Namen der Stadt. Der berühmte Staatsmann des italienischen Risorgimento, Camillo Benso di Cavour, brachte dem Namen höchste Ehre.

Auf der *Rocca*, zu der man auf schattigem, bequemem Fußweg in ungefähr einer halben Stunde emporsteigt, steht heute nur noch ein klassizistisches Kapellchen. Doch überaus lohnend, von echt piemontesischer Schönheit, ist die Rundsicht: Sie umfaßt über die Ebene hinweg den ganzen Kranz der Berge, fast so viel wie jene von der Höhe der Superga aus. Doch im Unterschied zur Aussicht von der Superga ist jetzt das Monte Rosa-Massiv ganz in die Ferne gerückt, und der Gran Paradiso wird durch die Berge verdeckt, die den Austritt der Dora Ripária in die Ebene flankieren. Dafür kommt nun um so eindrucksvoller der Monviso zur Geltung. Seine steile Pyramide, die das westliche Piemont bis ins Montferrat und die Langhe beherrscht, erhebt sich in einzigartiger Majestät zu einer Höhe von 3841 Metern über die umgebenden Grate und Gipfel, die immerhin auch schon dreitausend Meter erreichen und damit die hier rund 300 Meter über dem Meeresspiegel liegende Ebene sehr erheblich überragen. Am Fuß des Monviso entspringt der Po und so wird der Berg zum würdigsten Markstein, den die Natur dem Ursprung dieses größten Flusses Italiens gesetzt hat.

Von Cavour aus südwärts Richtung Saluzzo fahrend, trifft man rechter Hand bald auf die kleine einstige Abtei von *Santa Maria delle Grazie*. Durch einen mauerumschlossenen, mit Rosen bepflanzten Gartenbezirk, vorbei an einem Ziehbrunnen mit altrömischem Wasserbecken, führt der Fußpfad zur Kirche, deren Innenraum dem Spätbarock des 18. Jahrhunderts angehört. Doch die Außenmauern weisen auf einen weit älteren, 1037 begonnenen Bau, von dem noch die dreischiffige Krypta zu sehen ist mit ihren ausnehmend schlanken Säulen und zwei wohlerhaltenen Apsiden. Von einer noch älteren Epoche zeugen die altrömischen Reliefs und Büsten.

Abbazia di Staffarda. Etwas weiter an derselben Straße liegt, ebenfalls auf der Seite der uns nun immer begleitenden Berge, eine zweite, doch ungleich größere Abtei. Es ist die 1135 vom Markgrafen Manfred I. von Saluzzo den Zisterziensern gestiftete Abbazia di Staffarda, noch heute eine der schönsten Inseln klösterlichen Lebens in Piemont. Von der Durchgangsstraße führt eine Allee von Nadelbäumen zur Kirche, die zusammen mit dem großen Kreuzgang, den anschließenden Klostergebäuden und der diesen gegenüberliegenden sogenannten ›Markthalle‹ ihre abgeschiedene Stille bewahrt hat. Die breitgelagerte Kirchenfront, vor die sich eine Vorhalle aus sehr schlichten Rundbogen legt, bereitet auf die breiten und zugleich wohltuend sicheren Verhältnisse des Innern vor, dessen drei Schiffe von einer kühnen, weitgespannten Rippenkonstruktion überwölbt sind. Aus kreisförmigen Fenstern erhält der Raum gedämpftes Seitenlicht. Um so stärker ist das Licht, das von Osten her in den nach Zisterzienserart gerade geschlossenen Chor fällt. Der große Kreuzgang ergänzt mit feingegliederten Säulenbogen kontrastreich die Kirchenarchitektur, deren massige Wucht in der gedrungenen Frühgotik der ›Markthalle‹ ihre Antwort findet. Das Breitgelagerte und Erdgebundene in diesen Bauten zeugt auf das schönste von den Tugenden des Zisterzienser-Ordens, der in der Landwirtschaft eine bewundernswerte Pionierarbeit leistete. Die straffe Verbindung, die zwischen den einzelnen Klöstern herrschte, ermöglichte die rasche Ausbreitung einer betont schlichten Gotik schon während des 12. Jahrhunderts, wovon auch Piemont den Nutzen zog.

Saluzzo

Saluzzo, das wir nun erreichen, gehört zu den markantesten kleineren Städten in Piemont dank seiner an mittelalterlichen Zeugen reichen Geschichte und seiner Lage, die sich von der Ebene bis zu einer ersten Bergterrasse hinaufzieht, darin Pinerolo verwandt; doch ist in Saluzzo der mittelalterliche Charakter noch ausgeprägter. Die Stadt, die 1004 zum ersten Mal genannt wird, war vom 13. bis zum 16. Jahrhundert eine selbständige Markgrafschaft. Die Markgrafen von Saluzzo waren Mäzene der Künste und der Literatur, sie ließen Kirchen bauen, förderten die Pflege der italienischen Sprache und richteten schon 1479 hier eine Buchdruckerei ein. Durch Vererbung gelangte Saluzzo 1548 an die Dauphiné und erst 1661 an das Haus Savoyen, unter dem das Druckgewerbe im 18. Jahrhundert hier eine Nachblüte erlebte, kam doch 1740 Giambattista Bodoni in Saluzzo zur Welt, der der bedeutendste Schriftkünstler und Buchdrucker des ausgehenden 18. Jahrhunderts werden sollte. Freilich schuf er sein Lebenswerk nicht in seiner Geburtsstadt, sondern als Hofdrucker in Parma. Am Ende des Jahrhunderts, 1789, wurde hier auch der Dichter Silvio Pellico geboren, einer der Vorkämpfer der italienischen Einigung, die Piemont so vieles zu verdanken hat.

In der Unterstadt, wo die Ebene breite Straßen und große Plätze erlaubt, liegt die weiträumige *Kathedrale*, überragt von einem schlank und reich gebildeten Glockenturm des Spätbarock. Die Kirche, die im ausgehenden Quattrocento erbaut wurde, ist ein Beispiel dafür, wie lange sich in Piemont die Gotik erhielt, ungeachtet einzelner Formen der Renaissance, die damals im übrigen Italien schon zu allgemeiner Herrschaft gelangt war. An der sonst unvollendet gebliebenen Fassade krönen Kielbogen die seitlichen Portale; den Haupteingang jedoch überhöht in der landesüblichen Art ein schlanker Wimperg. Das dunkle Innere übernimmt von der französischen Kathedralgotik den Chorumgang mit seinem Kapellenkranz und zeigt im übrigen trotz des überragenden Mittelschiffs die weiten Proportionen einer Halle, wie sie seit den Bettelordenskirchen des 13. Jahrhunderts für die italienische Backsteingotik kennzeichnend ist. Zur Spätgotik des 15. Jahrhunderts tritt die Neugotik des 19. Jahrhunderts, die hier, ähnlich wie in anderen Orten in Piemont, ein illusionistisches Maßwerk an die Gewölbe zaubert.

Südöstlich der Kathedrale liegt das *Spital*, Ospedale, ein stattliches Gebäude des Francesco Gallo, den wir als Architekten vieler spätbarocker Kirchen im Umkreis des oberen Po kennen. Die breite Zugangsstraße zum Spital trägt den deutschen Namen ›Via Spielberg‹, genannt nach der Zitadelle von Brünn, in der Silvio Pellico zusammen mit Federigo Confalonieri und anderen Patrioten als österreichischer Staatsgefangener für seine Freiheitsliebe büßen mußte. Durch Pellicos Autobiographie ›Meine Gefängnisse‹, 1832, wurde der Spielberg in ganz Europa berühmt und berüchtigt. Die Gedichte und Aufzeichnungen der Häftlinge gaben Ricarda Huch die dokumentarische Grundlage zu ihren historischen Porträts, die unter dem Titel ›Risorgimento‹ 1908 erschienen.

Von der Kathedrale aus führt in nordwestlicher Richtung durch die Unterstadt der breite Corso Italia, der sich im Corso Piemonte bis zu *Sant' Agostino* fortsetzt. Von dieser im 16. Jahrhundert begonnenen und später veränderten Kirche aus, am Stadtberg von Saluzzo vorbei, gewinnt man einen überraschend schönen Blick auf die Spitze des Monviso. Von der Kathedrale aus in nördlicher Richtung gelangt man über die große Piazza Garibaldi und die etwas kleinere Piazza Cavour zur Städtischen Bibliothek, *Biblioteca Civica*, unter deren kostbaren Druckwerken sich viele aus der Werkstatt Bodonis finden.

Doch in seinem Eigentlichsten besteht Saluzzo aus der Oberstadt. Von der Kathedrale aus steigt man, vorbei am kleinen bischöflichen Palast (Palazzo Vescovile), zur Salita al Castello und diese empor zwischen Fronten, deren großartige Regelmäßigkeit der Renaissance, deren scharfprofilierte Gesimse und Fensterkreuze jedoch noch der Gotik verpflichtet sind. Am oberen Ende der sich langsam abflachenden Straße liegt das einstige Schloß der Markgrafen von Saluzzo, *Castello*, das aber im frühen 19. Jahrhundert weitgehend zur Festung umgebaut wurde, mit Ausnahme eines großen, gedrungenen Rundturmes, der eigentlich mehr eine Ziegelbastion ist und vor dem ein wappengeschmückter Renaissancebrunnen steht.

Unterhalb des noch teilweise gotischen Stadthauses öffnet sich auf der Westseite der Salita al Castello der kurze Zugang zur ehemaligen Klosterkirche *San Giovanni*, der hochgelegenen Grabeskirche der Grafen von Saluzzo. Der Hauptteil der dreischiffigen Basilika, der eine Front von rustikaler Schlichtheit vorgelegt ist, stammt aus der Zeit um 1300. Doch der kunstgeschichtlich ungleich wichtigere Chor, dessen Errichtung hoch über dem hier steil abfallenden Hang umfangreiche Substruktionen notwendig machte, wurde erst 1504 vollendet. Noch bevor 1492 der eigentliche Bau begonnen wurde, hatte der aus Frankreich stammende Bildhauer in seiner Werkstatt die einzelnen Teile vollendet, die für die Wandgräber der Grafen Ludwig I. und Ludwig II. bestimmt waren und die nach ihrem Einbau in den Kirchenchor mit diesem eine vollkommene Einheit bildeten. Die Architektur besteht gleich jener der Grabnischen aus grüngrauem Kalkstein, der im Laufe der Zeit eine metallisch-dunkle Färbung angenommen hat. Ihr entspricht die Präzision der Profile in den Gewölberippen, den Wandsäulen und den Maßwerkfenstern, sowie in noch feineren Formen in den verschiedenen Bogen, Wimpergen, Fialen, Rosetten und Fischblasen, welche die beiden Grabmäler schmückend umschließen. Es ist reinster Flamboyant-Stil, den diese aus Frankreich kommende Gotik offenbart, und dieser ist die fruchtbarste Verbindung mit dem Frührenaissance-Ornament eingegangen, das die in den Nischen stehenden Sarkophage schmückt.

Geht man von S. Giovanni aus die fast waagrecht den Berghang entlanglaufende Gasse weiter, so findet man den Frührenaissance-Bau der *Casa Cavassa*, in der heute eines der schönsten städtischen Museen von ganz Piemont eingerichtet ist. Das Haus, das ursprünglich einer Nebenlinie der Markgrafen von Saluzzo gehörte, kam später in die Hände des Galeazzo Cavassa aus Carmagnola, der um 1450 in Saluzzo höhere Ämter innehatte und den seither nach ihm benannten Palast in seiner heutigen, 1885 schonungsvoll restaurierten Form umbauen und ausschmücken ließ. Fenster mit gotischen Stabprofilen schmükken das Obergeschoß der Fassade. Ein fein profiliertes und mit zarten Ornamenten eingefaßtes Renaissance-Portal führt in das Haus. Man gelangt auf die Terrasse, deren Balustrade der lombardischen Frührenaissance verpflichtet ist, während die Fenster und die in Säulenbogen sich öffnende Loggia die Spielarten der Spätgotik zeigen, doch sind sie im Unterschied zum Chor von S. Giovanni nicht mehr französischem Einfluß verpflichtet, sondern entstammen dem eigenen Boden. Die reichen Wechselbeziehungen, die geographisch wie historisch für Piemont bezeichnend sind, verdichten sich hier beispielhaft in einem Haus. Denn der wappengeschmückte Ehrensaal zeigt in seinen holzgeschnitzten Baldachinen französische Spätgotik in noch fragileren Verfeinerungen als in den steinernen Grabnischen in S. Giovanni, und auch das von einem flachen Kielbogen abgeschlossene Madonnenbild weist mit seinem herben Linienstil nach Westen. Eine kunstvoll angelegte Balkendecke vervollständigt zusammen mit dem bemalten Kamin die sehr bemerkenswerte Innenarchitektur dieses Saales, der in der Entwicklung des alten Herrenhauses einen wichtigen Punkt auf der Schwelle zwischen Gotik und Renaissance markiert.

Zwischen Torre Péllice und Saluzzo. Nach Saluzzo kann man von Cavour oder noch besser von Torre Péllice aus auch auf einem kleinen Umweg gelangen, indem man unmittelbar den hier ganz besonders ansprechenden Berghängen folgt, die aus einem nur schmalen Rand von Schutthügeln und Moränen steil emporsteigen. An diesem reich bewachsenen Hügelsaum vorbei gelangt man nach *Barge*, wo eine beachtenswerte Kirche des späten Barock in der kreuzförmigen Raumform des Francesco Gallo steht. Von Barge aus führt die nun vorübergehend ansteigende Straße hinter dem Monte Bracco hindurch in das oberste Tal des Po nach *Paesana*, wo eine große Kirche in ländlichem Barock zu sehen ist. Vorher hat man vom Übergang zum obersten Lauf des Po, der hier noch ein Gebirgsbach ist, einen besonders eindrucksvollen Blick auf die sich steil emporbauende Felspyramide des Monviso. Umgekehrt lohnt sich von der Höhe aus auch immer wieder der Blick in die meist vom Dunst verschleierte Ebene, in der ein anderes, ein malerischeres Licht herrscht als in der klareren Luft der Berge, die als plastische Formen bisweilen zum Greifen nah erscheinen.

Von Paesana aus ostwärts fahrend, wird man beim Austritt in die Ebene von dem Städtchen *Revello* überrascht, wo noch die alte Befestigung steht, und die zu Ende des 15. Jahrhunderts als Basilika errichtete Pfarrkirche mit ihren schweren Formen im allgemeinen und ihren Pfeilerkapitellen im besondern eher an den romanisch-frühgotischen Übergangsstil als an die Spätgotik oder gar die Renaissance denken läßt. Die Kirche wurde 1483 vom Grafen Ludwig II. von Saluzzo gestiftet, der hier zusammen mit seiner Gattin, Margarete de Foix, mit Vorliebe seinen Sommeraufenthalt nahm.

Nach Cúneo

Wenn man von Saluzzo in Richtung Cúneo weiterfährt, sieht man bald nach dem Stadtausgang auf reich bepflanztem Hügel das Kastell von *Manta*, wo Fresken im Weichen Stil, jener um 1400 blühenden internationalen Gotik, zu bewundern sind: Wandbilder, die das Thema des Jungbrunnens auf das anmutigste darstellen durch Herren und Damen, die auf blumigem Wiesenstreifen unter wappenbehängten Fruchtbäumchen lustwandeln. Auch das Kastell des nahen *Verzuolo* gehörte einst den Grafen von Saluzzo.

Den Barockfreund empfängt in *Busca* die 1620 erbaute Pfarrkirche mit einem zum Kreuz erweiterten Achteckraum, dessen Ecken von Säulen und dessen Diagonalseiten von Nischenfiguren geschmückt werden, während die durchfensterte Kuppel im 18. Jahrhundert mit reicher Scheinarchitektur ausgemalt wurde.

Die Straße verläßt nun den Gebirgsrand und führt in gerader Linie durch die Ebene nach Cúneo, das sich noch vor der großen Brücke uber den tiefeingeschnittenen Demonte mit seinen Türmen und Kuppeln vor den bei klarem Wetter sichtbaren Alpen auf das schönste präsentiert.

Von Turin nach Mondovì

Durch die Autobahn Turin–Savona entlastet, führt die hier beschriebene Straße über die vom Oberlauf des Po und seinen Zuflüssen durchquerte Ebene, die von den Alpen und dem Hügelgebiet des Montferrat sowie der Langhe begrenzt wird. Man berührt eine Reihe von kleinen Städten, sehenswert durch ihre Baudenkmäler, die fast ausnahmslos dem Barock, der Glanzzeit von Piemont, entstammen. Die Stadtbilder gleichen einander insofern, als in den Altstädten in der Regel Arkaden dominieren. Die Ebene ist fruchtbar an Korn, Mais und Weizen, während der Weinbau eher den Hügeln vorbehalten bleibt und die Reisfelder sich auf den östlich von Turin gelegenen Teil der Poebene konzentrieren. Wir folgen zunächst dem windungsreichen Lauf des Po, dann aber – von Carmagnola an – seinem von Süden kommenden Zufluß, der Máira, um schließlich an den Oberlauf des Tánaro zu gelangen, der bei Bra unsere Ebene verläßt und an Alba und Asti vorbei – das Montferrat von den Langhe trennend – erst unterhalb Alessándria an der piemontesisch-lombardischen Grenze in den Po mündet.

Moncalieri. Wir fahren am Ostufer des Po dem Fuße der Collina entlang zunächst nach Moncalieri, das in markanter Lage einen Ausläufer der Turineser Hügelkette einnimmt. Weithin sichtbar ist das schon von den Römern angelegte Kastell, Castello Reale, das seit dem 13. Jahrhundert den Savoyern gehörte. Seine heutige Erscheinung mit ihren schloßartigen Pavillons an den Ecken langgestreckter Flügel geht auf den barocken Umbau durch den auch am Turiner Schloß tätigen Amedeo di Castellamonte zurück. Die in den Schloßräumen ausgestellten Gemälde sind zum Teil späteren Datums und stellen Ereignisse aus dem Risorgimento dar.

Dem Schloß auf demselben Bergsporn vorgelagert ist die Altstadt mit dem ansteigenden Hauptplatz, dessen Arkaden zur gotischen Hauptkirche S. Maria della Scala emporführen. Aus dem gleichen Material wie die basilikal gestaffelte Backsteinfront besteht auch das Innere mit seinen von Kreuzrippen überspannten Schiffen, die das übliche basilikale Schema hier zu wohlig weiten Proportionen abwandeln, woran die Vierzahl der Schiffe ihren Anteil hat. Der im Spätbarock ausgestattete Chor erhält seinen Schmuck durch das Hochaltarbild einer Mariä Himmelfahrt sowie durch das etwas frühere Chorgestühl, in dessen feingliedriger Bekrönung sich die Zierlichkeit der Spätgotik mit dem Rokoko zu eigenem Reiz verbindet.

Sántena. Der Ort, der an der nach Piacenza führenden Autobahn liegt, ist nicht etwa wegen der im frühen 20. Jahrhundert vergrößerten, doch auch vergröberten Barockkirche sehenswert, sondern wegen des Grabes von Camillo Cavour, der sich neben der Kirche in seiner Familiengruft beisetzen ließ. Seiner Familie gehörte auch das nahe Schloß, Villa Cavour, das die letzte Erbin, Contessa Giuseppina Cavour-Alfieri, dem Staat vermachte. Dieser hat in einem Nebengebäude ein dem großen Staatsmann gewidmetes Museum eingerichtet und in der ›Villa‹ selbst, die sich mit ihrem sparsamen, doch gepflegten Schmuck als Jagdschloß des 18. Jahrhunderts darstellt, die Erdgeschoßräume dem Publikum zugänglich gemacht samt den Erinnerungen an Cavour und seine Familie. So sieht man neben kostbaren chinesischen Stoffen und Möbeln des Rokoko und Empire ein Porträt Cavours, das eine bestürzende, eigentlich schon bis zum Zynismus reichende Skepsis enthüllt. Auch eine Büste von Cavour ist da. Dazu kommt ein lebensgroßes Gemälde, das höchst eindrucksvoll den Grafen Emilio Visconti-Venosta präsentiert, als Politiker der letzte große Schüler Cavours, faszinierend als typischer Aristokrat seiner Zeit.

Wir verlassen das Schloß und den großen, im englischen Geschmack angelegten Park von Sántena und fahren, die Autobahn Turin–Savona kreuzend, über Villastellone nach Carignano. Das kleine Städtchen, das in seinem arkadengezeichneten Kern noch gotische Häuser bewahrt, hat dem jeweiligen Viertgeborenen der Dynastie Savoyen den Titel eines ›Prinzen von Carignano‹ gegeben. Der Turiner Sitz dieser Prinzen ist als Palazzo Carignano sowohl in die Geschichte der Architektur wie in jene der Politik eingegangen, beherbergte doch der von Guarini errichtete Bau das erste italienische Parlament. Der Saal, in dem es tagte, ist heute in das Risorgimento-Museum einbezogen.

Unter den Kirchen von Carignano, die mit ihren elegant-kapriziösen Glockentürmen den Ort schon von weitem auszeichnen, vertritt der um die Mitte des 17. Jahrhunderts entstandene Zentralbau von Spirito Santo eine frühe Phase des Barock im Unterschied zu der erst 1756-1766 erbauten Pfarrkirche *San Giovanni Battista*. Diese verdient das höchste Interesse, stellt sie doch trotz bereits klassizistischer Einzelformen ein Extrem der barocken Entwicklung dar. In der Fassade wird der einschwingende Mittelrisalit durch weit vortretende gerade Seitenrisalite, in denen sich die Nebeneingänge befinden, in einer Weise flankiert, daß, wie schon in Guarinis Front des Palazzo Carignano in Turin, der Außenraum als aktive, den Baukörper mitformende Kraft erlebt wird, der in den Kern des Baukörpers einzudringen scheint. Anfang und Ende des piemontesischen Spätbarock scheinen sich unter dem Namen Carignano zu berühren.

Das Innere ist ohne Beispiel. Durch den Haupteingang im beschriebenen Mittelrisalit tritt man in ein Vestibül, das gegen das Portal hin mit Säulen, gegen den Hauptraum aber mit flachen Pilastern geschmückt ist und um welches sich halbkreisartig, in der Form einer Niere zu vergleichen, der Hauptraum legt. Diesem ist durch das in ihn hineintretende Vestibül sein

Zentrum genommen, so daß eine in jedem Sinn exzentrische Wirkung entsteht. Der Halbkreis, mit dem der Hauptraum dem Halbrund des nach innen vortretenden Vestibüls antwortet, öffnet sich dem Vestibül gegenüber zu einem ebenfalls halbkreisförmigen Altarraum, dessen Grund durch der Wand vorgestellte Vollsäulen nochmals räumlich aufgelockert wird. Blickt man aber vom Altarhaus aus zurück, so bildet das vortretende Vestibül mit den es seitlich umfassenden Ausrundungen des Hauptraumes ein Ensemble, in welchem auswärts und einwärts schwingende Kurven derart ineinandergleiten, daß trotz schon klassizistisch harter Einzelelemente das Ganze die ungemein organische Form eben einer Niere gewinnt. Organisches und Kristallisches, die fließende und schwingende Ganzheit des Raumes und die mindestens in der Wandzone bereits sehr strengen Einzelformen, diese zwei grundsätzlichen Möglichkeiten der Architektur, durchdringen und ergänzen hier einander nicht mehr – wie im bisherigen Barock –, sondern treten jetzt am Ende der Entwicklung in harter Spannung einander widersprechend entgegen. So kann man in diesem seltsamen Kirchenraum eigentlich weniger von Klassizismus als von Manierismus sprechen, wenn man das gegenüber dem Barock Neue bezeichnen will. Erbaut wurde die Kirche nach den Plänen des Conte Benedetto Alfieri aus Asti, Onkel des gleichnamigen Dichters.

Carmagnola. Von Carignano fährt man nach Carmagnola, von wo der unter diesem Namen berühmte Feldherr der Frührenaissance stammt. Als Bauernsohn mit eigentlichem Namen Francesco Bussone 1385 geboren, eroberte er später für die Visconti, die damals zu Herzögen von Mailand emporgestiegen waren, eine Reihe von Städten und verdrängte unter anderem die Eidgenossen aus Bellinzona. Das nicht sehr große Städtchen besitzt in seinem alten Kern die üblichen, zum Teil noch mittelalterlichen Arkaden und einige, meist gotische, Kirchen bescheidener Art.

Von größerem Interesse ist für uns das zehn Kilometer südlich von Carmagnola gelegene Racconigi, wo sich das neben Stupinigi und der Venaria bedeutendste unter den Landschlössern der piemontesischen Könige befindet. Die komplizierte Baugeschichte des *Castello Reale* erstreckt sich vom späten 17. Jahrhundert, als um 1680 Guarini den Umbau eines bereits bestehenden Kastells begann, bis 1834, da König Karl Albert die 1755 von Giovanni Battista Borra im Mittelteil vollendete Südfront durch die Seitenflügel ergänzen ließ. Von Süden her stellt sich der sonst durch hohe Parkmauern verdeckte Schloßkomplex am vollkommensten dar, als Blickpunkt der Landstraße, die geradewegs auf das Mittelrisalit zuführt. Dieses ist in der Art des französischen Frühklassizismus als säulengeschmückte Tempelstirne gestaltet, überhöht von einem turmartigen Belvedere mit großen Rundbogenfenstern und einer kuppelartigen Bedachung. Die seitlich vortretenden Flügel bilden einen Ehrenhof, ein Motiv, das ebenfalls nach Frankreich weist und in Turin bereits ein Jahrhundert früher im Castello del Valentino vorgebildet wurde. Französisch sind auch die Gitter, die auf breiter Front einen äußeren Vorhof gegen die Straße abschließen.

San Giovanni in Racconigi: Grundriß

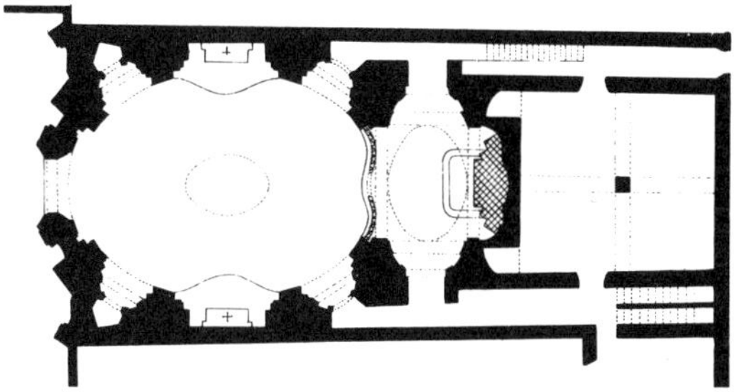

Santa Croce in Cavallermaggiore: Grundriß

Das gleich dem Park nicht immer zugängliche Innere enthält Schauräume im Stil des späten Klassizismus. Der große Park aber, auf den die Nordseite des Schlosses mit zwei überkuppelten Eckpavillons blickt, wurde 1755 gleichzeitig mit dem Bau wesentlicher Teile des heutigen Schlosses durch den aus Paris berufenen Gartenarchitekten François Molard noch im geometrischen französischen Geschmack angelegt, eine Generation später jedoch, nämlich 1788, zum englischen Garten aufgelockert.

Im Ort selbst ist die Pfarrkirche *San Giovanni* sehenswert als ein Hauptwerk des Francesco Gallo aus Mondovì, dessen bevorzugtes Schema: der gestreckte, durch eine Mittelkuppel gekrönte Zentralraum, hier in besonders stattlichen Dimensionen verwirklicht ist.

Cavallermaggiore. Die Straße führt südwärts weiter und durchquert nach sieben Kilometern Cavallermaggiore, wo sich bald nach der Einfahrt linker Hand eine der bedeutendsten Leistungen des eben genannten Francesco Gallo findet. Es ist das kleine, doch überaus elegante Heiligtum der *Confraternita di S. Croce e di S. Bernardino*, dessen Außenbau allein schon einen kurzen Halt lohnt dank der besonderen Anmut, mit welcher hier der schlichte Baustoff des Ziegels gemeistert ist. Die Schmiegsamkeit des weichen Tons scheint hier auf die in ineinandergleitenden Kurven gestalteten Wände übertragen zu sein, aus deren Spiel sich die eigentliche Front mit ihren Statuen herauslöst, die doch auf das innigste mit dem ganzen Baukörper verbunden bleibt. Das Innere zeigt im Grundriß statt des sonst für Gallo üblichen griechischen Kreuzes die noch viel geistvollere Form des Geigenkastens, aus dem sich im Hauptraum ein von acht in die Wand gestellten Säulen akzentuiertes Oval und schließlich über einer von Hochovalen durchfensterten Attika eine illusionär ausgemalte Kuppel entwickelt. Der Entwicklung in die Höhe antwortet eine nach der Tiefe, indem auf den Hauptraum ein querovaler Altarraum und hinter diesem über dem Hochaltar ein erhöhter Retrochor folgt, der als lichter Grund mehr zu ahnen als genau wahrzunehmen ist. Im selben Ort umschließt das heutige Stadthaus den durch Säulenloggien geschmückten Renaissance-Hof eines früheren Adelspalastes.

Savigliano

Savigliano, das wir nach weiteren sieben Kilometern erreichen, lohnt ein längeres Verweilen. Denn, weniger in der großen, rechteckigen Piazza del Popolo, die man zuerst betritt, als im malerisch unregelmäßigen Marktplatz, den ein in seinem oberen Teil achteckiger Glockenturm überragt, sowie in den östlich anstoßenden Straßen und Plätzen, offenbart sich eine ausgesprochene Stadtpersönlichkeit. Die nicht sehr großen, doch von Wohnhäusern, privaten Palästen, Kirchen und Kommunalbauten abwechslungsreich gefaßten Räume stehen untereinander in lebhaftem städtebaulichem Zusammenhang, in dem hier auch das einzelne Bauwerk zu sehen ist. Auch hier gibt es verschiedene Barockkirchen, begonnen mit *San Pietro dei Cassinesi*, dessen dreischiffiges Inneres, nach einer ersten Erneuerung im 16. Jahrhundert, im Barock mit einem reichgeschmückten Chorgestühl und Stukkaturen ergänzt wurde. Die Fresken schuf im frühen 18. Jahrhundert Giovanni Antonio Molineri, der auch in anderen Kirchen der Stadt tätig war. Bemerkenswert ist, wie das spätbarocke Dekor sich den noch sichtbaren gotischen Kreuzrippen der ältesten Bausubstanz anpaßt. Der Kirchenraum besitzt einen vielteiligen Hochaltar von 1510, ein beachtliches Werk des Gandolfo d'Asti, das Szenen aus dem Marienleben darstellt. In der Renaissance entstand auch der Kreuzgang rechts neben der Kirche, deren Portale ebenfalls ins frühe 16. Jahrhundert gehören.

Ganz dem Spätbarock entstammt der in der Nähe des Marktplatzes stehende Zentralbau der *Chiesa della Pietà*, deren schlank und elegant geformter Backsteinturm zusammen mit jenem von S. Andrea den Stadtkern überragt. Das nach der Tiefe gestreckte Innere der Kirche, in welchem das Achteck sich zum griechischen Kreuz erweitert, ist kurz vor der Mitte des 18.

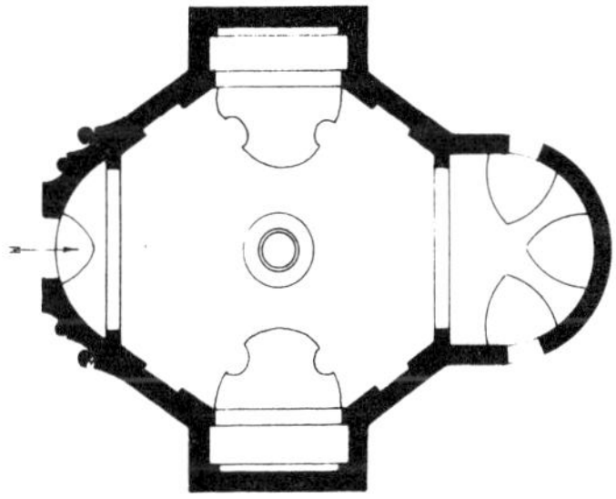

Chiesa della Pietà in Savigliano: Grundriß

Jahrhunderts auf das reichste mit illusionistischen Fresken geschmückt worden, ähnlich wie der ebenfalls östlich des Marktplatzes liegende kleine Raum von *Santa Maria Assunta*, der nun aber auf ganz anderem Grundriß drei nach Größe, Form und Bestimmung sehr verschiedene Zentralräume zu einer reizvollen Folge zusammenfügt.

Neben seinen Kirchen aus der Zeit des Klassizismus besitzt Savigliano ein kleines, jedoch zumindest in seiner Außenarchitektur repräsentatives Stadttheater – unweit des Marktplatzes und von S. Pietro – sowie im *Palazzo Cravetta* einen bedeutenden Hof, dessen Säulenstellungen einzelne Statuennischen zwischen sich nehmen und sich an besonderen Stellen zur gestaffelten Dreiteiligkeit altrömischer Triumphbogen steigern, alles in gedrängter Fülle und gleichzeitiger Zerstükkelung, wie dies für den zum Barock drängenden Manierismus mailändisch-genuesischer Art bezeichnend ist.

Abstecher in die westlichen Langhe

Bra. Will man seine barocken Eindrücke noch ergänzen, so bietet sich dazu knapp 20 Kilometer östlich von Savigliano in Richtung Asti die schönste Gelegenheit, und zwar zunächst in Bra, einem größeren Ort, der am südwestlichen Ende des Montferrat und am Rand der Langhe liegt. Hier schließt den langgestreckten, leicht ansteigenden Hauptplatz die 1682 erbaute Kirche Sant'Andrea mit einer in römischer Majestät erbauten Säulenfassade. Doch so römisch sich das Innere in der sonoren Pracht der Ausstattung gibt, so bleibt wie schon in der Fassade alles doch im Konventionellen, so daß die überlieferte Zuschreibung der Pläne an Bernini, der Ausführung hingegen an Guarini doch etwas hochgegriffen erscheint.

Origineller ist die weiter südöstlich über dem Hauptplatz gelegene Kirche Santa Maria degli Angeli. Der auf einer Terrassenanlage mit Freitreppen am Rande des Stadtgartens 1742 von Vittone errichtete Bau fesselt durch seine in der Mitte einschwingende Fassade, eine Lösung, die als profanes Gegenstück das elegante Stadthaus neben S. Andrea im leichten Vorrunden der zwischen den Flügeln zurückgenommenen Mitte abwandelt. Das Innere von S. Maria degli Angeli ist als Breitoval gestaltet.

Doch die architektonisch wichtigste Schöpfung in Bra und zugleich eine der bedeutendsten des piemontesischen Spätbarock überhaupt ist *Santa Chiara*, ein von Vittone 1742 errichteter Zentralbau, den man auf der zwischen S. Andrea und dem Stadthaus beginnenden Via Barbacana in wenigen hundert Metern erreicht. Das in unverputztem Backstein gehaltene Äußere wirkt mit seiner sparsamen Gliederung und den großen Fenstern wohldisponiert, doch eher nüchtern. Die Überraschung ist das Innere, in dem der mäßig große Grundriß, der sich vierpaßförmig aus nicht ganz halbkreisförmigen Nischen entwickelt, alsbald den Blick nach oben zwingt. Man schaut hinauf in ein Emporengeschoß, das sich auf das geistvollste sowohl mit dem Erdgeschoß wie mit der Kuppel verzahnt. Die Gurte dieser Kuppel, die auf ein Fresko verzichtet und nur durch ihre Architektur wirkt, laufen gegen eine Laterne, die von querovalen Laternen über den Emporennischen wie von Trabanten umgeben ist. Trotz einer schon beinahe klassizistischen Formgebung im einzelnen, die weitgehend auf ein eigentliches Ornament verzichtet, herrscht eine eigentümliche Beschwingtheit: In den in wellenförmiger Kurve frei durch den Raum geführten Abschlüssen der Emporen, die sich bei näherem Hinsehen nur als schmale Brücken vor den bis in die Wölbungszone hinauf durchgehenden Nischenräumen entlarven. Diese Beschwingtheit herrscht auch in dem von Vittone auch sonst sehr häufig verwendeten Motiv der Gurte, welche die Wölbung in einem beinahe wieder gotischen Sinn durchnerven. Dazu tritt die sublimierende Kraft des Lichtes, das zunächst in einer peripheren Raumschicht aufgefangen und dann erst in den Mittelraum geleitet wird. Geist und Schönheit, die beiden für das 18. Jahrhundert so wesentlichen Bereiche, verbinden sich hier auf einer Höhe, die europäisch genannt werden darf.

Alba. Man hat von Bra aus ostwärts einen Blick in das breite, von Kastellen bewehrte Tal des Tánaro, der hier zwischen die Hügelregionen des Montferrat und der bereits gegen den Apennin ansteigenden Langhe tritt, um zum Po zu fließen. An einem besonders stattlichen Kastell vorbei, S. Vittorio d'Alba, das weithin sichtbar auf einem Vorsprung am westlichen Rand des Montferrat steht, gelangt man nach Alba, dem altertümlichen Hauptort der Langhe, heute eines der wichtigsten Zentren des hier von einer eigenen Fachschule betreuten Weinbaus mit vielen erlesenen Lagen, in denen Spitzenweine nicht nur Piemonts, sondern ganz Italiens heranreifen. Zugleich ist Alba wegen einer noch ausgesuchteren Delikatesse des Gaumens bekannt: Hier ist der wichtigste Markt für die heute immer selteneren und darum so gesuchten Trüffel. Und um die Genüsse voll zu machen, gibt es hier auch jene Confiserien, die für den Kenner zum besonderen Ruhm der piemontesischen Kleinstädte gehören.

Die schon in vorgeschichtlicher Zeit besiedelte Stadt wurde 892 von den Sarazenen verwüstet und erlangte im 11. Jahrhundert ihre Selbstverwaltung, freilich in ständiger Rivalität mit Asti, das sie schließlich überflügelte. Sie unterwarf sich 1259 Karl von Anjou, später den Grafen von Montferrat, dann den Gonzaga und wurde 1631 savoyisch. Sie hat ihr historisch gewachsenes Aussehen im großen und ganzen gut bewahrt, so auch das städtebaulich so reizvolle Gefüge von Plätzen und Straßen. Die wichtigsten Straßen treffen sich vor dem Dome, während andere die Stadtmitte in mehreren Ringen umkreisen.

Der dem heiligen Laurentius geweihte *Dom* ist eine der größten spätgotischen Backsteinkirchen Piemonts mit drei fast gleich hohen Schiffen, in denen zwischen den Pfeilern und unter den Kreuzrippengewölben das Dämmerlicht einer Halle herrscht. Über den erst in das Jahr 1486 fallenden Baubeginn staunt man zunächst auch hier, bedenkend, daß damals im übrigen Italien schon die Formen der Renaissance herrschten, doch sind ja solche Stilverspätungen in Piemont üblich. Den Chor schmückt mit seinen Intarsien ein 1501 entstandenes Gestühl. Dem Zeitstil der oberitalienischen Frührenaissance folgt der Marmoraltar, den 1486 Antonio Carlone für das linke Querschiff schuf und dessen flächengebundene Zierlichkeit sich von den üppig gestalteten Säulen des barockisierten Hintergrundes abhebt, während die Ausstattung des gegenüberliegenden Querschiffs ganz dem Barock angehört. Die feierliche Stimmung, wie sie aus den hohen Proportionen und dem höhlenartigen Dunkel erwächst, wird auch nicht durch die verblaßten Malereien beeinträchtigt, mit denen das spätere 19. Jahrhundert glaubte, die Gewölbe schmücken zu müssen. Dem durch spätromanische Doppelfenster reich gegliederten Glokkenturm antworten in der näheren Umgebung einzelne Geschlechtertürme in der herben und nüchternen Geschlossenheit mittelalterlicher Wehrbauten, wozu einzelne Glockentürme von anderen Kirchen kommen. Die von Pfeilern gegliederte und in ihrem Mittelteil waagrecht geschlossene Domfassade, deren dreibogige Vorhalle sich vor das noch romanische, auf einen heute verschwundenen Bau zurückgehende Portal legt, wurde zwar erst um 1870 errichtet, doch fügt sie sich in den großen Linien ihrer Ziegelarchitektur gut in das Platzbild ein, dessen Reiz im übrigen gerade auf der Unregelmäßigkeit beruht.

Südlich des Domes liegt S. Domenico, in der dem Orden gemäßen, schlichten Backsteingotik erbaut, um ein Jahrhundert älter als der heutige Dom. Das dreischiffige Innere bewahrt einzelne Freskenreste. Südwestlich der Dominikanerkirche stehen an einer Straßenkreuzung zwei barocke Sakralbauten einander schräg gegenüber. Davon ist die dem Stadtzentrum näher gelegene S. Maria Maddalena die bedeutendere, dank ihrem Architekten Bernardo Vittone, der bei diesem Frühwerk von 1749 hinter der nicht ganz fertig gewordenen Ziegelfront geistvoll einen querovalen Laienraum mit einem ebenfalls nach den Seiten gedehnten Chorraum verbindet. Dieser aber öffnet sich, ähnlich wie in Cavallermaggiore, links und rechts des Hochaltars gegen einen zweiten Chorraum, dessen Form und Ausmaß mehr nur zu ahnen als klar zu überblicken sind. Der Hauptraum, den Wandsäulen plastisch akzentuieren, ist in seiner Hauptachse im Sinne eines griechischen Kreuzes modifiziert, doch auch in den Diagonalen durch zierliche Emporen leicht betont, so daß zusammen mit einzelnen, durch Fresken illusionistisch vorgespiegelten Raumerweiterungen eines der reizvollsten Raumgebilde des piemontesischen Barock entsteht.

Cherasco. Wenn man von Bra aus direkt nach Süden fährt, so liegt auf der steil gegen den Tánaro abfallenden Terrasse in ausblickreicher Lage das Städtchen Cherasco mit breiten, stillen Straßen, die in ihrer Regelmäßigkeit möglicherweise schon auf das 13. Jahrhundert zurückgehen, als die im Umland ansässigen Adeligen im Kampfe zwischen Alba und Asti diesen strategisch wichtigen Platz anlegten. Auch später haben die Wechselfälle der Geschichte den Ort berührt. 1348 eroberten ihn die Visconti. 1559, in dem auch sonst für Oberitalien bedeutungsvollen Frieden von Câteau-Cambrésis, gelangte die vorher von den Franzosen besetzte Stadt in den dauernden Besitz des Herrscherhauses Savoyen. 1631 wurde hier der ›Frieden von Cherasco‹ zwischen Österreich, Frankreich und Spanien sowie Montferrat und Mantua geschlossen, wobei die hier stattfindenden Verhandlungen von Kardinal Mazarin geleitet wurden. Nach Cherasco brachte man 1706 – während der Belagerung von Turin – aus dem Turiner Dom die berühmte Sindone in Sicherheit. In demselben Palast, in dem damals die kostbare Reliquie aufbewahrt wurde, schlossen 1796, während des ersten Koalitionskriegs, Buonaparte und Viktor Amadeus III. den für Piemont gültigen Waffenstillstand. Von da an nahm freilich die Geschichte andere Wege, und der Ort versank in seine heutige Stille.

An die Vergangenheit erinnert die überraschend großzügige Anlage, die durch einen im späteren 17. Jahrhundert als Dank für die Bewahrung vor der Pest errichteten Triumphbogen einen besonderen Akzent erhält. Östlich der großen, den Ort von Norden nach Süden durchquerenden Hauptstraße steht die auf das 13. Jahrhundert zurückgehende Kirche S. Pietro, deren romanische Fassade Blendarkaden und ein leicht abgestuftes Mittelportal schmücken. Am nordwestlichen Stadtrand erhebt sich der pompöse Kuppelbau von S. Maria del Popolo, den 1693 bis 1702 Sebastiano Taricco noch in deutlicher Anlehnung an den Frühbarock Vittozzis errichtete, dessen Vorliebe für das Palladiomotiv sich mit schon spätbarocken Kuppelfenstern verbindet. Sonst aber bietet der Bau in seinem gleichsam fest gezimmerten Raumgefüge, das auch unter dem reichen Stuckgewand Kanten und Ecken betont, ein Gegenstück zur flüssig bewegten Eleganz des im folgenden Jahrhundert ganz Piemont beherrschenden Spätbarock.

Man versäume nicht die Aussicht, die sich von dem kleinen Stadtgarten am Nordrand der einstigen Festung aus auftut, wobei auch die nähere Umgebung durch den zierlich-spröden Klassizismus der kleinen, der Madonna delle Grazie geweihten Kirche samt ihrem anmutig verspielten Glockenturm ihren Reiz gewinnt.

Bene Vagienna und Dogliani. Von Cherasco aus setzen wir unsere nun wieder im Zeichen des Barock stehende Fahrt fort nach Bene Vagienna, einem Ort mit ländlich bescheidenen Kirchen des 17. und 18. Jahrhunderts, von denen die Chiesa della Misericordia 1713 bis 1724 immerhin von Francesco Gallo erbaut wurde, der im südlichen Piemont mit Vittone rivalisierte. Derselbe Architekt, dessen Tätigkeit den Oberlauf des Po beherrscht, schuf in Dogliani, das wir von Cherasco aus direkt erreichen, die im unteren Ortsteil stehende Kirche S. Nome di Gesù. Ganz in der Nähe stößt man auf die 1859 bis 1886 erbaute Pfarrkirche Santi Quirico e Paolo, einen sehr anspruchsvollen säulengeschmückten Kuppelbau, dessen Dimensionen namentlich im Innern jedoch nicht mehr mit der gleichen künstlerischen Kraft bewältigt sind wie noch im 18. Jahrhundert und dadurch in ihrer Größe fast bestürzend wirken.

Carrù. Von Dogliani aus fahren wir auf guten Nebenstraßen hinab ins Tal des Tánaro und auf dessen Westseite wieder hinauf nach Carrù, einem schmucken kleinen Ort, von dem man mit Sympathie vernimmt, daß er die Heimat Luigi Einaudis sei, des Präsidenten der nach dem Zweiten Weltkrieg geschaffenen Republik Italien in den entscheidenden Jahren 1948 bis 1953. Die Pfarrkirche Mariä Himmelfahrt gestaltet das für Francesco Gallo typische Schema des gestreckten Zentralbaus, der sich zunächst symmetrisch von einer Mittelkuppel aus entwickelt, um dann in einen bis zu einem gewissen Grade selbständigen Chor zu münden. Das nahe Schloß, Castello Curreno, erhebt sich jenseits eines Geländeeinschnittes und wirkt trotz späteren Erneuerungen im wesentlichen mittelalterlich.

Von Bene Vagienna, von Bra oder – auf unserer ursprünglichen Route – von Savigliano aus kann man Fossano erreichen, das dank seiner Bauwerke unbedingt einen Besuch lohnt. Die eher kleine Landstadt, die am Rande der steil gegen das Tal der Stura di Demonte abbrechenden Ebene liegt, zeigt dementsprechend ihre schönste Ansicht von Süden, so daß auch der von Savigliano oder Bra Kommende es nicht versäumen sollte, beim Weiterfahren nochmals anzuhalten, um über den Fluß hinweg auf dessen hohem anderen Ufer die imposante Schauseite der Stadt wahrzunehmen. Da erhebt sich mit schlankem Campanile, der sich mit dem hohen Achteckbau der Vierung wirkungsvoll zusammenschließt, die barocke Kirche Santissima Trinità. Links daneben lagert majestätisch mit Eck- und Mittelpavillons der Flügelbau des Ospedale Civile, wie die Kirche von Francesco Gallo errichtet. Rechts von SS. Trinità hat durch einzelne moderne Bauten das Stadtbild etwas von seiner Geschlossenheit eingebüßt, doch wird man dafür in den Straßen und Plätzen durch weitere Sehenswürdigkeiten entschädigt.

Da ist im nordwestlichen Stadtteil das mittelalterliche Backsteinschloß, *Castello dei Principi d'Acaja*, das einen quadratischen Hof mit wuchtigen Viereckstürmen umschließt. Diese tragen nur in ihren Abschlüssen ein schlichtes, jedoch eindrucksvolles Ziegelornament, so daß der Wehrcharakter noch eindeutig herrscht. Errichtet wurde das Kastell im Jahre 1314 in einer Zeit, da die schon 1236 in den Kämpfen zwischen Kaiser und Papst von den Guelfen, also den Parteigängern der Kirche, gegründete Stadt in den Besitz der Savoyer gefallen war, die nun mit dieser Trutzburg ihre neue Herrschaft gegen die Ansprüche Karls von Anjou und anderer sicherten.

Dort, wo die von Nordwesten nach Südosten den Stadtkern durchziehende Hauptstraße, Via Roma, sich zu einem schmalen Platz ausweitet, steht der Dom, dessen klassizistische Tempelfront sich in demonstrativer Vollkommenheit von dem schweren, erst in seinen Obergeschossen durchformten Glokkenturm abhebt. Sein Oberbau mit dem Palladiomotiv und dem achteckigen Glockenturm entstammt dem Frühbarock. Ein überaus elegantes Projekt, das Brinckmann in seinem ›Theatrum novum Pedemontii‹ publiziert, blieb unausgeführt. Das von dem hier schon öfters genannten Mario Quarini 1779 vollendete Innere wirkt mit seiner sonoren Pracht noch durchaus barock im Unterschied zur frühklassizistischen Fassade.

Architektonisch anspruchsvoller ist die von Francesco Gallo 1728-1739 erbaute Kirche *Santissima Trinità*, die dort am Stadtrand steht, wo sich die Hauptstraße in einer Kurve zum Fluß hinabsenkt. Die für Gallo leitende Raumidee des gestreckten griechischen Kreuzes wird in den Querachsen durch Wandsäulen akzentuiert, in die auch die Seitenaltäre hineinkomponiert sind. Über der Vierung entwickelt sich aus der Scheinmalerei der Zwickel sehr flüssig die Kuppel, deren Tambour elegant von Querovalfenstern durchbrochen ist. Besonders geistvoll wirkt, wie die Apsis die auch die flachgerundeten Querschiffe bestimmenden Wandsäulen wiederaufnimmt und sie gleichsam räumlich unterlegt durch Emporen über einem Umgang, in den man links und rechts vom Hochaltar hineinblickt. Der Kirchenraum macht zudem deutlich, wie die Stukkatur, die im 16. und 17. Jahrhundert auch in Italien herrschte und sich in Süddeutschland bis in den Klassizismus hinein hielt, hier wie auch sonst in Oberitalien durch illusionistisch gemaltes Ornament ersetzt wurde.

Östlich der am Dom vorbeiführenden Hauptstraße gelangt man an der zierlichen Ziegelfassade von S. Giovanni vorbei zu dem stattlichen Barockbau von S. Filippo Neri. Architektonisch einfach, wirkt sein Innenraum dennoch durch die aufgemalte Dekoration. An der durch alte, mit Steinplatten belegte Fahrbahnen kenntlichen Hauptstraße steht der heute der ›Cassa di Risparmio‹ dienende Palazzo del Comandante. Noch wichtiger als seine durch Riesenpilaster über Arkadenbogen gegliederte Ziegelfassade sind die spätbarocken Prunkgemächer, vor allem der Festsaal mit reicher Scheinarchitektur.

Auf der Weiterfahrt nach Süden mehren sich die Höhen, in denen die Langhe schließlich in den Apennin übergehen. Auf einem der am weitesten gegen die Ebene vorgeschobenen Hügel, der für sich allein steht und nach drei Seiten steil abfällt, liegt die Oberstadt von Mondovì, die vor dem Hintergrund der im Frühling noch lange schneebedeckten Meeralpen und Ligurischen Alpen einen außerordentlich schönen Anblick bietet.

Gleich so vielen Städten in Italien zerfällt Mondovì in zwei deutlich getrennte Teile: die mittelalterliche Oberstadt, genannt *Piazza*, wo die Zeit zu ruhen scheint, und die erst in neuerer Zeit entstandene Unterstadt, *Breo*, die wohl auch einzelne geschichtlich bemerkenswerte Bauten, Straßen und Plätze besitzt, sich jedoch noch in Entwicklung befindet. Von den modernen Vierteln, die samt dem Bahnhof westlich des Gebirgsflusses Éllero liegen, gelangt man über eine Brücke zum langgestreckten Corso Statuto, der sich am Rand der älteren Teile der Unterstadt erstreckt. Dringt man in die Gassen mit eng zusammengedrängten Häusern ein, so wird man schon bald von dem charmanten kleinen Platz überrascht, der sich wenig oberhalb der Piazza Battisti, des eigentlichen Hauptplatzes, öffnet und seinen Zauber durch die auf der Bergseite dominierende Kirche *Santi Pietro e Paolo* gewinnt. Der um eine halbkreisförmige Terrasse komponierte Treppenaufgang wird zu einer kleinen Freilichtbühne, die sich mit allen szenographischen Effekten des Barock zwischen Platz und Kirche legt, vom Platz zum Gotteshaus hinaufführt und umgekehrt von diesem hinab zum Platz und damit zum profanen Alltag. Die von einem zierlichen offenen Glockenturm überhöhte Kirche gehört auch in ihrem Inneren zu den beachtlichen Leistungen des piemontesischen Spätbarock, ist doch mindestens die Kuppel samt ihren kapriziös ausgerundeten Ecken ein unverkennbares Werk Vittones. Francesco Gallo, dem wir im südwestlichen Piemont schon mehrmals begegnet sind und der 1672 hier in Mondovì zur Welt kam, fügte der im übrigen ins späte 17. Jahrhundert gehörenden Basilika zwei Seitenkapellen an, und von ihm stammt auch die weiter westlich in der Unterstadt gelegene Kirche *San Filippo* (1634-1650) mit stattlicher Ziegelfassade, die ihr gelenkiges Leben aus einzelnen eingekurvten Vertikalstreifen erhält. Das Innere zeigt die für Gallo besonders typische Vierungskuppel über dem langgestreckten griechischen Kreuz.

Durch steile Hänge, die jedoch von einer modernen Straße und einer bereits ein wenig antiquierten Drahtseilbahn überwunden werden, ist die Oberstadt von der Unterstadt getrennt. Hier oben suchten im Jahr 1198 die Bewohner der umliegenden Orte, darunter auch die des nahen Heiligtums von Vicoforte, Zuflucht vor den Unterdrückungsmaßnahmen des Erzbischofs von Asti. Doch bald darauf unterlagen sie diesem, der sich inzwischen mit den Grafen von Ceva verbündet hatte. So oft später noch die Oberherrschaft wechselte, so behauptete doch Mondovì seine kommunale Selbstverwaltung, und zwar sowohl unter den Königen aus dem französischen Hause Anjou, unter denen Karl I. in der zweiten Hälfte des 13. Jahrhunderts größere Teile von Piemont innehatte, wie später unter den mailändischen Visconti, den Grafen von Montferrat und schließlich den Herzögen von Savoyen. Während ihrer Regierungszeit hatten Teile der Turiner Universität ihren Sitz in Mondovì. Im übrigen besitzt die Stadt den Ruhm, daß hier im Jahre 1472 von dem aus Antwerpen eingewanderten Buchdrucker Anton Mattias das erste Buch mit bestimmtem Datum in Piemont gedruckt wurde, nämlich die ›Summa Confessionis‹ des hl. Antoninus, und ein Jahr später – nun schon ganz im Sinne der Wiedergeburt des klassischen Altertums – die ›Epistulae ex Ponto‹ des Ovid. Es entspricht der Fruchtbarkeit des Genius loci, daß außer dem schon genannten Francesco Gallo hier auch die Philanthropin Rosa Govone (1716-1776) zur Welt kam, nach der die von ihr betreuten Waisen und Findelkinder ›le Rosine‹ genannt wurden, ferner G. B. Beccaria (1716 bis 1781), der Entdecker der Luftelektrizität, ein Zeitgenosse des großen Juristen gleichen Namens, und schließlich Giovanni

Giolitti (1842-1928), einer der führenden Politiker des geeinigten Italien.

Der von Arkaden gesäumte und von Kirchen beherrschte Hauptplatz, Piazza Maggiore, der in einem leichten Sattel auf der Höhe von Mondovì Piazza liegt und in den die Hauptgassen münden, könnte in seiner Verbindung von Mannigfalt und Einheit auch viel weiter südlich in einer umbrischen Bergstadt liegen, so städtisch und zugleich in einem nur in Italien möglichen Sinn intim ist seine Atmosphäre. Die Kirchen aber geben sich in ihrem Prunk schon einen Anflug römischer Majestät. Die eine dieser Kirchen, die von den Jesuiten errichtete *Chiesa della Missione*, ersetzt in ihren Altären und in der den Saalraum überwölbenden Decke die reale Architektur durch den gemalten Schein, und zwar ist diese äußerst effektvolle Szenographie vom Hauptmeister der ganzen Gattung, dem Jesuitenpater Andrea Pozzo, im Jahre 1679 als Frühwerk geschaffen worden. Von ihm stammt auch der raffiniert den gemalten Prospekt mit realem Raum durchschichtende Hochaltar. Von der Jesuitenkirche aus gelangt man leicht aufwärts steigend zur *Chiesa della Misericordia*, einem eleganten Ziegelbau, in dem Francesco Gallo 1708 als seinem Erstling die ihm später so geläufige Raumform des gestreckten griechischen Kreuzes verwirklicht hat.

Den prunkvollsten Barock jedoch entfaltet westlich des Hauptplatzes der bereits zwischen den Häusern liegende *Dom San Donato*, eine kreuzförmige, dreischiffige Basilika, zu deren normalem Schema Francesco Gallo sich hier einmal bequemte. Der 1743 begonnene, doch erst 1763, also dreizehn Jahre nach dem Tode des Architekten vollendete Raum wirkt römisch durch den Prunk des echten Marmors, ergänzt durch vergoldeten Stuck an den Gewölben wie auch an den Pfeilern und Altären. Von der Kathedrale aus aufwärts führt der Weg am Bischöflichen Palast, dem einstigen Sitz der Universität, vorbei durch ein Gittertor zur baumbestandenen Plattform des *Belvedere*, das seinem Namen mit einer umfassenden Rundsicht Ehre macht.

Villanova Mondovì. Von Mondivì aus lohnt sich ein kleiner Abstecher nach Villanova. Der kleine, ausblicksreich auf einem Höhenzug über dem Oberlauf des Éllero gelegene Ort birgt eine der bemerkenswertesten Kirchen des piemontesischen Barock, zwischen 1755 bis 1764 von Bernardo Vittone für die Confraternita di S. Croce erbaut. Während die Ziegelfassade nicht viel mehr als den guten Durchschnitt vertritt, überrascht das Innere durch seinen architektonischen Reichtum. Denn wie auch sonst so oft im Werk von Vittone, ist es nicht die Ausstattung mit Fresken und Altären, sondern die von höchster Geistigkeit durchformte Raumgestalt, die hier die Bedeutung ausmacht. Bereits der Grundriß bildet ein kapriziöses Ornament, und auf ihm baut sich eine Raumfolge auf, die weniger durchschritten, als vom Eingang her gleich einem Bühnenbild betrachtet werden will: Die Eingangsnische öffnet sich zu einem ersten längselliptischen Raum, auf den als Priesterhaus ein etwas engerer Durchgangsraum folgt, durch den man in einen quergelagerten Altarraum blickt, ohne jedoch dessen seitliche Wände erkennen zu können. Vielmehr scheint sich der Raum nach beiden Seiten ins Unbegrenzte auszuweiten, ähnlich wie in der Münchner Damenstiftskirche oder in der Chiesa dei Gesuati in Venedig, bei denen eine verwandte Raumidee jeweils in einer völlig anderen Erscheinung verwirklicht ist. Der ›Eintritt‹ in diesen letzten Raum, den eigentlich nur das Auge vollziehen darf, wird durch ein Säulenpaar aus farbigem Stuckmarmor gerahmt, als einziger farbiger Akzent im Ganzen. Auch im Laienhaus und Presbyterium, wo die Wände noch dem Auge voll erreichbar sind, erscheint alles in Bewegung. Kurve und Gegenkurve fügen sich mit einzelnen geraden Teilen zu einem reich bewegten Schauspiel. Das Ineinandergleiten sowohl der Wände, wie auch ganzer Räume wird unterbrochen durch einzelne vortretende Pfeiler mit weit ausladendem Kranzgesimse, so daß die einzelnen Raumkompartimente ebensosehr ineinander übergehen wie gegeneinander abgesetzt sind. Auf solche Weise wird die ursprünglich kompakte Raumschale zumindest für das Auge in einzelne gegeneinander geführte Kompartimente zerlegt, wobei das Gegeneinanderführen der bewegten Wände an eine Pantomime erinnert. Der architektonische Zusammenhang scheint sich dabei zugunsten eines neuen, nämlich szenographischen Zusammenhanges aufzulösen, um sich um so sublimer in einer höheren Einheit wieder zusammenzufinden.

Von Villanova oder auf dem direkten Weg von Mondovì aus kann man durch den landschaftlich so reizvollen Hügelsaum nach Cúneo gelangen. Unsere Straße aber führt von Mondovì über Vicoforte, dessen Sanktuarium in einem eigenen Kapitel gewürdigt wird, ostwärts über das enggebaute Städtchen Ceva am Oberlauf des Tánaro, der weiter südlich in den Ligurischen Alpen entspringt. Die Alpen beherrschen nun immer ausschließlicher den Horizont, wobei uns die weichgewellten Hügel der Langhe, an deren Südhängen auch hier noch Wein reift, noch für eine Weile begleiten. In Ceva gabelt sich die Straße. Der eine Arm folgt westwärts dem Tal des Tánaro, um über den Col di Nana nach Albenga, Alássio und Imperia an der italienischen Riviera hinabzusteigen, während der andere, begleitet von der Autobahn Turin–Savona, über den niedrigeren Übergang von Montezemolo das Mittelmeer bei Savona erreicht.

Das Aosta-Tal und seine Seitentäler

Betrachten wir nun, von Osten nach Westen gehend, die wichtigsten Alpentäler Piemonts. Dabei schließen wir jedoch alle die aus, die sich in der Gegend von Domodóssola vereinigen, da diese schon zum Hinterland des Lago Maggiore gehören.

Vor der Pforte: das Sésiatal

Von Vercelli entlang der Sésia fahrend, gelangt man am Straßenknotenpunkt von Romagnano zu den ersten Ausläufern der Berge, die nun, langsam ansteigend, die Straße talaufwärts begleiten. Bis Borgosésia bleibt der Hügelcharakter bestehen, Hügel mit dichten, jedoch niedrigen Buschwäldern, unterbrochen von rebenüberspannten Wiesen und Äckern in jener Intensität des Ausbaues, wie sie auch sonst für das feuchte und zugleich sonnige, vor allem aber gegen die nördlichen Winde abgeschirmte Klima des Alpensüdfußes bezeichnend ist. In dieser Hügellandschaft liegt etwas östlich der Hauptstraße kurz vor Borgosésia das Dorf *Grignasco* mit seiner zwischen 1752 und 1767 von Vittone erbauten Pfarrkirche Mariä Himmelfahrt, beachtenswert durch ihre Ziegelfassade, die sich wie ein Bühnenbild aufbaut über Terrassen, auch durch das Innere, das aus geistvoll gegeneinander bewegten Wänden eine laternengekrönte Kuppel entwickelt. Das Spiel der Linien, in denen der reich gegliederte Wölbungsansatz die Bewegung aus der Horizontalen der umfassenden Gesimse in die Vertikale der aufsteigenden Bogen und Gurte hinüberführt, gehört zum Bedeutendsten, was der piemontesische Spätbarock auch auf den Dörfern geschaffen hat.

V Landschaft des Canavese,
gegen Norden gesehen

Lünettenfresko in der Burg Malgrà in Rivarolo Canavese, 15. Jahrhundert

Nach Borgosésia werden vor allem auf der Ostseite die Berge höher, die Hänge steiler und felsiger, so daß *Varallo*, der Hauptort des Tales, schon weitgehend voralpinen Charakter gewinnt. In solcher Weise stellt sich auch der berühmte Sacro Monte, der in diesem Buch in dem Kapitel über die Bergheiligtümer eine besondere Würdigung erfährt, als jäh abfallender Felssporn unmittelbar über dem Städtchen dar. Seitlich des Sacro Monte münden zwei kleinere Täler, von denen das Tal des Mastallone durch eine Fahrstraße erschlossen ist. Wir folgen aber dem Haupttal, das uns in den ihm eigentümlichen großen Windungen zunächst nach Westen führt, dann sogar leicht nach Süden abbiegt, um darauf wieder, unterbrochen durch eine erneute Wendung nach Westen, nach Norden zu weisen.

Während dieses Verlaufs steigen die begleitenden Berge immer höher empor, und die Gipfel gewinnen markantere Formen. Der Laubwald mischt sich mit Tannen und Lärchen, um in der obersten Talstufe fast ganz den Nadelhölzern zu weichen. Höchstens Erlen, Ahorn und Weiden halten sich im Talgrund. Dieser bleibt, wie auch sonst in den südlichen Alpentälern, auffallend tief, so daß das Landschaftsrelief etwas ausgesprochen Steiles, stark Eingeschnittenes gewinnt, bedingt nicht nur durch die großen Höhenunterschiede auf engem Raum, sondern letztlich durch die infolge der heftigen Regengüsse besonders intensive Erosion.

Solche Täler können beengend, ja beklemmend wirken. Doch der moderne Tourismus schafft sich einen Ausweg in den Sessel- und Kabinenbahnen, in denen man an starken Seilen mühelos zu aussichtsreichen Graten, Vorgipfeln oder Alpterrassen hinaufschwebt, wie dies von *Scopello* aus zur Alpe di Mera möglich ist, oder von *Alagna Valsésia*, dem obersten Dorf, zu einzelnen Ausläufern des Monte Rosa, zur Bocchetta delle Pisse oder zur Punta Indren, mit der man schon die Gletscherzone erreicht.

Indren weist übrigens auf die Walser hin, die hier wie in den benachbarten Tälern am Fuß des Monte Rosa, auch in den

Tälern nördlich Domodóssola, seit dem 13. Jahrhundert siedelten und deren Volksleben, teilweise auch Sprache, sich in Resten bis heute erhalten hat, trotz aller Italianisierung, sei es zwangsweise durch den Faschismus, sei es unwillkürlich durch den Touristenstrom aus den italienischen Städten. Am nachhaltigsten überdauern die Spuren der Walser auf den Friedhöfen. So liest man etwa auf stattlichen Familiengräbern in Alagna Valsésia die Namen: Stainer, Heinz oder Graber. In der leider sehr dunklen nahen Pfarrkirche des Dorfes steht ein Schreinaltar mit Figuren, die in derselben spätgotischen Art geschnitzt sind, wie um 1500 in Schwaben und in der Schweiz. Die Holzhäuser sind von Galerien umgeben, an deren waagrechten Holzgittern das Heu getrocknet wird, eine Konstruktion, die in etwas anderer Form auch im nahen deutschsprechenden Oberwallis anzutreffen und ebenfalls ein Kennzeichen der Walser-Siedlungen ist. Die Verbindungen zum schweizerischen Wallis freilich führen auf nur schmalen Pfaden teilweise über die Gletscher, was die einstige Einwanderung um so erstaunlicher macht.

Wenn man von Alagna aus noch tiefer in den Talgrund vordringt, nun bereits stärker ansteigend, so steht man, ähnlich wie in dem weiter nördlich gelegenen *Macugnaga* – das vom Sésiatal aus nur über den auf 2738 Meter ansteigenden Fußpfad des Passo di Turlo zu erreichen ist –, vor den gewaltigen Felswänden und Gletscherabstürzen des *Monte Rosa*, der sich von hier aus in drei immer höheren Gipfeln aufbaut: von der Piramide Vincent über den Pizzo Gnifetti bis zur Dufourspitze.

Im Sakralbau des Sésiatals herrschen zwar südliche Elemente vor, wie dies in geringerem Grade auch vom Wallis gesagt werden kann, aber der Holzbau der Walser verrät sich in den mächtigen, steinbeschwerten Balkendächern, welche die Giebelfront vieler Kapellen, doch auch der zweitürmigen Pfarrkirche von *Riva Valdóbbia* überragen, was ebenfalls an das Wallis erinnert. Die Kirche zeigt jedoch in ihrem reich bewegten, szenographisch aufgebauten Inneren reinsten piemontesischen Spätbarock, ähnlich wie in der nach einem Plan von Vittone 1718 bis 1725 errichteten Pfarrkirche von *Campertogno*, in der auch das ungefähr gleichzeitige Chorgestühl durch seine alles Rustikale überwindende Eleganz auffällt. In dieser Kirche gibt es neben dem Hauptchor eine abgeschlossene Kapelle, deren mit Spiralsäulen geschmückter Hochaltar stark an die ennetbergischen ›Ritz-Altäre‹ erinnert, so genannt nach ihren Meistern aus der Oberwalliser Familie Ritz und charakterisiert durch üppiges Schnitzdetail und wuchernde Ornamentik bei strengem Gesamtaufbau. Die gleiche Abwandlung italienischen Frühbarocks wie im Wallis zeigen die Säulenvorhallen auf dem Kirchenhügel von *Scopello*, dem Ort, von dem aus man zur Alpe di Mera hinauffährt. Am deutlichsten stehen südliche, und vom Süden zwar letztlich inspirierte, doch durch den Norden abgewandelte Kunst in *Varallo* nebeneinander, wobei der Süden die Kunst des Sacro Monte im lombardischen Sinne prägt, während der Norden bei Kirchen und älteren Wohnbauten sich in jenen vom Süden bereits rezipierten Formen äußert, die auch dem schweizerischen Wallis sowie dem bündnerischen Vorderrheintal eigen sind.

Gressoneytal

Man kann vom Sésiatal aus in das nächste große Tal südlich des Monte Rosa, ins Val de Gressoney, ohne Umweg über einzelne, nur für rüstige, berggewohnte Fußgänger beschreitbare Alpenpässe gelangen. Der normale Weg hingegen führt auf bequemen Fahrstraßen durch die Täler über die Städte Biella und Ivrea in den untersten Teil des Aostatales. Von diesem zweigt man in Pont St. Martin unmittelbar vor der Straßenbrücke über den Lys – nach welchem das Tal ebenfalls oft genannt wird und den etwas weiter flußaufwärts der kühn emporgezogene Bogen der alten Römerbrücke überspannt – nach rechts ab, um auf meist gut ausgebauter, doch kurvenreicher Nebenstraße emporzusteigen, zunächst durch Weinberge mit Blick auf die Ruinen einer den Taleingang sperrenden Burg. Dann aber biegt man in das Seitental ein, um dessen Enge hoch über dem Wildbach zu durchstoßen. Das Tal weitet sich ein wenig und läßt einzelnen kleinen Dörfern Raum, deren altertümlich primitive Steinbauten hier noch kaum von den üblichen, auf den Tourismus bezogenen Neubauten unterbrochen sind. Dies ändert sich, wenn auch zum Glück ohne allzugroße Störung, im breiten, schon über 1300 Meter hoch liegenden Talboden von *Gressoney St. Jean*, wo von den flachen Wiesen des Talgrundes buschwerkdurchsetzte Matten auf der sonnigeren Ostseite zu den hier etwas zurücktretenden Felswänden emporsteigen, während die schattigeren Westhänge mit Lärchen und Tannen bestanden sind.

Gressoney la Trinité, das bald folgt, hat sich zu einem der üblichen Feriendörfer entwickelt, in die während des Hochsommers und Winters außer Feriengästen noch Scharen von Tages- und Wochenendausflüglern kommen, sei es mittels direkter Autobuslinien aus Mailand, Genua und Turin, sei es durch eine Unzahl von Privatautos und Motorrädern. Den neueren Bauten ist im allgemeinen ein gewisses Maß an Anpassung an die ortsübliche Bauweise mit ihren flach geneigten Steindächern und der Verwendung von viel Holz nicht abzuerkennen, und auch die Proportionen bleiben im großen und ganzen erträglich. Einzige Ausnahme ist ein Hotel, das sich zwar mit steilem, vielgestaltigem Dach, Steinplatten und – vorgeblendetem – Holz ein Alibi schaffen möchte, dieses jedoch durch seine übermäßige Größe wieder zuschanden macht. Zu allem heißt dieser von renditebewußtestem Tourismus geprägte Bau noch ›Hotel Weißtannen‹, um damit auch das Walsertum gleichsam als folkloristisches Kuriosum, denn als solches wirkt es auf den Durchschnitt der Italiener, in die Werbung einzuspannen.

Tatsächlich hat sich die Eigenart der Walser gerade im obersten Teil des Val de Gressoney so stark erhalten, daß es nicht nur auf den Friedhöfen an Namen wie »De la pierre alias Zumstein« abzulesen ist, sondern auch an offiziellen Aufschriften wie ›Gemeindehaus‹ (freilich unmittelbar begleitet von ›Casa comunale‹ und ›Mairie‹) oder ›Elementar- und Mittelschule‹ mit den vorangehenden italienischen und französischen Bezeichnungen, womit stets das im Aostatal wie in dessen Seitentälern herrschende Französisch präsent bleibt. Im Val del Lys sind zwar die Ortsnamen französisch und die allgemeine Umgangssprache Italienisch, doch spricht auch noch ein guter Teil der Bevölkerung Deutsch, freilich einen alten Dialekt. Emil Balmer, der liebevoll den alten Bewohnern dieser Täler nachgegangen ist, berichtet in seinem Buch ›Die Walser im Piemont‹, wie noch in unserem Jahrhundert Königin Margherita, deren Sommerschloß mit steilen Dächern und Turmspitzen aus den Lärchenwäldern von Gressoney St. Jean emporsteigt, während ihrer häufigen Aufenthalte den Walsern ihre besondere Anteilnahme schenkte.

Auch im Gressoneytal, zum Beispiel in Gressoney la Trinité, gibt es Kirchen, die zwar bescheidener sind als im Sésiatal, doch wie dort einzelne Schreinaltäre besitzen, deren spätgotische, den Körper ganz unter dem Gewand verdeckende Formen nach der Nordseite der Alpen weisen.

Vom obersten Talgrund, in welchem Gressoney la Trinité liegt, wandert man anderthalb Stunden auf schmalem Fußpfad, an einzelnen Kapellen in Walser Bauart vorbei, auf dem Weg zum Monte della Bettaforca, zu dem in seiner Lage schönsten dieser kleinen Bergheiligtümer. Es ist der hl. Anna geweiht und entfaltet eine großartige Rundsicht auf den obersten Talkessel und darüber hinaus auf die Firnflächen, Gletscherabstürze und Felswände des Monte Rosa-Massivs.

Wie in den gleichlaufenden anderen Seitentälern ist auch im Val de Gressoney der Blick flußabwärts von eigener Faszination. In wildem Rhythmus, der sich allmählich mäßigt, senken sich, unterbrochen von immer wieder neuen Aufgipfelungen, die begleitenden Berge mit ihren steilen, mehr von Felsen als von Wald und Weide bedeckten Flanken gegen Süden, zwischen sich ein Stück Himmel offen lassend, in dessen Glanz man die ganze Wärme Italiens zu spüren meint. Und auch die Steilabstürze des Tales selbst, die von der hochgelegenen Straße nicht zu sehen sind, werden in der Ahnung womöglich noch eindrucksvoller.

Ayastal

Fährt man das hier verhältnismäßig enge Aostatal von Pont St. Martin aus zwischen steilen Hängen weiter hinauf, so öffnet sich nach vierzehn Kilometern, beherrscht durch die mittelalterliche Burg von Verrès, ein neues Seitental. Es ist das *Val de Challant*, das im oberen Teil Val d'Ayas heißt. Seine Hänge sind sanfter als in den anderen Tälern; sie geben einzelnen malerischen Weilern mit Kapellen in der Walser Bauart Raum, die auf den Höhen die wenigen Dörfer im Talgrund begleiten. In mehreren Windungen steigt das noch verhältnismäßig stille, touristisch wenig erschlossene Tal gegen Norden, um erst in seinem oberen Teil, von *Champoluc* und dem auf sanfter Wiesenterrasse gelegenen *Antagnod* aus, den Blick auf das Breithorn mit den beiden Zwillingen Castor und Pollux freizugeben. Das Tal führt den Namen einer der ältesten und mächtigsten Adelsfamilien des Landes, der Grafen von Challant, deren Burgen wir im Aostatal noch kennenlernen werden.

Wieder im Haupttal, erreicht man, von Verrès flußaufwärts fahrend, nach weiteren rund vierzehn Kilometern den bedeutenden, durch seine Heilquellen wie durch sein mildes Klima, doch auch durch sein Spielkasino bekannten Kurort *St. Vincent*. Meist von sehr großen, bereits subtropischen Gärten umgebene Hotels und Badeeinrichtungen bedecken den Talhang, der hier nach Westen einbiegt und sich damit unmittelbarer als im bisherigen Verlauf der Sonne darbietet. Zugleich wird der Boden des Aostatales flach und breit und erinnert in seiner Besonnung stark an das parallel, jedoch nicht von Westen nach Osten, sondern umgekehrt verlaufende schweizerische Wallis, dessen Nähe trotz der dazwischen liegenden Viertausender hier stets zu spüren ist.

Tournanchetal

Wenige Kilometer nach St. Vincent, noch bevor die Hauptstraße einen Bergvorsprung im Tunnel durchfährt, zweigt die gut ausgebaute Straße ins Valtournanche ab, eines der viel-

Das 1300 Meter hoch liegende Gressoney St. Jean

besuchten, um nicht zu sagen: heimgesuchten Täler der Region. Diese Heimsuchung gilt jedoch glücklicherweise nur für den spektakulärsten Teil, nämlich für Breuil-Cervinia, das zu Füßen des Monte Cervino liegt, wie das Matterhorn auf seiner Südseite heißt. Der untere und mittlere Teil sind unberührter und erinnern mit ihrem Wechsel von schluchtartig eingeschnit-

Im Hintergrund die Berge des Monte Rosa-Massivs

tenen Steilstufen und sanfteren Talgründen sowie einzelnen, hoch auf den seitlichen Terrassen gelegenen Weilern sowohl an das Val d'Ayas wie an das Gressoneytal.

Talaufwärts erblickt man nach Überwindung der ersten Steilstufe zuerst nur den Gipfel und schließlich in Breuil-Cervinia den Gesamtaufbau des Matterhorns, dessen Form von hier aus nicht ganz so markant und vor allem so berühmt ist wie von Zermatt aus, der aber immer noch imposant genug emporsteigt in einem Kreis von Paladinen vor allem auf seiner Westseite, wo eine Reihe von markanten Graten und Gipfeln sich unmittelbar anschließt. Auf der Ostseite des den ganzen Talgrund beherrschenden Gipfels, der hier steil abfällt, folgt zunächst der breite Gletscherübergang des Theodul-Passes nach Zermatt, sodann die zum Monte Rosa hinüberleitenden Gipfel des Theodulhorns (Corno di S. Teodulo) und der Testa Grígia. Wie negativ sich jedoch die ›Herausforderung der Berge‹ gerade in Cervinia ausgewirkt hat, wie hier die Landschaft in die Fesseln überdimensionierter Sportbahnen geschlagen, und wie gegenüber den positiven Versuchen disziplinierter Feriensiedlungen ein wildes, nur der Spekulation verschriebenes Bauen wuchert, wurde schon in einem der einleitenden Kapitel dargestellt. Ein noch unverdorbener Ausblick auf den Cervino bietet sich vom Lago Bleu, den man rechts der Straße auf dem letzten Moränenhügel vor Breuil mit wenigen Schritten erreicht.

Das Haupttal, in das wir nun wieder zurückkehren, bewahrt rund vierundzwanzig Kilometer lang, über Aosta hinaus, seine Breite, wobei sich der von Felsen durchsetzte, mit Buschwerk bewachsene und von Reben und Äckern kultivierte Sonnenhang gegenüber dem feuchteren, waldreichen Schattenhang deutlich unterscheidet. Auf der Südseite der Dora Báltea liegt auf leichter Anhöhe das *Kastell Fenis*, eine der schönsten unter den mittelalterlichen Burgen des Aostatales, dem bei den später beschriebenen Burgen und Schlössern dieser Gegend ein eigener Abschnitt gewidmet wird. Wenige Kilometer vor Aosta nimmt die Staatsstraße die hier endende Autobahn auf und umfährt auf der Nordseite den alten Hauptort des Tales, dessen sehr wesentlich bereits durch die römische Antike geprägtem Reichtum an Denkmälern natürlich ein besonderes Kapitel eingeräumt sein wird.

Trotz seiner metallurgischen Industrieanlagen und Allerwelts-Wohnblöcken zeichnet sich Aosta noch immer durch eine ungemein schöne, an Natur- und Kunsteindrücken reiche Umgebung aus. Diese zeigt alle Übergänge von einem milden, mit Reben, Feigen und Pappeln bepflanzten Talgrund über meist buschartige Laubwälder bis zu hochstämmigen Lärchen und Tannen, und darüber hinaus geht es über Alpweiden hinauf in die Region von Fels und Eis.

Nachhaltig wird diese Vielfalt zum Erlebnis auf einer Fahrt nach Pila, einer auf 1800 Metern unmittelbar südlich, also am Schattenhang, über Aosta gelegenen Aussichtsterrasse, die den vorderen Rand einer weiten Mulde bildet, die zwischen die bis 3559 Meter ansteigenden Gipfel des Monte Emílius gebettet ist. Sie ist im Sommer wie im Winter durch eine Schwebebahn, zudem aber das ganze Jahr auf einer asphaltierten, meist genügend breiten Fahrstraße zu erreichen und bietet dem Wanderer wie dem Skifahrer reiche Möglichkeiten. Doch das Schönste ist die Rundsicht, die man von den letzten Windungen aus, also noch vor dem bereits in der Mulde liegenden Ende der Autostraße, genießt. Gegenüber, auf der anderen Seite, öffnet sich breit das Tal, das zum Paß des Großen St. Bernhard führt und von der mächtigen, vereisten Felsbastion des Grand Combin beherrscht wird. Im Nordwesten, das Haupttal aufwärts, steigt über den vergletscherten Gipfeln der Grande Rochère, die von einem tieferen Standpunkt aus zunächst den Horizont abschlossen, mächtig, herrisch und seine steil abfallende Breitseite im ganzen Glanz seines Eispanzers zeigend, der Mont Blanc-Gipfel empor. Er wird im Westen begleitet von der etwas niedrigeren Kette der Aiguille de Bionnassay und der Aiguille de Tré la Tête, beherrscht und überragt jedoch in majestätischer Isolierung das ganze Panorama von Pila. Östlich vom Grand Combin, der die Mitte dieses Panoramas bestimmt, erscheint als Dominante die Monte Rosa-Gruppe, vom Aostatal durch immerhin auch bis über zweieinhalbtausend Meter aufsteigende Vorberge getrennt, für sich alleinstehend und doch in einem stillen, großen Zusammenhang mit allen andern Gipfeln.

Der Große St. Bernhard

Aosta liegt unmittelbar am Südfuß eines der wichtigsten Alpenpässe, des neuerdings durch einen ganzjährig passierbaren Straßentunnel unterfahrenen Großen St. Bernhard. Das alle Alpenüberquerungen stets bestimmende Erlebnis des Klima- und Vegetationswechsels, durch die Überwindung großer Höhendifferenzen innerhalb verhältnismäßig kurzer Strecken bewirkt, geht fast immer Hand in Hand mit einer individuellen Vielfalt der Talbilder, der Bergformen, sowie der durch eigene Wahrzeichen geprägten Ortschaften, so sehr auch hier das Besondere sich aus einem Allgemeinen bildet. Dieses Widerspiel, aus dem jedoch stets ein typisches Ganzes entsteht, erweist sich ganz besonders reich bei einer Fahrt über den Großen St. Bernhard.

Kommt man vom Norden, von Martigny im unteren Teil des schweizerischen Wallis her, das in der Eidgenossenschaft eine ähnliche Sonderstellung behauptet wie das Aostatal mit seinen Seitentälern gegenüber Italien, so ist auch hier ein großer Höhenunterschied im Aufstieg aus zunächst sehr engen Seitentälern zu überwinden. Bis Orsières, dem Endpunkt einer Zweigbahn, bleibt man im Talgrund, den von Südwesten her die kühnen Granitzacken des Mont Dolent und der Aiguille d'Argentière beherrschen, vergletscherte Ausläufer bereits des Mont Blanc. Dann steigt die Straße an vorübergehend sanften Hängen empor. Das eisbedeckte Massiv des Grand Combin tritt in Erscheinung und bleibt als Dominante über dem Tal, bis oberhalb von Bourg-St-Pierre die Straße in langen Lawinenschutzgalerien verschwindet, die den Stausee im oberen Teil des Val d'Entremont begleiten. In Bourg-St-Bernard, dem obersten kleinen Flecken, beginnt auf rund 1900 Meter Höhe der Straßentunnel, ein imposantes Werk der Technik, den alle jene benützen, die sich im Wettlauf mit der Zeit glauben, zu dem ja das Auto besonders verführt. Die anderen, meditativeren Reisenden werden sich höchstens durch Schnee und Regen von einer Fahrt auf der alten, jedoch gut unterhaltenen Straße über den Paß abhalten lassen, die auch wir nun benutzen wollen.

Wir folgen dabei dem Weg, den Buonaparte im März des Jahres 1800 mit 40000 Mann und 40 Geschützen zog, um durch sein zu dieser Jahreszeit unerwartetes Erscheinen in Oberitalien mit dem Sieg bei Marengo dem zweiten Koalitionskrieg eine für Frankreich günstige, vor allem aber für seinen weiteren persönlichen Aufstieg entscheidende Wendung zu geben. Um den Übergang zu erzwingen, wurden die Geschütze zerlegt und ihre Rohre in ausgehöhlten Baumstämmen über den Schnee geschleift, vor allem aber die Truppen zu unerhörten Leistungen angespornt. Durch diesen Überraschungsstreich wurden in Oberitalien die dort bisher siegreichen Österreicher geschlagen, und aufgrund dieses militärischen Erfolges konnte kurz darauf Buonaparte in Paris das ihm feindlich gesinnte ›Direktorium‹ stürzen und sich nach der Erhebung zum ›Ersten Konsul‹ den Weg zum Kaisertum bahnen. Dementsprechend hat Jacques-Louis David sein berühmtes Bild ›Buonaparte überquert die Alpen am St. Bernhard‹ gemalt, indem er in den glasklaren Formelementen des damaligen Klassizismus den Feldherrn hoch zu Roß zu einer wahrhaft eisigen Monumentalität erhob.

Die Straße zwängt sich auf ihrem 2473 Meter hohen Scheitelpunkt zwischen zwei Gebäuden hindurch. Das hohere wurde zwischen 1886 und 1889 als Hotel erbaut, das nur im Sommer geöffnet ist. Das niedriger gelegene ist ein Neubau (1831 bis 1837) an der Stelle des schon zwischen 1035 und 1044 vom heiligen Bernhard von Mentone, damals Archidiakon von Aosta, gegründeten Klosters. Beide Gebäude zeigen durchaus alpinen Charakter, mit schweren Mauern und kleinen Fenstern zum Schutz gegen Kälte, Regen- und Schneestürme. Der heutige Bau des Hospizes umschließt übrigens eine kleine, einschiffige Barockkirche aus dem Jahr 1678 samt einem schönen

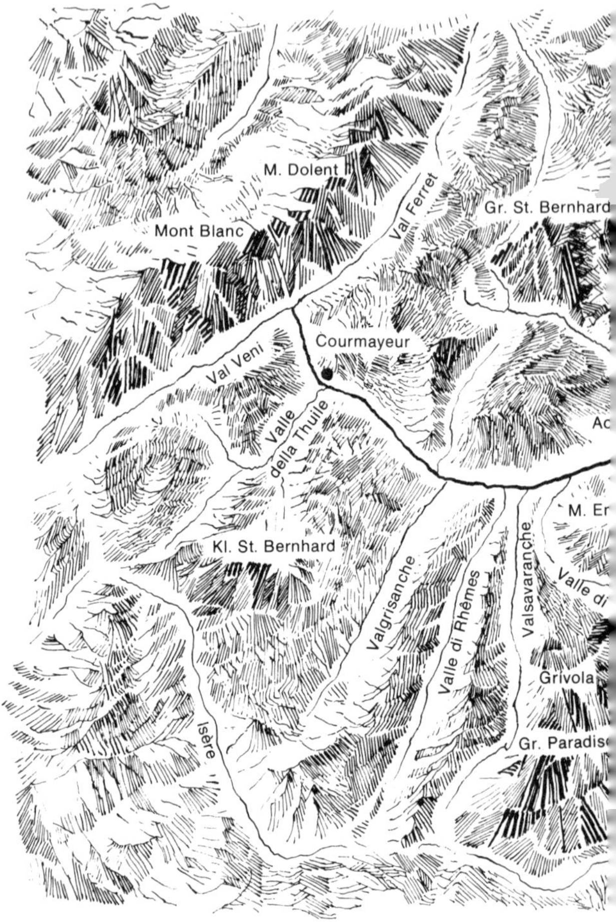

Das Aostatal und seine Seitentäler

Chorgestühl des frühen 18. Jahrhunderts und unter anderem auch eine Bibliothek mit über 30000 Bänden, darunter verschiedenen Inkunabeln.

Der Paß ist in der Geschichte berühmt geworden wie wenig andere. Schon die Römer errichteten hier dem Jupiter Poeninus

Zeichnung: Barbara Schlottke

einen Tempel, dessen Name in den ›Penninischen Alpen‹ weiterlebt. Inschriften, die das kleine Museum des Hospizes aufbewahrt, berichten, wie man damals über den ›Summus Poeninius‹ – so hieß der Übergang in der Antike – in acht Tagen von Rom nach Genf gelangte. Diese Möglichkeit, die selbstverständlich nur bei gutem Wetter bestand, nutzten neben den Legionen auch Konsuln und Kaiser. Während der Völkerwanderung zogen die Langobarden über den Paß, im Jahre 775 Karl der Große, 1077 Kaiser Heinrich IV. auf dem Wege nach Canossa, hundert Jahre später zweimal Friedrich Barbarossa. Für den Paßstaat, den die Savoyer im Spätmittelalter errichteten, war die Verbindung zwischen dem Stammland am Genfersee und dem seit dem 14. Jahrhundert hinzugekommenen Piemont über den Großen St. Bernhard, wie er im Unterschied zum Kleinen St. Bernhard zwischen dem obersten Aostatal und dem heute französischen Val d'Isère heißt, von größter Wichtigkeit.

Den zahllosen Reisenden, die bei jedem Wetter den Paß überschritten, standen die Mönche – zunächst Benediktiner, später Augustiner – helfend bei; die Mitwirkung der Bernhardiner-Hunde ist berühmt geworden. Kraft ihrer Größe – am Halse trugen sie ein Fäßlein mit stärkendem Wein oder Liqueur – konnten sie damals viele im Schnee steckengebliebene Wanderer vor dem Erfrierungstod retten. Noch heute kann man diese Hunde in einem oberhalb des Hotels angelegten Zwinger sehen.

Erst etwas unterhalb der Paßhöhe, am Nordufer eines kleinen Sees, erfolgt der Grenzübertritt von der Schweiz nach Italien, das sich alsbald mit zwei modernen, doch glücklicherweise nicht allzu großen Hotels vorstellt. Daneben ragt die Statue des Heiligen Bernhard überlebensgroß empor. Die Straße senkt sich durch einen ersten, dann durch einen zweiten, noch völlig baumlosen Kessel mit pittoresken Felsspitzen, viel Geröll und spärlichen Schafweiden. Dann mildert sich die bisher hochalpine Szene. Die Matten herrschen vor. Wald kommt auf, die ersten Siedlungen melden sich, und nun ist auch die moderne Autostraße wieder da, die den eigentlichen Tunnel bereits verlassen hat und sich nun durch aufwendige Galerien ihre Wintersicherheit erkauft. Über der Nähe sei die Aussicht in die Ferne nicht vergessen, die man schon vom Rand des obersten Kessels, von der ›Cantoniera di Fonteinte‹, dem zweistöckigen Gebäude einer einstigen Pilgerherberge, aus genießt.

28 Der Engpaß der Dora Báltea mit der mittelalterlichen Burg Bard vor dem Umbau zur modernen Festung im 19. Jahrhundert. Kupferstich, 1682

29 Pont St. Martin

Lithographie, 1822

30 *Aosta: Römisches Stadttor (Porta Praetoria). Lithographie, 1826*

31 Aosta: Römisches Theater. Lithographie, 1826

32 Ansicht von Aosta gegen den Großen St. Bernhard-Paß mit Grand Combin

Lithographie, 1848

33 Courmayeur mit dem Mont Blanc-Massiv

Aquatinta, 1826

34 Übergang der Armee Napoleons über den Großen St. Bernhard im Mai 1800

Zeitgenössisches Ölgemälde

35 Die Grandes Jorasses, vom Val Ferret gesehen. Aquatinta, 1826

Von hier aus ahnt man unter einem gegenüber der Nordseite ungleich helleren und weiteren Himmel im Süden schon das Aostatal in seinen größeren Dimensionen, überragt vom Monte Emílius und den Gletschern des Gran Paradiso. Aus einem ersten, engen Seitental tritt man in ein breiteres, wo sich bei St. Léonard die Tunnelzufahrt mit der alten Paßstraße vereint. Unterhalb Étroubles öffnet sich der Blick ostwärts in das einsame Valpelline, das von der steilen Eispyramide der Dent d'Hérens beherrscht wird. Das Haupttal aber, in das wir nun hinausfahren, wird im Norden, also in unserem Rücken, durch die Fels- und Eismasse des Grand Combin überragt, der nun immer stärker in Erscheinung tritt.

Die Hänge sind sanfter geworden; die Landschaft gewinnt jene herbe Anmut des ›Halb‹-Südens, wie man sie auch im Wallis oder in Südtirol antrifft, mit Pappelreihen, besonders schön bei der Kirche von Gignod, mächtigen Edelkastanien, Obstgärten und schließlich den ersten Weinlauben. Dann weitet sich die Szene noch einmal. Das Wasser des Artanavaz, das uns bisher begleitete, mündet in die Dora Báltea; wir sind im eigentlichen Haupttal: in Aosta.

Cognetal

Bei Sarre zweigt man von der großen Talstraße ab und fährt zunächst an einer durch einen romanischen Glockenturm auffallenden Kapelle vorbei zum Schloß von *Aymavilles*, das sich auf ausblicksreich vorspringender Terrasse kastellartig mit seinen vier Türmen aufbaut. Die Straße steigt an der südlichen Seite des Haupttales empor, um bald in den engen und steil eingeschnittenen Eingang des Valle di Cogne einzubiegen. Nach einigen Kilometern weist felsseitig ein gelbes Schild auf die Straße zu dem Weiler Pondel, wo ein altrömischer Brückenbau, möglicherweise ein Aquädukt, die Schlucht überspannt. Das Tal macht eine Biegung nach Süden und verläuft später so lange nach Südosten, bis in seinem Norden das dreieinhalbtausend Meter Höhe erreichende Massiv des Monte Emílius auftaucht.

Die altrömische Brücke von Pondel

Nun ist auch der in einem weiten Wiesengrund liegende Hauptort *Cogne* erreicht, ein Dorf, das heute fast ganz dem Sommer- und vor allem dem Wintertourismus dient, wobei das Ortsbild vorläufig noch von störenden Großbauten verschont geblieben ist und durch die mit Steinplatten gedeckten Dächer eine gewisse alpine Einheitlichkeit gewinnt. Sehenswert ist die Pfarrkirche mit ihrem walserischen Einschlag: den

Es handelt sich vermutlich um ein Aquädukt

Balken, die kräftig über die Giebelfront vorspringen, um ein auch hier mit Steinplatten gedecktes, flach geneigtes Dach zu tragen, die von Säulenbogen gebildete kleine Vorhalle darunter. Im Inneren des schlichten, frühbarocken Saalraumes überraschen die bis hierhin vorgedrungenen ›Ritz-Altäre‹, die wir vorhin schon erklärt haben, mit ihren aus Holz geschnitzten, gedrehten Säulen. Sie erinnern daran, daß im Mittelalter einzelne Walser-Familien bis nach Cogne vordrangen, die hier vom Bischof von Aosta gewisse Vorrechte erhielten.

Hoch hinauf an den Steilhängen östlich des Dorfes klettern bis zur Höhe von 2200 Metern die technischen Anlagen des Magnetitbergwerks, dessen Verwaltung und Arbeitersiedlung unten im Tal einen ganzen Dorfteil bilden. Eine elektrische Bahn führt durch einen langen Tunnel zu dem uns bereits bekannten Pila hoch über Aosta, um von dort aus das Erz mittels einer Schwebebahn in die großen Werke am Stadtrand von Aosta zur weiteren Verarbeitung zu bringen.

Nordöstlich von Cogne führt eine Straße zu dem zweihundert Meter über dem Tal gelegenen Dörfchen *Gimillian*, von dessen Wiesenterrassen sich eine sehr lohnende Aussicht auftut. Denn man sieht nicht nur auf die im Westen gegenüber aufragende Spitze der Grívola und das von hier oben aus noch stattlichere Massiv des Gran Paradiso im Süden, sondern auch in den obersten Teil des Aostatals, wo sich ein eigener Zirkel von Gletschern und Gipfeln öffnet, geprägt durch die kristallisch scharfen Formen des Granit. Talauswärts aber beherrscht über eine Entfernung von rund 45 Kilometern Luftlinie, und doch noch immer in unwahrscheinlicher Größe, der Mont Blanc-Gipfel den Ausschnitt des auf ihn zulaufenden Tales.

Von Cogne geht eine kleinere Straße weiter bis zur Häusergruppe von *Lillaz*, wo sich auf flachem Grund zwei Täler vereinen. Ein schöner Spaziergang führt von Lillaz zu einem eindrucksvoll die Felsen in drei Stürzen überschäumenden Wasserfall. Südwestlich von Cogne verengt sich das Wiesental zum waldigen Valnontey, das in den Nationalpark des Gran Paradiso führt. Die Fahrstraße endet nach zweieinhalb Kilometern bei dem alpinen Botanischen Garten Paradisia, in dem seltene Exemplare der hochalpinen Gebirgsflora, auch der außereuropäischen, kultiviert werden. Von hier aus führt ein mit vielen Kehren gut angelegter Weg zur Vittorio Sella-Hütte (2586 m), der Gelegenheit bietet, auch die Tiere des Nationalparks, friedlich äsende Steinbock-Herden, Gemsen und Murmeltiere, zu beobachten.

In dasselbe große Naturreservat, das in Italien sein Gegenstück im Ortler- und Adamellogebiet hat und nur auf markierten Wegen betreten werden sollte, gelangt man auch aus dem einsamen Valsavaranche, das westlich des Cognetales ebenfalls zum Gran Paradiso führt. Von der das Haupttal durchfahrenden großen Straße zweigt man bei *St. Pierre* ab, einem Dorf, das von einer barocken Kirche und einem mittelalterlichen Schloß malerisch überragt wird. Man überquert die Dora Báltea und steigt auf asphaltierter, jedoch nicht allzu breiter Straße zu dem ausblicksreichen *Introd* empor. In den Reblauben wächst einer der besten Weine des Tales, der sich jedoch bescheiden ›Le petit rouge d'Introd‹ nennt. Schloß und Kirche krönen den ins Haupttal vorspringenden Hügel; von hier aus geht der Blick auf die gegenüberliegenden Hänge samt den auf hohen Terrassen liegenden Siedlungen sowie talauswärts gegen Aosta. Doch die Straße steigt weiter, und nachdem man die Abzweigung ins Tal von Rhêmes rechts liegengelassen hat, geht es, wie in anderen Nebentälern, zunächst hoch über der steil eingeschnittenen Schlucht in das waldreiche Valsavaranche hinein, das zu den wildesten und einsamsten gehört, wenigstens solange die geplante Straße über den Col del Nivolet in das südlich des Gran Paradiso gelegene Valle di Locana noch nicht ausgebaut ist, sondern von Pont an nur eine in den Felsen gesprengte Piste mit scharfen Steinen besteht.

Von *Pont*, dem obersten Talgrund auf 1960 Meter Höhe, führt ein Pfad zunächst durch Wald, dann über felsdurchzogene Matten und schließlich fast nur noch über Geröll auf der Ostseite des Tales hinauf zum *Rifugio Vittorio Emanuele* II, benannt nach dem ersten König des geeinten Italien, der im oberen Teil des Tales Jagdhäuser und Wege anlegen ließ, um als leidenschaftlicher Jäger namentlich dem Steinbock, dem ›stambecco‹, nachzupirschen. Das ›Rifugio‹ ist ein Berghaus, dessen originelle Form, ein elliptisch nach oben erhöhter Halbzylinder, eine größere Zahl von Schlafräumen birgt; die gutgeführte

Gaststätte vereint einen sympathischen Kreis von meist italienischen Bergfreunden. Der Bau steht auf 2732 Meter Höhe an den Moränen der vom Gran Paradiso sich nach Westen herabziehenden Gletscher und erschließt bei gutem Wetter eine schöne Aussicht.

Das Massiv des Gran Paradiso präsentiert sich von hier aus nicht mehr allzu steil, doch stellt es die bedeutendste Erhebung südlich von Aosta dar. Zwischen dem Tal der Dora Báltea und jenem des Orco, auch Valle di Locana genannt, gelegen, wird es im Osten durch das Cognetal, im Westen durch das Rhêmestal begrenzt. Die Gebirgsgruppe besteht im wesentlichen aus Granit, bildet aber trotz einzelner scharfer Grate und kühn zerklüfteter Nebengipfel in seinem Zentrum eine eher ruhig wirkende, firnbedeckte Kuppe, die nur noch wenig über 4000 Meter – 4061 Meter ist die genaue Höhe – emporsteigt. Aber die relative Unberührtheit, die die Einrichtung des ›Parco Nazionale‹ sichert und die sich so wohltuend von den touristischen Erschließungen am Fuße des Monte Rosa und des Matterhorns unterscheidet, macht das ganze Gebiet gerade für jene anziehend, die im Hochgebirge die in der Stille wirkenden Kräfte der Natur suchen.

Rhêmestal

Die ursprüngliche Art alpiner Schönheit hat sich in ganz besonderem Maße im Val di Rhêmes erhalten, das westlich vom Valsavaranche in fast gleicher Richtung verläuft. Das Tal ist bis heute von Sportbahnen frei geblieben, die an anderen Orten mit ihren technischen Installationen nicht nur die Landschaft zerschneiden, sondern ein meist lärmendes, dem wahren Sinn der Berge wenig zugängliches Publikum in eine Landschaft befördern, die sich eigentlich nur dem Wanderer ganz erschließt. Das Val di Rhêmes vereinigt auf das schönste verschiedene Elemente: Im oberen Teil ist der breit gewordene Talgrund nur auf der einen Seite von steilen Felswänden begrenzt, an denen entlang der Blick auf den ungemein markanten Gipfel des Granta Parei gelenkt wird, der sich mit seiner Verbindung von schroffen Felswänden und sanften Firnfeldern als Talabschluß dem Auge wie der Seele einprägt. Die Dörfer sind klein, und der oberste Weiler fesselt durch seinen romantisch malerischen Zerfall. Nahebei liegt in lockeren Lärchenwald eingebettet ein kleiner See. Bäche rauschen und Wasserfälle beleben mit ihrem silbernen Glanz die Landschaft, die hier noch von keinem Kraftwerk ›angezapft‹ ist. So wahrt bis heute, zumindest in den stilleren Monaten, das Val di Rhêmes eine Idylle, die längst aus vielen anderen Alpentälern entschwunden ist.

Im Anblick des Mont Blanc

Die große Straße im Aostatal, auf der Lastzüge und Personenwagen in dichter Folge dem Mont Blanc-Tunnel zustreben, wechselt nun ihrerseits auf die Südseite der Dora Báltea hinüber und überwindet in einzelnen Tunnels die von steilen Hängen gebildete Enge, die sich bei La Salle wieder erweitert. Die Dörfer sind auch in diesem Teil des Aostatales durch mittelalterliche Kastelle und Kirchen ausgezeichnet, deren Glockentürme romanisch sind, oder zumindest postromanisch, das heißt noch bis ins 16. Jahrhundert in romanischen Formen errichtet. Ein besonders sehenswertes Beispiel zeigt die Pfarrkirche von *Morgex*, deren schöner Vorplatz sich durch den zumindest in den unteren Geschossen aus dem 12. und 13. Jahrhundert stammenden Turm sowie die im 17. Jahrhundert geschaffene Vorhalle auszeichnet. Das durch Pfeilerarkaden in drei Schiffe unterteilte Innere, das im 17. Jahrhundert erneuert wurde, bewahrt an der Nordwand des Hauptschiffs Reste eines Abendmahls und einer Ölbergszene aus dem 14. Jahrhundert. Der besonders im Morgenlicht seine ganze Pracht entfaltende Hochaltar von 1765 zeigt selbst noch hier im Aostatal die in der schon erwähnten ›Ritz-Schule‹ ausgeprägte Art der Walser, während die ungefähr gleichzeitigen Seitenaltäre durch ein mehr überregionales Rokoko bestimmt sind. Von besonderem Interesse ist die nördliche Nebenapsis. Sie ist nicht nur mit Fresken aus dem 16. Jahrhundert geschmückt, sondern birgt in einer verglasten Seitennische eine kleine, holzgeschnitzte Muttergottes, deren hieratisch strenge Formen noch hochromanisch sind. In derselben Nebenapsis ist eine alte, aus einem Steinbecken und den notwendigen Holzteilen konstruierte Kelter zum Kruzifix ergänzt im Sinne von Joel III, 13 »Kommt herab, denn die Kelter ist voll...«

Von Morgex führt in vielen Kurven eine asphaltierte Straße an der Südwestseite, die immer auch die reichbewaldete Schattenseite ist, hinauf auf die 2022 Meter hohe Testa d'Arpi, eine Schulter, die zwischen dem Haupttal und dem von Pré-St-Didier zum Kleinen St. Bernhard abzweigenden Tal vorspringt. Es lohnt sich, dem Ausflug einen ganzen Tag einzuräumen, um auch noch zu den kleinen Seen im breiten Hochtal unterhalb des Mont Colmet zu wandern und auf der sanftgewellten, doch am Rand steil abstürzenden Hochfläche der Testa d'Arpi verschiedene Punkte aufzusuchen. Denn es eröffnet sich von hier oben zunächst eine sehr schöne Sicht zum Haupttal hinab, dessen großen und doch nicht breiten Schwung die Berge in mannigfach gebrochenem Rhythmus akzentuieren. Man gewahrt insbesondere das Felsmassiv des Monte Emílius südlich von Aosta und westlich davon das Tal von Cogne samt der so kühnen Eisspitze der Grívola. In der Gegenrichtung wird über dem Talausschnitt von Courmayeur der Mont Blanc sichtbar, der zusammen mit den zu den Grandes Jorasses sich hinziehenden Graten und Gipfeln das eindrucksvollste Bild ergibt. Noch ist man von dem Bergriesen durch eine zu ihm parallel laufende Bergkette getrennt, doch diese wird unmittelbar oberhalb von Courmayeur von der Dora Báltea durchbrochen, und zudem senkt sie sich schon vorher auf beiden Seiten so stark, daß in dem so geschaffenen Ausschnitt der Mont Blanc auf das nachhaltigste zur Geltung gelangt.

Man muß dieses Bild länger betrachten, damit sich das zunächst verwirrende Chaos von Fels und Eis zu einer überschaubaren Struktur, ja schließlich sogar zu einer gesetzmäßigen Architektur zusammenordnet. Durch die Geologie gegebene Gesetze schaffen aus Granit und Gneis einen bestimmten Aufbau, in welchem, verwandt der gotischen Kathedrale, im Kleinen das Große wiederkehrt, und umgekehrt das Einzelne zum Ganzen sich vereinigt. Aus steilen und scharfen Spitzen, die als ›Fialen‹ und ›Wimperge‹ an den vorspringenden Flanken emporsteigen und im einzelnen vielgipflige Grate bilden, bauen sich größere Gipfel und schließlich der Hauptgipfel auf. Dazwischen glänzen kontrastreich die Gletscher mit ihren bläulich schimmernden Spalten dort, wo die zähe Eismasse sich im Herabfließen über einer Felskrümmung bricht. Noch höher als die in unmerklich langsamer Bewegung ihre Bahnen ziehenden Gletscher schimmern die Firne, die als eisiger Panzer die Felsen umgeben. Doch auch der Felsen selbst zeigt viele Farbnuancen, so herrscht über dem härteren und kühleren Graubraun in den oberen Regionen ein eigentümlich helles Rostrotgelb, das den eigentlichen Gipfelaufbau überaus wirkungsvoll hervorhebt. Der Begriff der Kette wird zum anschaulichen Erlebnis: Einzelne Glieder, immer wieder von anderer Form und doch mindestens zum Teil einander verwandt, akzentuieren eine Kette, die sowohl Wiederholungen als auch lebhaftesten Wechsel vereint.

Von der Testa d'Arpi kann man entweder nach *La Thuile* am Fuß des Kleinen St.Bernhard weiterfahren, um von dort auf dem untersten Teil der Paßstraße nach *Pré-St-Didier* und damit ins Haupttal zu gelangen, oder man kann auf demselben Weg, wie man gekommen ist, in ungefähr zwanzig Minuten nach Morgex zurückkehren und von dort auf der großen Strasse ebenfalls nach Pré-St-Didier, dem ›Prata ad S. Desiderium‹ der Spätantike, fahren, wo die Eisenbahn endet und die von einem romanischen Glockenturm begleitete Kirche, ähnlich wie jene in Morgex, mit ›Ritz-Altären‹ geschmückt ist.

In großen, gut ausgebauten Kurven steigt die Hauptstraße dann hinauf nach *Courmayeur*, dem letzten bedeutenderen Ort im Tal, das sich in den vergangenen Jahren wohl stark vergrößert, jedoch seine bauliche Entwicklung in meist ansprechenden Formen gehalten hat, was in den modernen Hochgebirgszentren keineswegs selbstverständlich ist. Bergwärts der

Durchgangsstraße gibt es noch einen alten Kern mit einer aus dem frühen 18. Jahrhundert stammenden Kirche, deren Glokkenturm auch hier ins romanische Mittelalter zurückgeht. Es gibt aber auch eine Waldenser-Kirche, einen mittelalterlichen Turm als Rest eines burgartigen Wohnhauses aus dem 14. Jahrhundert. Courmayeur ist das italienische beziehungsweise valdostanische Gegenstück zu Chamonix auf der französisch-savoyischen Seite des Mont Blanc. Von dort wie von hier aus wurde der Berg auf die verschiedenste Weise bezwungen. Über die Geschichte der Besteigungen, deren erste auf italienischer Seite 1864 stattfand, während sie auf französischer Seite schon viel früher begannen, gibt ein kleines alpines Museum in Courmayeur Kunde.

Alles steht hier im Banne der höchsten Erhebung der europäischen Alpen, des Mont Blanc. Man kann das gewaltige Massiv, das für das Auge mehr aus Eis als aus Fels zu bestehen scheint, nochmals in seiner Gesamtheit erleben, wenn man von Courmayeur aus mit einer der Bahnen auf die dem Hauptgebirge vorgelagerte Kette emporschwebt; man kann aber auch den Durchbruch des Haupttals durch diese Kette weiterverfolgen bis zu jener Stelle, wo die moderne Technik sich anschickt, über die wuchtigste der Gebirgsbarrieren zu triumphieren, nämlich im Mont Blanc-Tunnel, in der ›Galleria del Monte Bianco‹, wie es wohltönender auf italienisch heißt. In der Gegend des Tunnelportals, dem weitläufige Einrichtungen für Zoll und andere Abfertigungen vorgelagert sind, vereinigen sich die beiden unmittelbar am Fuß der Mont Blanc-Kette folgenden Täler, nämlich das Val Ferret und das Val Veni. Das nordostwärts führende *Val Ferret* ist um etwas weniger wild als das Val Veni, da von seinem Grund auch gegen Nordwesten, gegen die hier nicht ganz so großen Hängegletscher, Tannenwälder emporsteigen. Um so kühner sind die Granitspitzen der Grandes Jorasses darüber sowie der Dente del Gigante.

In das *Val Veni* gelangt man von Courmayeur aus auf schmaler, weder durch Prellsteine noch Geländer geschützter Nebenstraße, die zur *Notre-Dame de la Guérison* emporsteigt, dem höch-

Der Lac de Comballes, eingebettet in die Moräne des Miage-Gletschers

sten der Bergheiligtümer. Die nicht sehr große Wallfahrtskirche gibt sich als ein vor allem von außen schlichter Barockbau auf dem Grundriß eines gedrungenen lateinischen Kreuzes mit flacher Vierungskuppel, wodurch sich das Ganze dem Zentralbau nähert. Die Ausmalung des mittleren 19. Jahrhunderts gehört zu jenem Neubarock, der besonders in Piemont dem Original täuschend nahekommt. Die Wände schmücken konventionelle Barockaltäre; der Hochaltar trägt eine nicht schlechte Kopie von Sebastiano del Piombos ›Heimsuchung‹. Zu Ehren der schlichten, von vielen Kerzen beleuchteten Marienfigur gibt es eine Überfülle von Ex-Voto-Tafeln, eine wahre Schreckensgalerie alpiner Unglücksfälle, die von Steinschlägen und Lawinen bis zu den Autounfällen unserer Zeit reichen.

Die schmale Straße führt zunächst über dem Talgrund weiter, in den nun bereits die ersten Gletscherzungen des Mont Blanc hinabreichen. Dazwischen liegt ein milder, waldumsäumter Weidegrund. Es folgt ein neuer Anstieg auf einer (1972) noch im Ausbau begriffenen Straße, der gewaltigen Moräne des Miage-Gletschers entlang. Am oberen Ende des Anstiegs weitet sich ein neuer Talboden, noch immer von Wald begleitet, und zwar sowohl am Berghang wie auf der steil abfallenden Moräne. In diese eingebettet, doch von der Straße selbst nicht sichtbar, findet sich, in seinen Kontrasten beinahe wie ein Wunder wirkend, ein Eissee: Lac de Comballes. Auf einem seiner Ufer wachsen noch Lärchen, deren sanftes Grün oder herbstliches Orange-Gold sich unwirklich schön vom Eis des mächtigen Miage-Gletschers abhebt, der mit seinem Eis das Wasser speist, auf dessen Spiegel einzelne Eisstücke und kleine Eisberge der Phantasie die Arktis vorzaubern.

Für kühne und nicht zu sehr um ihre Reifen besorgte Autofahrer führt die ›Straße‹ weiter bis zum Rifugio Elisabetta und von dort zu Fuß weiter über den breiten, leichten Übergang des Col de la Seigne in das bereits französische Tal der Isère. Doch ist es vor allem der untere, bis zum Miage-Gletscher und seinen in die Endmoräne eingebetteten Eisseen reichende Teil des Val Veni, das durch seine gleichsam vom Himmel herabfließenden Gletscher fesselt. Wenn der Gipfelkamm von Wolken verhüllt ist, wird das Erlebnis noch überwältigender. Der in Nebeln verschwindende Himmel erscheint in seiner Gewalt um so näher, und man fühlt sich am Ende der Welt. Man kann sich nicht vorstellen, daß auf der anderen Seite auch Menschen leben, so hoch und scheinbar unüberwindlich türmt sich der Wall aus Fels und Eis. Und doch ist gerade hier die Herausforderung an den Menschen am stärksten: Mit allen technischen Mitteln und dem ihm angeborenen Willen zur Macht hat er den Berg zu bezwingen versucht: mit dem Autotunnel und seiner breit ausgebauten Zufahrt samt allen notwendigen Installationen, mit den unwahrscheinlich kühn angelegten Stützpunkten einer Schwebebahn, die über Felsen und Eismassen hinweg den Mont Blanc von Entrèves bis nach dem französischen Chamonix überquert. Aber die Natur wehrt sich: Von einem Unwetter überrascht zu werden, wenn sich sonst harmlose Rinnsale in Wildbäche verwandeln, wenn vom Wasser gedrängte Schuttlawinen den Boden auf unheimliche Weise lebendig werden lassen – das allein schon genügt, um mit Schaudern zu fühlen, daß die Herrschaft des Menschen keineswegs vollkommen ist.

Burgen und Schlösser im Aosta-Tal

Zum Wesen der europäischen Landschaft gehören die menschlichen Züge, gerade dort, wo die Natur den Grundton angibt, sei es in der unter einem hohen Himmel verfließenden Weite der Ebenen, sei es angesichts der Unendlichkeit des Meeres oder unter der Gewalt des Hochgebirges. In einer solchen, vom Menschen mitgeprägten Landschaft spricht die Vergangenheit vernehmlich mit, ja sie ist es, welche einer Gegend erst die geistige Dimension der zeitlichen Tiefe schenkt.

Neben der von Kirchen, Klöstern und Wallfahrtsheiligtümern geprägten Sakrallandschaft, wie wir sie reicher eigentlich nur noch im österreichisch-bayerischen Alpenvorland finden, besitzt Piemont eine der eindrucksvollsten Feudallandschaften unseres Kontinents. Es war schon in der Einleitung davon die Rede, welche hervorragende Rolle der Adel im mittelalterlichen Piemont spielte und wie sich die über die Alpenpässe nach Osten ausdehnende Macht Savoyens auf Lehensleute stützte, die zum Teil von jenseits der Pässe kamen, so die ursprünglich im Waadtland beheimateten Blonay. Das Haus Savoyen brauchte diesen Lehens- oder Feudaladel nicht nur zur unmittelbaren Verwaltung, sondern auch zur Sicherung der Verbindungen zwischen den westlich des Mont Blanc gelegenen Stammlanden und den ennetbergischen Gebieten, die im Laufe des 13. bis 15. Jahrhunderts dazugekommen waren.

Diese doppelte Funktion erklärt die außerordentliche Dichte, die gerade im Aostatal die ›Castelli‹, wie man die Burgen und Schlösser im Anschluß an die befestigten Lager der Römer nannte, erreicht haben. Von den 112 Kastellen, die man in diesem einzigen Tal zählt, sind viele zerfallen, andere sind zu

*Das mittelalterliche Schloß von St. Pierre
ein Wahrzeichen des Aostatales*

Gasthöfen, Bauernhäusern, ja selbst zu Ställen und Vorratsscheunen verbaut worden, während wieder andere ihren Turm einer späteren Kirche als Campanile schenkten. Aber viele von ihnen drücken kraft des beherrschenden Standortes bis heute der Landschaft ihren Stempel auf, und einzelne von ihnen sind durch Lage, Größe und Form eigentliche Wahrzeichen des Tales geblieben.

Dies gilt für das wenige Kilometer oberhalb von Ivrea gelegene Schloß von *Montalto*, sodann für das von einem isolierten Felshügel aus die Talenge beherrschende *Bard*, das freilich zu Beginn des 19. Jahrhunderts in eine finstere, mit Geschützpforten versehene Festung verwandelt wurde, ferner für den mächtigen mittelalterlichen Steinkubus von *Verrès*, der den Ausgang des Val d'Ayas bewacht. Wahrzeichenhaft durch ihre Lage sind auch die breit hingelagerten Ruinen des Schlosses *Ussel*, das den Felsvorsprung von Châtillon beherrscht, und ebenfalls durch seinen Standort ausgezeichnet ist unmittelbar über der bereits hochgelegenen Kirche das mittelalterliche Schloß von *St. Pierre*, wenig talaufwärts von Aosta.

Gerade das Schloß von St. Pierre, das öffentlich zugänglich ist, macht anschaulich, wie Hof und Nebengebäude sich eng an den Hauptbau schmiegen, der wiederum von einem Hauptturm beherrscht ist. Von dessen Zinnen mit den kleinen, den Wachen dienenden Ecktürmen aus geht die Sicht das Tal hinab, dessen Grund sich gegen Aosta und die Mündung des von Norden, vom Großen St. Bernhard kommenden Nebentales erweitert. Das Auge trifft auf andere Schlösser, von denen hier *Sarre* genannt sei, dessen aus neuerer Zeit stammende Flügel sich über barocken Gartenterrassen ausbreiten, doch noch immer von einem mittelalterlichen Turm beherrscht sind, oder *Aymavilles*, wo gleich vier mittelalterliche Rundtürme ein Wohnhaus zwischen sich nehmen und die später hinzugefügten Säulenloggien nicht mehr der Verteidigung, sondern einem genießerischen Wohnen dienen. Von St. Pierre aus sieht man auch über das mittelalterliche *Sarriod de la Tour* hinweg hinüber zum hoch auf der anderen Talseite gelegenen Schloß *Introd*, das zusammen mit der Kirche den Eingang zum Valsavaranche beherrscht.

Um die alte Römerstadt Aosta verdichtet sich die Zahl der Schlösser, aber sie greift auch in die Nebentäler, nach St. Rhémy, nach Cogne, in die Valgrisanche, sowie das Haupttal hinauf bis nach Courmayeur und Entrèves.

Fenis

Die beiden sehenswertesten Schlösser, Fenis und Issogne, sind weniger durch ihre Lage als durch ihre Architektur und ihren Freskenschmuck ausgezeichnet. Fenis erhebt sich nur wenig über den hier oberhalb des nahen Châtillon breiten Talgrund. Um so eindrucksvoller ist das befestigte Äußere, das in der unregelmäßigen und doch ganz den Zwecken der Verteidigung gemäßen Anlage durchaus die Züge einer mittelalterlichen Burg trägt. Ein doppelter Mauerring mit schwalbenschwanzförmig gezackten Zinnen, wie sie auch die Scaliger-Schlösser in Verona und Sirmione kennzeichnen, ist verstärkt durch je fünf Türme von verschiedener Form und Größe, die trotzdem einhellig im strengen Ausdruck der Verteidigung bleiben. Dieser zwiefache Verteidigungskranz gewinnt seine besondere Stärke am Eingangstor, das hier, an der verletzlichsten Stelle, eine Art Vorburg bildet. Das alles umschließt einen Hof, der nun nach dem starken Aufwand an kriegerischer Verteidigung um so mehr durch seine völlig andere Haltung überrascht. Auch wenn es dieselbe Zeit um 1400 ist, welche mit den Türmen und der Ringmauer eines der vollkommensten Beispiele des spätmittelalterlichen Wehrbaues schuf, so löst sich hier die äußere Strenge des Wehrbaues, und selbst der nicht sehr große Hofplatz entfaltet eine einladende Weite und atmet zugleich umhegte Ruhe. Man wird festlich empfangen durch die Freitreppe, die in sieben Stufen aus der Mauer heraustritt, hinter der sie, in zwei Läufe geteilt, die Galerie des ersten Stockwerks gewinnt. Um die Anlage vollends dazu würdig zu machen, daß hier ein Fürst seine Gäste empfängt, ist der Hintergrund mit

Schloß Fenis bei Châtillon

Fresken ausgezeichnet, die gleich Wandteppichen die Mauerfläche schmücken und zugleich – durch ihre geistliche Thematik – das Gemüt auf ein höheres Dasein lenken. Da ist unmittelbar über dem ersten Podest, von dem aus man nach beiden Seiten zu den Galerien emporsteigt, der Drachenkampf des hl. Georg dargestellt als ein ins Sakrale gehobenes Beispiel ritterlichen Tuns, denn die Dame, welcher der Ritter seinen Beistand bietet, die nunmehr von ihrer tödlichen Bedrohung befreite Prinzessin, steht in adeliger Haltung daneben. Darüber

Um 1400 von der Familie Challant erbaut

zieht sich ein Fries hin mit Heiligen, Propheten und Weisen des klassischen Altertums. Dazu kommen weitere religiöse Darstellungen an der galerielosen Nordseite des Hofes, darunter eine rührend primitive Verkündigung sowie der Riese Christophorus, der hier durch seine besondere Bedeutung als Bewahrer vor unvorhergesehenem Tod für sich allein eine ganze, ansonsten nur mit Rautenmustern bemalte Fläche beanspruchen darf.

Der eigenen Stimmung dieses Hofes geben die Worte des

italienischen Schriftstellers Giacosa Ausdruck, der von einem »*Wunder an Kunst und Harmonie*« spricht, »*intim wie ein Kämmerchen, erlesen wie ein Oratorium, ländlich wie ein Bauernhof*«.

Fresken enthält auch der Thronsaal, und zwar in seinem einst als Schloßkapelle dienenden Ostteil, der von dem übrigen, von dunklen Holzbalken überdeckten Raum auf ungefähr dreiviertel Höhe durch einen einzelnen Balken abgetrennt ist, auf dem ein Kruzifix steht. Die in zwei Streifen übereinander angeordneten Fresken zeigen neben dem Breitbild einer weit die Arme ausspannenden Schutzmantel-Madonna einzelne Heilige von ritterlicher Eleganz und zugleich einer noch gotischen Jenseitigkeit, die in den marionettenhaft schwebenden Gewändern zutage tritt. Auch diese Fresken sind, gleich jenen an den Hofwänden, zwischen 1420 und 1430 von Giacomino Jaquerio, dem Hofmaler des Herzogs Amadeus VIII., und seiner Werkstatt geschaffen worden.

Die übrigen Räume sind mit einzelnen gotischen Möbeln aus der Talschaft spärlich ausgestattet und erhalten durch die kleinen, in tiefen Nischen sitzenden Fenster nur ein düsteres Licht. Und doch lebt in diesen Sälen und Stuben, Küchen und Vorratsräumen eine Geborgenheit, wie sie unserer Zeit sehr fremd geworden ist.

Issogne

In Fenis, wo der Wehrbau in doppelter Schale den Wohnbau umschließt, werden der Hof und der die Kapelle bergende Thronsaal nicht nur zu feudaler Repräsentation, sondern darüber hinaus zu sakraler Weihe gesteigert. Demgegenüber verschieben sich die Akzente in Issogne. In diesem Schloß, das gegen Ende des 15. Jahrhunderts, also rund hundert Jahre nach dem Bau von Fenis, ebenfalls von der weitverzweigten Familie der Challant errichtet wurde und das zwischen Bard und Verrès auf der rechten Talseite liegt, tritt sowohl das fortifikatorische wie das sakrale Element zurück gegenüber dem Wohnzweck. Dieser freilich hat hier einen Stand erreicht, in dem sich bereits die kultivierte Lebensform der Renaissance mit ihrer immer wieder auf den Menschen bezogenen Daseinslust auf das schönste entfaltet.

In solchem Sinn verzichtet das Äußere auf Mauern und Türme. Breit lagert sich flußwärts gegen Osten im sanft abfallenden Talgrund der Hauptbau, mit zwei seitlichen Flügeln einen Hof einfassend, der sich auf seiner vierten Seite gegen einen im altitalienischen Stil geordneten Garten öffnet. Bereits in diesem

Issogne – ein repräsentatives Wohnschloß des ausgehenden 15. Jahrhunderts

Hof entwickeln Architektur und Malerei ein respektables Können, das über allen praktischen Zweck hinaus das Dasein der damaligen Menschen in seiner Fülle und Mannigfaltigkeit, vor allem aber in seiner Schönheit widerspiegelt. Dazu tritt, ganz im persönlichkeitsbewußten Sinn der Renaissance der Familienstolz des Bauherrn, nämlich im sogenannten ›Miroir pour les enfants des Challants‹, einem al fresco gemalten Stammbaum der einst hier ansässigen Familie. Als eigentlicher Bauherr figuriert Georg von Challant, Prior von Sant'Orso in Aosta.

Die Architektur zeichnet sich aus durch kunstvoll profilierte Einfassungen der mit steinernen Kreuzstöcken unterteilten Fenster, die hier größer sind als in den früheren, noch mittelalterlichen Kastellen. Der Hof öffnet sich auf seiner Südseite in Arkaden, die sich im Obergeschoß in einer Loggia wiederholen. In der Erdgeschoßhalle, die sich in Pfeilerbogen gegen den Hof öffnet, findet sich in den Bogenfeldern, den Lünetten, eine erste Reihe von Fresken, die trotz ihrer starken Restaurierung vor allem kulturgeschichtliches Interesse verdienen.

Hier sieht man in der etwas trockenen Sachlichkeit einer von gotischen Erinnerungen durchsetzten Frührenaissance Szenen aus dem Alltagsleben. In einer das Auge täuschenden Deutlichkeit hängen Waffen, Helme und Harnische über dem Tisch der Wachstube, wo die Soldaten – übrigens in bequemer Kleidung und auch sonst keiner Gefahr gewärtig – sich die Zeit mit Trank und Spiel vertreiben. Auch ein Frauenzimmer ist dabei, und unter dem Tisch putzt sich sehr ungeniert die Katze. Die anderen Lünettenbilder, die alle demselben, um 1480 hier tätigen Meister entstammen, lassen uns in das Innere einer Apotheke blicken, ferner in das Geschäft eines Spezereienhändlers, in einen Tuchladen, in einen Gemüseverkauf sowie in die Lokale eines Metzgers und eines Bäckers, wobei eine damals noch neue Welt der Konsumgüter vor Augen geführt wird.

Die eindringliche Liebe zum Kleinen und Einzelnen, kurz das Stilleben, findet sich sonst nur in den Randbereichen der italienischen Malerei und ist im übrigen eher eine Eigentümlichkeit des Nordens. So sind in Issogne auch die übrigen Malereien durch die im Aostatal wirksamen Einflüsse aus den Gebieten nördlich der Alpen gekennzeichnet, namentlich in dem so bedeutenden Zyklus im Rittersaal, wo vor dem großen, mit dem Wappen der Challant ausgezeichneten Kamin einst Gericht gesprochen wurde. Hier sind die Wände illusionistisch zu einer säulengetragenen Loggia ausgemalt, zu welcher sich an fast allen Punkten die drei den Fenstern gegenüberliegenden Seiten des Raumes zu öffnen scheinen. Unterbrochen wird diese Loggia an gewissen Stellen von kostbaren Brokatstoffen, die ebenfalls durchaus illusionistisch gemalt sind, gleich dem Vorhang, der das von einem goldenen Greifen und einem braunen Löwen gehaltene Wappen der Challant umfaßt. Zwischen den Säulen, die wechselnd aus farbigem Marmor und durchsichtigem, kostbar bearbeitetem Glas zu bestehen scheinen, sieht man hinaus in eine imaginäre Landschaft. Diese zeigt in einer im einzelnen wechselnden, als Ganzes aber durchgehenden Szenerie ein von Handel und Wandel erfülltes, von Menschen belebtes und gepflegtes Weltpanorama mit Bergen und vieltürmigen Städten, die nordisch spitze Giebel und steile Dächer haben, wie man sie übrigens um 1500 auch sonst in der italienischen Malerei antrifft als Ausdruck einer damals näher gerückten Fremde. Andere Bauten beschwören einen phantastischen Orient, oder man wird an die Hafenstädte des Nordens erinnert, kurz, vieles von der Weite einer damals sich eben erst erschließenden Welt wird hier eingefangen. Wasserstraßen durchziehen das Land, sie tragen Schiffe in jener unbeholfen schweren Form, wie sie damals zu den fernen Ufern fremder Erdteile aufbrachen. Dann sieht man Bauern bei der Arbeit, und immer wieder Jagdszenen als Ausdruck adeliger Beschäftigung. Ein Mann in turbanartiger roter Kopfbedeckung stößt in ein Horn, und daneben tafelt ein vornehmer Herr im Freien zusammen mit einer schönen Frau, während ein Diener auftischt, im Hintergrund das Schloß Verrès, das, massig und schmucklos wie noch heute, gleichsam aus dem Felsen wächst. Große, dunkle Vögel durchziehen symbolhaft den Himmel, unter dem der Horizont mit schroffen Bergen oder sanften Hügeln auf- und absteigt und mit seinen verblassenden Farben schon eine Luftperspektive veranschaulicht.

An der Wand, die dem Kamin gegenüberliegt, wird das Panorama durch eine großfigurige Szene unterbrochen. Es ist das Urteil des Paris. Doch so klassisch der Sagenstoff auch ist, so fern dem Schönheitsideal der Antike sind die drei weiblichen Gestalten. In ihrem üppig-derben Wuchs, der wenig vom Adel zarter Gelenke besitzt, erinnern sie an das Landsknechtsideal des Solothurner Urs Graf und seiner Lagerdirnen. Die italienische Forschung hat denn auch neben dem französischen ausdrücklich den schweizerischen Einfluß im Werke des hier tätigen Malers anerkannt, der dem Aostatal entstammte und sich über seine engere Heimat hinaus in hoher Sensibilität allem Neuen und Fremden öffnete. Sein Stil ist weniger durch die plastische Körperlichkeit der mittelitalienischen Malerei und auch nicht im gleichen Grade durch das von innen her leuchtende Kolorit der lombardisch-venezianischen Schulen gekennzeichnet, sondern in einer auch sonst für das Aostatal und Piemont charakteristischen Weise durch einen mehr graphischen Stil. Dieser zeigt insbesondere in der Landschaft samt den sie belebenden Bäumen und Bauten eine bemerkenswerte Verwandtschaft nicht nur mit den Landschaftsgründen der verschiedenen Schweizer ›Nelkenmeister‹ sowie des aus Freiburg im Üchtland stammenden Hans Fries, sondern erinnert im zeichnerischen Duktus auch an den Stil der um 1500 in der Schweiz blühenden Illustration vaterländischer Chroniken.

Nicht ganz die Bedeutung des Rittersaal-Zyklus' erreichen die Fresken in dem ein Stockwerk höher gelegenen Oratorium. Sie sind, gleich den Lünettenbildern im Hof, allzu stark restauriert worden. Ein anderer, weniger kühn der Welt sich öffnender Meister hat hier die Himmelfahrt Mariens, verbunden mit dem Wunder des unerwartet vom Himmel gefallenen Schnees, gemalt, ferner die Bedrohung der hl. Margarete durch den Drachen, wobei er dieses sicher nicht unsensationelle Schauspiel aus den Fenstern eines nahen Schlosses von vielen Zuschauern beobachten läßt. Und schließlich erscheint die wunderbare Bewahrung der hl. Katharina vor der Räderung, und auch hier kommen die Zuschauer – es ist der Heidenkönig mit seinem Gefolge – gebührend zu ihrem Recht. Der Stil der Figuren weist in seiner skulpturalen Härte wiederum auf die Kunst nördlich der Alpen, und gleiches gilt für die Landschaft, die auch hier an die Illustrationen in damaligen Schweizer Chroniken erinnert und zugleich etwas von den frühen landschaftlichen Hintergründen in französisch-niederländischen Stundenbüchern bewahrt.

In einem gewölbten Gang der Hofseite ist die Schloßkapelle untergebracht. Sie birgt einen Altar, dessen reiches Schnitzwerk ebenfalls dem Nordrand der Alpen verbunden ist. Auch die Sakristei bewahrt einzelne Bildwerke auf. Das Hauptgewicht der künstlerischen Ausstattung von Issogne aber liegt ohne Zweifel in den Fresken. Bevor wir das Schloß verlassen, sei noch auf eine geradezu pikante Merkwürdigkeit jener das damalige Leben widerspiegelnden Lünettenbilder in der Hofhalle hingewiesen: Am unteren Rand der bemalten Putzflächen eingekratzt finden sich Namen und Daten, die bis ins 16. Jahrhundert zurückweisen und in denen sich einstige Gäste verewigten. Was, von moderner Hand an ähnlicher Stelle verübt, eine eindeutige Unsitte darstellt, erscheint hier als hochgeschätztes historisches Kuriosum.

Aosta

Aosta läßt sich als Hauptort eines der großen Täler auf der Alpensüdseite mit Bellinzona im Tessin und Bozen in Südtirol vergleichen, doch besteht auch eine gewisse Verwandtschaft mit Sitten, dem Hauptort des schweizerischen Wallis, und vor allem kraft der römischen Denkmäler mit Susa im Tal der Dora Ripária.

Aosta liegt am Südfuß des Großen St. Bernhard-Passes, wie an dessen Nordfuß das schweizerische Martigny liegt, das unter den Römern Octodurum hieß, jedoch lange nicht so reich an altrömischen und anderen Denkmälern ist. Die Lage Aostas bekundet – gleich den genannten Orten – die Nähe zum Süden mit Pappeln, Akazien und anderen Laubbäumen. Doch fehlt noch der Wein, da sich zu der Höhenlage von 580 Metern über dem Meer an dieser Stelle im Haupttal noch jene breite Lücke gegen den Norden und seine kalten Winde auftut, durch die die alte Straße hinauf zum Großen St. Bernhard führt und die durch das Fels- und Eis-Massiv des Grand Combin beherrscht wird.

Im Süden dagegen steigen die dunklen Waldhänge steil zur ausblickreichen Alpenterrasse von Pila empor, als schattender Abschluß, überragt vom Monte Emílius.

Nach Westen hin sieht man das Haupttal hinauf gegen die hinter Courmayeur aufsteigende Mont Blanc-Kette, gegen Osten schweift der Blick das Tal hinab bis dorthin, wo es bei St. Vincent nach Süden abbiegt.

Aosta liegt somit in ausnehmend deutlich von den Himmelsrichtungen vorgezeichneten Koordinaten.

Die Stadt selbst ist durch uralte Alpenübergänge mitbestimmt, die hier zusammentreffen: Von Westen aus der französischen Dauphiné führt der Kleine St. Bernhard zunächst nach Pré-St-Didier und dann die Dora Báltea entlang zum Hauptort, um sich hier mit der von Norden durch das Val del Gran S. Bernardo herabkommenden Großen St. Bernhard-Straße zu vereinen. Doch geschieht dies noch mitten in den Alpen, der Austritt der Aosta durchfließenden Dora Báltea in die Poebene erfolgt erst rund siebzig Kilometer weiter südlich, und bis dahin sind noch manche Orte und mehr als ein befestigter Engpaß zu durchfahren. Aber von Aosta bis St. Vincent verläuft das Tal breit und regelmäßig in gerader Richtung gegen Osten, fruchtbar durch seine nicht zu steilen Sonnenhänge und den verhältnismäßig flachen Grund. Auch davon hat die Siedlung Nutzen gezogen, die hier schon seit vorgeschichtlicher Zeit bestand, doch erst unter den Römern als ›Augusta Praetoria‹ historisch greifbar wird. Die im Jahre 25 v. Chr. gegründete Stadt erhielt zu Ehren des Kaisers Augustus diesen Namen, der in ›Aosta‹ bis heute weiterlebt.

Die römische Epoche. Der Ort wurde in jener für die Neugründung von Militär- und Ackerbaukolonien innerhalb des ganzen Römischen Reiches maßgebenden Form des ›Castrum‹ angelegt, das heißt des rechteckigen, auf jeder Seite mit Toren versehenen und von einer Vielzahl von Türmen bewehrten Heerlagers, wovon sich noch wesentliche Spuren, vor allem die Porta Pretoria sowie mehrere Türme erhalten haben. Doch noch wesentlicher sind die kulturellen Zeugen der römischen Epoche: der talauswärts vor den Mauern errichtete Triumphbogen, die beiden Theater und das in seinen unterirdischen Teilen wohlerhaltene Forum. Die Stadt bot Raum für ungefähr 9000 Einwohner, von denen 3000 durch Augustus zur Sicherung des durch seine Alpenübergänge wichtigen Gebietes angesiedelt wurden, und zwar nach der Unterwerfung und teilweisen Vertreibung der

Salasser, die hier vorher ansässig gewesen waren. Die Römer verbesserten auch hier den schon bestehenden Anbau von Getreide sowie die Obstkulturen und beuteten die Eisenerze aus dem Tal von Cogne aus, was bereits vor ihnen die Salasser taten. Doch wurden jetzt die Transportmittel und die Bewässerung wesentlich verbessert, wie dies die Brücke – oder der Aquädukt – über dem Ausgang des Cognetals oberhalb Aymavilles vermuten läßt.

Die mittelalterliche Stadt. Das Christentum wurde noch während des Römischen Reiches angenommen. Schon im 5. Jahrhundert bildete Aosta ein eigenes Bistum. Während der Völkerwanderung wurde das Tal nacheinander von den Goten, Langobarden und Franken besetzt. Seit 888 gehörte es zum dritten Burgundischen Reich, litt in der gleichen Zeit unter den Einfällen der Sarazenen, die damals die westlichen Teile der Alpen, so auch das Wallis, heimsuchten. 1095 ergriff Graf Umberto Biancamano als Vasall des Burgunderkönigs Rudolf III. von dem Tal Besitz. Das Aostatal bildete nun eine eigene Grafschaft mit besonderen Rechten und einer Ausdehnung, die von den Pässen des Großen und Kleinen St. Bernhard bis zur schon früh befestigten Talenge von Bard reichte. Die Selbständigkeit wurde kirchenpolitisch dadurch unterstützt, daß die Oberhoheit von der Erzdiözese Mailand im 8. Jahrhundert auf den Metropoliten von Moûtiers en Tarantaise in der westlich des Kleinen St. Bernhard gelegenen Dauphiné überging, von wo aus auch das Bistum Sitten seine Oberaufsicht erfuhr.

Das Tal hat seit dem frühen Mittelalter seine eigenen Heiligen, Gratus und Jucundus, die im 5. und 6. Jahrhundert als Bischöfe in Aosta amtierten. Zu ihnen gesellten sich etwas später der Archidiakon Ursus und im 11. Jahrhundert der hl. Bernhard als Gründer des Hospizes auf dem Großen St. Bernhard-Paß. Zu den eigenen Heiligen des Tales zählt auch Anselmus von Canterbury, der berühmte ›Vater der Scholastik‹, der um 1034 in Aosta geboren wurde und hier auch einige Zeit Bischof war.

Unterdessen zerfielen die römischen Bauten, weniger durch

die Zerstörung fremder Angreifer als durch die Ausbeutung als willkommenes Material zum Bau von Adelsburgen und Gotteshäusern. Die Stadt erlangte nie mehr die Bedeutung der römischen Zeit, und wenn auch heute die Zahl ihrer Einwohner ein Vielfaches jener Zeit beträgt, so gibt es doch weder aus dem Mittelalter noch aus späterer Zeit – und schon gar nicht aus dem 20. Jahrhundert ein Bauwerk, das es an Kraft der Proportionen und Größe der Gesinnung mit den Denkmälern der Antike aufnehmen könnte.

Die Selbständigkeit des mittelalterlichen Aosta stützte sich auf wiederholte Freibriefe, die von den Grafen von Savoyen ausgestellt und von Zeit zu Zeit in der Kathedrale vor dem Hochaltar feierlich beschworen wurden. Der Adel, in dem die auch sonst im Tale mächtigen Herren von Challant die führende Rolle spielten, sowie das Bürgertum bildeten die Stände, auf denen hier wie anderswo die Selbstbehauptung der Stadt gegenüber den Fürsten beruhte. Die oberste Gerichtsbarkeit jedoch wurde von den Grafen von Savoyen entweder persönlich bei ihren Besuchen oder durch ihren Vogt, den ›bailli‹, ausgeübt. Auch besaßen die Grafen in Aosta eine eigene Kanzlei zur Ausstellung rechtskräftiger Urkunden, Gerichtsurteile und ähnlichem.

Unter den Savoyern. Die weiteren Geschicke der Stadt sind eng mit der Entwicklung des savoyischen Paßstaates verbunden. So sehr zunächst Aosta von den hier zusammenlaufenden Verbindungen zwischen den westlich und östlich der Alpen gelegenen Teilen des savoyischen Besitzes Nutzen zog, so wurde der Staat doch der Selbständigkeit des Tales mehr und mehr zum Verhängnis, je stärker sich nämlich die Verwaltung im neuzeitlichen Sinne zentralisierte und an die Stelle der verhältnismäßig selbständigen Vasallen des Mittelalters nunmehr ein bürokratisch funktionierender Beamtenapparat trat. Dieser bedurfte zu seiner straffen Lenkung eines Zentrums, das möglichst in der Mitte des Staatsgebietes und nicht mehr irgendwo jenseits der höchsten Berge lag, deren Pässe im Winter nur unter großen Schwierigkeiten, wenn überhaupt, zu überschreiten waren. Die Verlegung der savoyischen Residenz von Chambéry nach Turin, wie sie um die Mitte des 16. Jahrhunderts Herzog Emanuel Philibert vollzog, brachte die Zentralgewalt dem Tale näher, dessen eigene Rechte nun Zug um Zug gemindert wurden, trotz des zwar meist verdeckten, doch zähen Widerstandes der Valdostaner. 1770, im Zeichen einer auch sonst die Sonderrechte egalisierenden Aufklärung, war es dann soweit, daß die meist nur noch dem Namen nach bestehenden Versammlungen und Räte, die einst die Tal-Autonomie zum Ausdruck brachten, aufgehoben wurden.

Den politischen Niedergang begleitete in den vergangenen zwei Jahrhunderten ein wirtschaftlicher Abstieg. Der Ausbeutung des Erzes, wie sie noch im 18. Jahrhundert betrieben wurde, fehlte das für die Verhüttung nötige Holz, nachdem ein rücksichtsloser Raubbau den Wäldern schwer zugesetzt hatte. Und im 19. Jahrhundert wurde der durch den Paßverkehr ermöglichte Wohlstand gefährdet durch den schlechten Zustand der Straßen, die man den neuen Schienenwegen zuliebe verfallen ließ. Als dann 1886 die Bahnverbindung talauswärts fertig war, hatte der internationale Verkehr schon seinen Weg über den Mont Cenis und den Gotthard genommen. Erst die großen Straßentunnels unserer Zeit, jener unter dem Großen St. Bernhard-Paß und namentlich der Mont Blanc-Durchstich, haben zusammen mit der vorläufig bis Aosta geführten Autobahn die Lage von Grund auf geändert.

Talfremde Ansiedler. Wenn schon der Absolutismus des savoyischen Fürstenstaates und in seiner Fortsetzung die von Rom ausgehende Zentralverwaltung des geeinigten Italien der politischen Selbständigkeit zugesetzt hatte, so unterdrückte zudem der Faschismus auch das kulturelle Eigenleben durch sein rücksichtsloses Vorgehen gegen die sprachlichen Minderheiten, wie sie seit dem Mittelalter im Haupttal und den Seitentälern bestanden. Als nach dem Zweiten Weltkrieg, ähnlich wie in Südtirol, doch glücklicherweise ohne die dortigen

Schwierigkeiten, die ganze Region ein Autonomie-Statut erhielt, war die sprachliche Geschlossenheit des Gebietes dennoch bereits in Frage gestellt, da sich inzwischen starke Minderheiten aus dem übrigen Italien namentlich in der Metallindustrie in Aosta angesiedelt hatten und weiter ansiedeln. Darunter sind, ähnlich wie im übrigen Piemont und vor allem in Turin, die Kalabresen besonders zahlreich.

Doch trotz dem Ansturm talfremder Ansiedler und zahlloser Touristen und Durchreisender, trotz den Rauchschwaden der metallurgischen Industrie und des durch die neuen Alpendurchstiche bisweilen ins Gigantische gesteigerten Autoverkehrs ist Aosta ein Ort von hoher Eigenart geblieben, dank seiner Lage zwischen den Bergen in einer schon halb südlichen Luft und namentlich dank seiner geschichtlichen Denkmäler. Denn es gibt wenig Städte, die im Verhältnis zu ihrer Ausdehnung derart reich an Baudenkmälern des Römischen Reiches sind. Man hat deshalb mit einigem Recht von einem ›Rom der Alpen‹ gesprochen.

Stadtrundgang

Der historische Kern der Stadt ist leicht zu überschauen. Seine Grenzen bildet das altrömische Mauergeviert mit der verhältnismäßig gut erhaltenen Porta Pretoria im Osten. Wenige Schritte führen von hier nordwärts zum römischen Theater und weiter in der gleichen Richtung zum Amphitheater. Nicht allzuweit nach Westen gehend, gelangt man zum altrömischen Forum dicht neben der mittelalterlichen Kathedrale, und östlich der Altstadt beschließen der Ponte Romano und der zu Ehren des Augustus errichtete Triumphbogen die Reihe der altrömischen Baudenkmäler. Das Mittelalter vertritt die schon genannte Kathedrale, doch noch reicher Kirche, Glockenturm, Kreuzgang und Prioratsgebäude von Sant'Orso in der östlichen alten Vorstadt zwischen der Porta Pretoria und dem Augustusbogen. Von der Kathedrale aus ist es nicht allzuweit zum stattlichen Municipio, dem Zeugen aus der Zeit des Klassizismus. Alle diese Bauwerke, und auch kleinere, die nicht minder zum

VII WILLIAM TURNER
Blick gegen den Monte Rosa
vom Aostatal aus
Im Vordergrund St. Pierre

Aquarell, um 1840
Cambridge, Fitzwilliam Museum

Stadtbild von Aosta gehören, werden uns auf unserem Rundgang eingehend beschäftigen.

Porta Pretoria. Beginnen wir unseren Rundgang mit der noch gut erhaltenen Porta Pretoria. Aus mächtigen Quadern gebildete Mauern umschließen hier einen kleinen Hof, der sich nach dem Stadtinneren wie nach der noch im Mittelalter angelegten Vorstadt in je drei Bogen öffnet. Die großen Bogen in der Mitte waren für den Wagenverkehr bestimmt, während die kleineren daneben den Fußgängern vorbehalten blieben. Wuchtige Eckbauten, die einst rechteckige Türme bildeten, fassen den Hof samt seinen Torseiten ein. Darüber gab es ursprünglich ein Obergeschoß, das sich in pilastergeschmückten Arkaden öffnete. Was heute von der ganzen Anlage geblieben ist, imponiert durch die ungeheure Kraft des Quadergefüges, dessen Schwere einst jedoch durch eine an einzelnen Stellen in Resten erhaltene Marmorverkleidung gemildert wurde.

Altrömisches Theater. Wenige Schritte nördlich davon liegen die kurz vor dem Zweiten Weltkrieg freigelegten Ruinen des Altrömischen Theaters (Teatro Romano), von dessen Südfassade sich vier Bogenachsen in ihrer ursprünglichen Höhe erhalten haben. Man steht hier vor einem der eindrucksvollsten Fragmente eines altrömischen Hochbaues, dem Rest einer Außenwand, die ursprünglich auf vier Seiten sowohl den Zuschauerraum wie die Bühne umgab. So zahlreich und verschieden die auf vier Geschosse verteilten Öffnungen sind, so einheitlich wirkt ihre Zusammenfassung durch mächtige Wandpfeiler, die zugleich die kraftvollste Gliederung darstellen. Jedes der Pfeilerintervalle öffnet sich zuunterst in einem Rundbogen, dessen Keilsteine von ebenso mächtigem Format sind wie die durch ein einfaches Kämpfergesimse abgeschlossenen Wandteile darüber: Über einem von den Wandpfeilern überschnittenen Gesimse folgt eine Art Mezzanin mit je drei Rechteckfenstern. Ihnen entsprechen darüber je drei verhältnismäßig kleine Rundbogenöffnungen. Um so imponierender ist da-

Ponte Romano – eines der altrömischen Baudenkmäler von Aosta

durch die Wirkung des einen großen Rundbogenfensters, das in jedem Pfeilerintervall den obersten und zugleich am höchsten bemessenen Wandabschnitt auszeichnet. So sehr das Altrömische auch hier allein schon durch Größe und Gewicht der einzelnen Quader zum Ausdruck gelangt, so zeigt gerade das Beispiel dieser bis zu einer Höhe von 22 Metern aufsteigenden Front nicht nur die Wucht der steinernen Materie, sondern auch die überlegene Kraft des Geistes, welche die toten Steinmassen zu organisieren und damit architektonisch zu beleben verstand. Der halbkreisförmige Zuschauerraum, von dem heute nur noch die Grundmauern sichtbar sind, bot auf seinen konzentrisch abgestuften Sitzen einst Platz für drei- bis viertausend Menschen.

Amphitheater. Im Unterschied zu den Schauspielen, die auf der Skene des römischen Theaters, wenn auch in der leichteren Kost von Komödien, die altgriechische Tradition weiterführten, diente die in Form eines riesigen Ovals von Sitzen umgebene Arena des Römischen Amphitheaters (Amfiteatro Romano) den derberen und oft blutrünstigen Spielen des Zirkus. Von diesem Amphitheater, das sich unweit nördlich des eben beschriebenen Römischen Theaters befand, ist ungleich weniger zu sehen, nur einzelne Mauerreste, die sich heute in einer baumbestandenen Wiese reizvoll dem Auge darbieten. Von den sechzig Bogenöffnungen, die einst das mächtige, bis zu zwanzigtausend Zuschauer – das war das Doppelte der damaligen Einwohnerzahl – umfassende Oval umzogen, sind acht in ein späteres Gebäude eingemauert, wo sie mehr zur Geltung kommen, als wenn man sie, wie dies anderswo leider getan wurde, völlig freigelegt hätte.

Forum. Zu den römischen Resten, die sich heute als Ergebnis moderner Ausgrabungen präsentieren, gehört das neben der im 15. und 16. Jahrhundert erbauten heutigen Kathedrale gelegene Forum (Foro Romano) mit seinem Kryptoportikus, nämlich zwei durch eine Pfeilerbogenreihe getrennten Gängen, die auf drei Seiten ein nach oben offenes Rechteck mit Ruinen eines Tempels umgeben. Die Verwendung der gewölbten Gänge ist heute umstritten. Die schon in römischer Zeit tief in den Boden versenkte Anlage läßt an eine Zisterne oder ein großes Militärmagazin denken. Wahrscheinlicher ist, daß es ein Marktplatz war, ein Forum, in dessen bis zu einem gewissen Grade in die Erde versenkten Hallen man unabhängig vom rauhen Gebirgsklima bei jedem Wetter Handel treiben oder sich versammeln konnte.

Augustusbogen. Das römische Aosta lebt in einem Teil seiner Stadtmauern und Wehrtürme weiter, darunter dem bastionartigen Geviert der Torre del Pailleron, deren Name an die spätere Verwendung als Strohmagazin erinnert. Noch bedeutender aber sind zwei Monumente außerhalb des einstigen Castrum. Das eine ist eigentlich ein Nutzbau, der jedoch auf sehr römische Weise, nämlich durch Format und Bauart, eine monumentale Gesinnung ausstrahlt. Es ist die Brücke, die in dem nach ihr benannten Vorort, dem Faubourg du pont de pierre, sich in dem für die Brücken jener Epoche bezeichnenden Auf- und Abstieg über das einstige Bett eines heute weiter westlich fließenden Bergbaches spannt. Das andere, noch ansehnlichere Bauwerk, der Augustusbogen (Arco di Augusto), steht etwas weiter westlich auf einem großen, heute durch Rasenflächen und Blumenbeete dem Autoverkehr weitgehend entzogenen Platz vor dem talauswärts liegenden Rand der Altstadt. Es ist ein Monument im engeren Sinn des Wortes, das keinem praktischen Zweck diente, sondern ausschließlich zur Repräsentation errichtet wurde und dementsprechend das eigentliche Wahrzeichen von Aosta darstellt. Es verherrlicht sowohl den Sieg der Römer und damit der Zivilisation über die damals die Talschaft bewohnenden Salasser wie auch das Kaisertum des Augustus. Als Triumphbogen in der Art des späteren Titusbogens in Rom mit einem, von je zwei Wandsäulen flankierten Bogen wohl zusammen mit der Gründung des römischen Castrum errichtet, fehlt dem Ganzen die schwere Attika der übrigen Triumphbogen, so daß die Proportionen etwas nach der Breite verschoben wirken und die korinthischen Säulen unter dem hier merkwürdigerweise dorischen Fries fast zu sehr zur Geltung kommen. Das alpin wirkende flache Satteldachwalmdach mit den gleichen Steinplatten, wie sie auch die älteren Häuser der Umgebung tragen, ersetzt seit 1716 den attikaartigen Aufsatz, der damals abgetragen wurde.

Kloster Sant'Orso. Das Mittelalter dokumentiert sich in Aosta in engstem Anschluß an die römische Epoche, deren Befestigungsanlagen nun durch neue Wehrtürme und Tore ergänzt wurden, und auf dessen regelmäßigen Lagerplan auch die späteren Häuser im großen und ganzen Rücksicht nahmen. Das schönste Denkmal aus christlicher Zeit ist das östlich der Porta Pretoria in der alten Vorstadt gelegene Kloster Sant'Orso mit Campanile und Kreuzgang aus romanischer Zeit, der gotischen Kirche und dem Prioratsgebäude, dessen Schmuck und innere Ausstattung bereits zur Renaissance überleiten.

Die Kirche ist dem heiligen Ursus geweiht, der jedoch nicht identisch ist mit jenem Offizier der Thebäischen Legion, der, nachdem er dem Massaker von Acaunum, dem späteren St. Maurice im Unterwallis entronnen war, wegen seines Glaubens um 300 in Solothurn enthauptet und zum dortigen Stadtheiligen wurde. Vielmehr handelt es sich bei St. Ours oder Sant'Orso in Aosta um einen valdostanischen Priester der fränkischen oder karolingischen Zeit, der als Heiliger verehrt wurde und um dessen Reliquien sich eine von einem Prior geleitete Klostergemeinschaft nach den Regeln des heiligen Augustin bildete.

Von der ursprünglich romanischen Kirche stehen nur noch der Glockenturm, die Krypta und die Umfassungsmauern des heutigen Mittelschiffs. Aus derselben Zeit haben sich die zierlichen Doppelsäulen des *Kreuzgangs* samt den reich skulptierten Kapitellen erhalten, mit denen die spätgotischen Bogen des 15. Jahrhunderts durchaus eine Einheit bilden. Die meisten der sehr sehenswerten Kapitelle zeigen Darstellungen aus dem Alten und Neuen Testament in ausdrucksstarker Stilisierung; andere sind ausschließlich mit Pflanzenmotiven geschmückt. Die Muße, welche die Vertiefung in den ausnehmend reichen Zyklus verlangt, schenkt in hohem Maße der ganze Kreuzgang, der mit seinem schattenden Nadelbaum und den umschließenden alten Gebäuden eine Stätte der Besinnung bildet.

An den Kreuzgang lehnt sich der basilikal gestufte Bau der Kirche, deren sehr alte *Krypta* möglicherweise schon der ersten christlichen Gemeinde von Aosta zur Versammlung diente. Der fünfschiffige Hallenraum, in den man aus den Seitenschiffen der eigentlichen Kirche hinabsteigt, ist aus schlichten, dünnen Pfeilern und noch primitiv geformten Kreuzrippengewölben gebildet. Man wird die engen und unentwickelten Verhältnisse doppelt stark empfinden, wenn man vorher die relative Weite der eigentlichen *Kirche* in sich aufgenommen hat. Freilich, auch hier oben, in der querschifflosen Pfeilerbasilika, von deren drei Schiffen das mittlere mit spitzbogigen Kreuzrippen, die seitlichen mit runden Bogen überwölbt sind, wirken die Verhältnisse vergleichsweise schwer und gedrückt, wie dies auch sonst oft in den älteren Kirchen der Westalpen der Fall ist, und im gleichen Sinn treten die Merkmale des spätgotischen Zeitstils zurück, so daß man, wie in vielen verwandten Räumen, von einem alpinen Verharren sprechen könnte. Der Zeitstil zeigt sich am ehesten in der Fassade mit dem für die piemontesische Gotik bezeichnenden Wimperg, der groß und spitz der Wand über dem Portal vorgeblendet ist, ferner in der Ausstattung des Inneren. Hier fesselt das reiche Chorgestühl, ein Werk des Schreinermeisters Janin Braye und seiner Gehilfen aus den Jahren 1494 bis 1504, entstanden im Auftrag des Grafen Georg von Challant, der damals dem Kloster als Prior vorstand und auch die frühere romanische Saalkirche durch die spätgotische Basilika ersetzen ließ. Die zierlich bekrönten fünfundzwanzig Flachreliefs an den hölzernen Rückwänden des Chorgestühls zeigen Propheten und Apostel und gehören zu den besten Arbeiten an den zahlreichen Chorgestühlen in den einst savoyischen Gebieten.

Heilige und Propheten schmücken zusammen mit reichem Pflanzenornament auch die Gurtbogen zwischen den einzelnen Gewölbejochen des Mittelschiffs. Auch sie gehen auf die Förderung der Kirche durch Georg von Challant zurück, in dessen Familienschloß Issogne sich Fresken von verwandter Hand finden. Noch wertvoller sind die vom Dachboden aus zu besichtigenden romanischen Fresken, die beim Umbau des Mittelschiffs, von diesem aus unsichtbar, hinter den am Ende des 15. Jahrhunderts eingefügten Gewölben an den Innenwänden der romanischen Saalkirche erhalten geblieben sind. Der in drei

Die Piazza Chanoux im Jahre 1860, deren Gesicht noch

leicht gestaffelten Bogen sich quer vor den Chor legende Lettner gehört dem Barock an, die Altäre einem ländlich schweren Rokoko, in dem sich französische und piemontesische Elemente mischen. Neuere Zeit und Mittelalter sind in den Reliquiarien, Kelchen und Kreuzen des in der Sakristei verwahrten Kirchenschatzes verkörpert.

Rechts von der Kirchenfassade bilden die *Prioratsgebäude* einen kleinen Hof, der sich gegen den Platz in gedrungenen Arkaden öffnet. In den reichen Prunkfenstern, deren Frührenaissance-Ornament unter anderem das Motiv des gedrehten Taues in Stein übersetzt, herrschen noch gotische Kreuzstöcke, ähnlich wie in Issogne. Das Innere des Prioratsgebäudes birgt reich ausgestattete Zimmer und eine freskengeschmückte Kapelle mit einer Darstellung des Ritters Georg, doch ist der Stil des

heute von dem 1839 erbauten Stadthaus geprägt ist

Werks zu altertümlich, als daß es sich um ein Bildnis des Stifters Georg von Challant handeln könnte. Ein solches findet sich auf einem Madonnenbild, vor dem der Prior in pragnanter Profilansicht kniet.

Kathedrale. Nicht ganz an das Priorat von St. Ursus reicht an Stimmung und an künstlerischer Bedeutung die Kathedrale heran, obwohl sie an kirchlichem Rang das erste Gotteshaus der ganzen Talschaft ist. Ihre Geschichte geht – wenigstens in der Legende – bis zu Kaiser Konstantin zurück, der anläßlich einer Durchreise den Bau befohlen haben soll. Etwas wahrscheinlicher, wenn auch nicht eindeutig gesichert, ist die Vergrößerung einer schon bestehenden Kirche unter dem Merowingerkönig Gontram im 6. Jahrhundert, der einen von ihm auf einer Pilgerfahrt nach Rom gefundenen Schatz zur Wiederherstellung oder Vergrößerung von Kirchen verwendet haben soll; so wenigstens berichtet Paulus Diaconus.

Die gegenwärtige Kathedrale, deren Vorgängerin etwas weiter westlich stand und seit dem 16. Jahrhundert ganz zerfiel, geht auf die ersten Jahrzehnte des 11. Jahrhunderts zurück und wurde seither des öftern, und zwar jedes Mal in etwas anderer Form, wiederhergestellt. Der erste Bau soll nach der Überlieferung durch jenen Bischof Anselm errichtet worden sein, dessen Name sich später so ruhmvoll mit Canterbury verband. Aus jener Zeit hat sich einzig die Krypta erhalten, deren drei durch Rundpfeiler und Säulen getrennte Schiffe schon nicht mehr die Enge der Krypta von S. Orso zeigen. Die Oberkirche empfängt uns mit einer zwischen 1522 und 1526 geschaffenen Renaissancefassade, die von einer hohen klassizistischen Vorhalle umschlossen wird. Darin steht vor einer mit Renaissance-Fresken geschmückten Wand, flankiert von Türen und Fenstern, die alle von Halbkreisbogen bekrönt sind, der prachtvolle Bau des Hauptportals mit polychromem Ornament und einer Reliefdarstellung des Marientodes im Bogenfeld. Namentlich die Verbindung der beiden Bogen, von denen der obere von kannelierten Säulen mit Kompositkapitellen getragen und von einem Giebel abgeschlossen wird, übernimmt lombardische Formen des Bramante-Kreises.

Das Innere besitzt nicht ganz die sofort ergreifende Eindrücklichkeit von Sant'Orso, vor allem weil der dort zum Glück erhaltene Lettner fehlt. Aber auch sonst wirkt die dreischiffige Basilika, deren Seitenschiffe sich hinter dem Chor zu einem Umgang mit einzelnen Kapellen zusammenschließen, nicht erst seit den neueren Restaurationen nüchtern, sondern bereits durch seine westalpin gedrückten Proportionen, wozu das Fehlen eines Querschiffs sowie die monotone Folge der zu Wandstücken verbreiterten Pfeiler kommt. So ist die Kathedrale vor allem durch ihre einzelnen Kunstwerke sehenswert. Da finden wir die sehr bemerkenswerte Reihe der gemalten Fenster, die sich auf das Hochschiff, den Chor und dessen Umgang verteilen. Außer zwei noch romanischen Rundscheiben, die wahrscheinlich Fragmente eines größeren Zyklus sind, handelt es sich um eine Stiftung des 1511 verstorbenen Bischofs François de Prez, der im Jahre 1494 nicht nur die Kathedrale in der noch heute sichtbaren Weise überwölben, sondern auch die noch heute vorhandenen dreiundzwanzig Scheiben anfertigen ließ. Der Name ihres Meisters ist nicht mehr bekannt, doch weist der Stil auf die hier in manchem so nahe Westschweiz, von wo auch der das Werk stiftende Bischof stammt.

Nicht nur die beiden auf das 13. Jahrhundert zurückgehenden Scheiben, sondern auch zwei in den Fußboden des Chores eingelassene Mosaiken zeugen für die Epoche der Romanik. Das eine Mosaik zeigt die Verkörperung des Jahres in einer durch ihre feierliche Haltung christusähnlichen Gestalt, die Sonne und Mond in Händen hält, während rundum in strenger Kreisform zwölf Medaillons mit den für die einzelnen Monate charakteristischen Arbeiten angeordnet sind. Indes in diesem noch dem 12. Jahrhundert angehörenden Mosaik ein strenger, von Byzanz herkommender Stil herrscht, lockert sich in dem anderen, erst im 13. Jahrhundert entstandenen Werk, das im übrigen nur das Fragment eines größeren, verschwundenen darstellt, die Komposition zu einer seltsamen Unruhe, aus welcher man schließlich die vier Paradiesesströme sowie Tiere und Fabelwesen herausfindet.

Bischof François de Prez, welcher die Glasgemälde stiftete, ließ gegen das Jahr 1500 auch das große Chorgestühl anfertigen, und zwar von zwei aus Savoyen stammenden Meistern: Jean Vionin de Samoëns und Jean de Seytroux. Das in seinem Reichtum jenem von Sant'Orso nahekommende Gestühl wäre 1820 beinahe der Prüderie des damaligen Bischofs zum Opfer gefallen, doch die Chorherren setzten sich für ihre Sitze ein und erreichten beim König, daß trotz einzelner allzu irdischer Motive das ganze Chorgestühl mit seinen ernsten, bisweilen etwas trockenen Heiligenreliefs und den dafür um so phantasievolleren Miserikordien erhalten blieb.

Von den Grabmälern verdient durch seine kraftvolle Plastik

jenes des 1259 in Aosta verstorbenen Grafen Thomas II. von Savoyen Beachtung; im Unterschied dazu wirken die Grabfiguren des Bischofs Emeric II. de Quart (†1375) und des um zwei Generationen jüngeren Oger Moriset de Conflans in ihrer Askese beinahe körperlos. Auch sei ein Blick emporgetan zu dem schönen gotischen Kruzifix, das dem sonst eher eintönigen Gewölbe einen ergreifenden Akzent verleiht. Die Kathedrale besitzt in ihrer Sakristei einen reichen Kirchenschatz, in dem neben Reliquienschreinen und dem verschiedensten kirchlichen Gerät auch ein berühmtes Elfenbein-Diptychon von 406 mit Darstellungen des Kaisers Honorius aufbewahrt wird. Nördlich schließt sich der Kreuzgang mit seinen spätgotischen Arkaden an.

Palazzo del Municipio. Von der Kathedrale aus gelangt man südostwärts zu dem im Kreuzungspunkt der einstigen Lagerachsen angelegten Hauptplatz. Ihn beherrscht das breitausladende Stadthaus, das an der Stelle eines Franziskanerklosters 1839 in klassizistischen, doch auch noch ein wenig barocken Formen erbaut wurde. Man liest es nicht nur am Mittelgiebel, sondern man empfindet es auch, daß es sich hier um ein ›Hôtel de Ville‹ und nicht um einen ›Palazzo Pubblico‹ handelt, so streng und reserviert wie sonst nur in Frankreich wirkt die sich im Erdgeschoß in Arkaden öffnende Front mit ihren Risaliten. Und gegenüber, auf der anderen Seite des Platzes, entdeckt man gewissermaßen als Bestätigung der noch immer vorhandenen kulturellen Bindungen an den einstigen Paß-Staat an einem Haus die Anschrift: ›Tribune de Lausanne. Rédaction valdostane‹.

Türme und Paläste. Man wird auch sonst kaum fertig mit Entdeckungen. Ein Gang die Stadtmauer entlang führt von dem altrömischen Bollwerk der Torre del Pailleron nach Westen zur Torre Bramafam, in der die Grafen von Challant sich auf den Resten eines römischen Stadttors eine Stadtburg errichteten, um als Lehensträger der Grafen von Aosta deren Rechte in

Aosta auszuüben, und zwar zu Zeiten in einer Weise, als ob sie selbst die Herren wären. Ein anderer, einst den Challant gehörender Turm ist die *Tourneuve* an der nordwestlichen Ecke des einstigen Castrums. Das Gegenstück im Nordosten, die *Torre del Bailliage*, gehörte der Familie de Palatio, die schon vor der Zeit der Savoyer und der von diesen begünstigten Challant sich in dem benachbarten Amphitheater einnistete. Daher stammt auch der Familienname, denn das Amphitheater wurde auch als ›Palatium rotundum‹ bezeichnet. Der Turm wurde später Sitz des Vogtes, des ›bailli‹, doch weil dort zudem Gefangene verwahrt wurden und man auch sonst der mittelalterlichen Enge überdrüssig war, übersiedelte im Jahre 1702 der Vice-Bailli in den stattlichen *Palazzo Roncas*, der nordwestlich der Kathedrale am Rand der Altstadt liegt und dessen von Eckquadern gefaßte Fassade einen mit Grotesken ausgemalten Säulenhof des 17. Jahrhunderts birgt. Die Torre del Bailliage aber diente von da an nur noch als Gefängnis und hat diese Bestimmung bis heute behalten.

Es gibt noch mehrere palastartige Bauten in Aosta, so an der Piazza Roncas das ehemalige Kloster der Visitandinnen, die vom savoyischen Annecy aus im Jahre 1631 nach Aosta kamen, oder die spätbarocke Front des erst 1780 eingeweihten *Grand Séminaire*, das nördlich des Municipio zum Amphitheater hin liegt. Die stattliche Bibliothek dieses Priesterseminars ist reich an Inkunabeln und Handschriften, die bis ins 11. Jahrhundert zurückreichen. Unter den Gemälden gibt es eine Reihe von Bischofsportrats, die vom 17. bis ins 20. Jahrhundert reicht. Den alpinen Charakter, den das Grand Séminaire durch sein mit Steinplatten bedecktes Dach gewinnt, zeigt noch ausgeprägter die unweit nördlich des Visitandinnen-Klosters gelegene Kirche *St. Etienne* aus dem frühen 18. Jahrhundert, deren breite, mit Fresken sowie steingefaßten Portalen mit schönen Holztüren geschmückte Giebelfront von einem weit ausladenden Sparrendach abgeschlossen ist, in Proportionen und der Konstruktion nicht viel anders als so viele Alpkapellen in den Seitentälern des Aostatales oder auch im nahen Wallis.

In der Altstadt spürt man noch immer den Plan des altrömischen Castrums. Doch seine Regelmäßigkeit ist aufgelockert nicht nur durch einzelne krumme Gäßchen und verschobene Winkel, sondern auch in den Fluchten der schmalen Straßen mit ihren heute meist aus dem 17., 18. und frühen 19. Jahrhundert stammenden Häusern, deren steinplattengedeckte Dächer und schmale Fenster den gleichen westalpinen Charakter aufweisen wie im Wallis oder in Savoyen. Was im Vergleich zu Südtirol oder auch zur Lombardei und zum Tessin in Aosta fehlt, sind die durchgehend die Gassen begleitenden Lauben. Doch auch in Aosta schauen wie in Bozen, Brixen und Bellinzona mit dem Himmel die Berge in die Straßen und Plätze und schenken dem Ganzen das Gepräge einer alpinen Stadt.

Es gibt sehr moderne, daneben zwar weniger komfortable, doch dafür um so gemütlichere Gasthöfe, und es gibt auch einen Typus von Kaffeehaus, in denen sich die deliziösen Näschereien piemontesischer Confiserien mit dem zeitlosen Behagen eines ›Café vaudois‹ verbinden, womit einmal mehr die Brücke über die Pässe geschlagen wäre.

Register

Die für das Buch vorgesehene Illustrierung ließ sich nur durch vielfache Hilfe verwirklichen, für die der Verlag vor allem den Mitarbeitern des Fotoarchivs des Museo Civico und Madame Ada Peyrot in Turin sowie Dr. André Zanotto in Aosta zu danken hat. Contessa Marilu Avet gestattete liebenswürdigerweise die Aufnahme des Freskos im Castello Malgrà, das in diesem Buch (Tafel V) zum erstenmal farbig wiedergegeben werden kann.

Die Farbaufnahmen fertigten Chomon-Perino, Turin; Hans Hinz, Basel; René Monjoie, Giustino Rampazzi, Turin; Fotoarchiv Museo Civico, Turin. Die einfarbigen Fotos stammen von Alinari, Florenz; Fotocielo, Rom; Ada Peyrot, Turin; Sovraintendenza Antichità e Belle Arti, Aosta; Touring Club Italiano, Toni Nicolini, Mailand; Fotoarchiv Museo Civico, Turin, und aus dem Verlagsarchiv.

Die alten Ansichten des Aostatales sind Wiedergaben nach: *28* Kupferstich von Johannes de Ram, in: Theatrum Statuum Regiae Celsitudinis Sabaudiae ducis, Amsterdam, Blaeu, 1682; *29* Lithographie von Baynes nach einer Zeichnung von Cockburn, in: James Pattison Cockburn, Views in the Valley of Aosta, London 1822-29; *30/31* Lithographien eines anonymen Künstlers, in: Malzen, Monuments d'antiquité romaine dans les Etats de Sardaigne en terre-ferme, Turin 1826; *32* Lithographie von Margherite Cornagliotto, 1848, Aosta, Coll. Domaine; *33* Aquatinta von Frédéric Salathé nach einer Zeichnung von Jules-Louis-Philippe Coignet, in: Gabriel Ludwig Lory, Voyage pittoresque dans la Vallée de Chamonix et autour du Mont Blanc, Paris, d'Osterwald, 1826; *34* Ölgemälde eines anonymen Künstlers, Aosta, Privatsammlung; *35* Aquatinta von Daniel-Thomas Egerton nach einer Zeichnung von Gabriel Lory fils, in: siehe 33.

Die Textabbildungen sind dem Werk von Édouard Albert ›La Vallée d'Aoste‹, Paris 1860, entnommen. Der Grundriß von San Lorenzo in Turin stammt aus dem Buch von Mario Passanti ›Nel mondo magico di Guarino Guarini‹, Turin 1963, alle anderen Grundrisse aus Brinckmanns ›Theatrum Novum Pedemontii‹, Düsseldorf 1931. Die Zeichnungen von Juvarra befinden sich im Museo Civico in Turin.